조선 선비의 중국견문록

조선 선비의 중국견문록

—연행록·표해록 속 중국 이야기 ∘—김민호 지음

문학동네

머리말 • 009

1부 동북 지역 이미지

중국 사람이 생각한 동북 지역 • 021

국경: 새로운 세계를 만나는 설렘과 두려움 • 023
명대 연행사들의 무심한 월경 │ 청 초 연행사들의 시름 섞인 월경 │ 김창업의 유머 코드 │ 평생의 소원, 홍대용의 월경 │ 박지원의 경계론 │ 약화된 국경 이미지 │ 서경순이란 해학적 인물 │ 누구나 즐거워하는 귀국

요동: 한바탕 울기 좋은 벌판 • 046
박지원의 호곡장론 │ 오랑캐의 이미지 │ 광활한 요동벌 │ 조선의 고토 │ 밑동을 허옇게 드러낸 버드나무

심양: 왕의 아들이 인질로 잡혀가 있던 땅 • 063
눈물과 시름의 청 초 심양 이미지 │ 번화함의 이미지가 등장하는 18세기 초반 심양 │ 번화함과 질서가 강조되는 18세기 중엽 심양 이미지 │ 소현세자가 아닌 효종을 떠올리다 │ 슬픔은 무화되고, 번화함은 강화되는 19세기 심양 이미지

산해관: 천하제일관 • 078
변방과 최전선 │ 중화와 야만의 경계 │ 산해관에 노닐며 들어온 18세기 초 연행사 │ 산해관에서 청을 큰 나라로 인식한 18세기 중엽 연행사 │ 유머의 대상이 되어버린 산해관

강녀묘: 남편을 그리다 돌이 된 여인 • 097
명말청초의 단순한 강녀묘 방문 기록 │ 18세기 초의 자세한 강녀묘 방문 기록 │ 고증을 추구하다

이제묘: 백이숙제라는 아이콘 • 108
백이 고사의 발원지, 『사기』「백이열전」 │ 이제묘를 방문하고 개탄하다 │ 18세기 초의 담담한 이제묘 서술 │ 하산하는 백이숙제를 언급하는 18세기 중엽의 기록 │ 백이 고사를 희화화하는 『열하일기』 속 기록 │ 논리적 추론을 시도하는 19세기 연행록 │ 성인에서 고증의 대상으로

2부 북경 이미지

중국 사람이 생각한 북경과 조선 기록 속 북경 이미지 • 129
비분강개에서 여유로, 북경 이미지의 변화 | 자금성 | 대조적인 표해록과 연행록 속 북경 이미지

조양문: 북경에 들어서다 • 138
뇌물을 요구하던 명 말의 조양문 입성 | 제대로 된 의전을 행하는 청 초 입성 | 동악묘에서 공복으로 갈아입다 | 북경의 번화함에 감탄하는 19세기 중엽의 입성

습례정: 삼궤구고두 연습 • 148
삼궤구고두례 | 간접적으로 만주족을 비판하는 이기경 | 삼궤구고두례를 욕되다고 여긴 홍대용 | 타국에서 온 사신들 | 판체라마와 고두례

태화전: 황제의 정전 • 164
기강이 무너진 명 말 황궁 | 황궁의 규모에 놀라면서도 오랑캐에게 넘어간 상황을 슬퍼하는 청 초 기록 | 청을 인정하기 시작하는 18세기 초 연행록 | 태화전의 위용을 극찬하는 18세기 중엽의 기록

유리창: 서점과 상점이 넘쳐나는 문화의 중심지 • 178
유리기와를 만들던 곳 | 책을 사랑하는 조선인 | 반성해야 할 조선 문화 | 조선 책의 중국 전파 | 엄청난 규모의 중국 서점들 | 유리창 서점의 시스템 | 유리창에서 벌어진 공연들 | 유리창의 화려함

천주당: 동쪽 끝과 서쪽 끝 사람들의 만남 • 199
소현세자와 아담 샬의 만남 | 청 초 조선 사신과 예수회 신부들의 우호적인 만남 | 18세기 중엽 조선 사신과 예수회 선교사의 껄끄러운 만남 | 18세기 말 천주교 박해 이후 끊어진 천주당 방문

3부 강남 이미지

중국 사람이 생각한 강남 • 231

표해록에 보이는 강남: 내 어찌 강남을 잊을 수 있으리오? • 236
최부의 『표해록』 | 박지원의 「서이방익사」

연행록에 보이는 강남: 서호는 '돈 녹이는 도가니'라! • 244
허봉의 『조천기』에 보이는 양명학의 본고장 강남 | 김창업의 『연행일기』에 보이는 가난한 서
반의 고향 강남 | 홍대용의 기록에 보이는 아름답지만 경박한 강남 | 이갑의 『연행기사』에 나
오는 상상 속 강남 | 박지원의 『열하일기』에 보이는 부박하고 경솔한 강남 | 유득공의 『연대재
유록』에 보이는 화려하나 세금에 시달리는 강남 | 김경선의 『연원직지』에 보이는 인문의 지역
강남 | 서경순의 『몽경당일사』에 보이는 화려한 강남

─── 연행사의 숙소

숙소 정비 • 263

조선 사신이 묵었던 숙소 • 267
원조 조선인 숙소, 옥하관 | 홍대용이 묵은 옥하교관 | 박지원이 묵은 서관 | 불길한 숙소 건어
호동관 | 지화사

숙소를 중심으로 한 활동 • 278
관금정책 | 개시 | 숙소에서의 오락 활동

열하의 숙소 • 289

맺음말 • 297
주 • 304
참고문헌 • 315

일러두기

표기는 기본적으로 국립국어원 표기법을 따랐으나 인명과 지명의 경우 학계에서 통용되는
표기를 참조했다.

머리말

10여 년 전 북경에 갔을 때의 일이다. 배운 도둑질이 책 보는 일이라고, 북경의 중심가 왕부정王府井에 있는 신화서점新華書店에 들르게 됐다. 서점에 들어섰더니 1층 입구에 산더미처럼 쌓아놓은 책더미를 둘러싸고 사람들이 모여 어떤 책을 보고 있었다. 무슨 책인지 궁금해 집어들어 보니 『우리 하남 사람들이 어쨌다고 난리야?河南人惹誰了?』란 책이었다. 그 전까지 중국의 지역 이미지에 큰 관심도 없었고 아는 것도 별로 없었다. 그런데 그 책을 읽고 중국 사람들이 하남성 사람들을 무시하고 비웃는다는 것을 알게 됐다. 그 당시 나는 맹원로孟元老의 『동경몽화록東京夢華錄』을 번역하고 있었다. 북송의 수도 개봉開封, 즉 동경東京은 당시 전 세계에서 가장 번화한 도시 중 하나였다. 개봉은 하남성에 속한 도시로, 당시 그렇게 화려하고 자부심이 넘쳤던 하남 사람들이 지금은 왜 이렇게 멸시를 받게 됐는지 알고 싶은 욕구가 생겼다. 그래서 하남 지역을 중심으로 고대부터 현대에 이르기까지 지역 이미지가 어떻게 변화해왔는지를 연구하고, 그 작업을 시작으로 중국 지역 이미지 연구를 시작했다.

연행록에 대한 관심은 이 과정에서 생겨났다. 중국의 역사 기록, 시, 소설 등의 문헌에서 중국 지역 이미지를 뽑아내는 작업을 하다보니 중국 사람이 아닌 '타자他者'가 본 중국은 어떠할까 하는 궁금증이 일어났다. 중국과 가장 가까운 타자는 바로 조선 사람이 아니었을까? 이에 자연스럽게 조선 사신들이 북경에 다녀온 기록인 연행록을 주목하게 됐다. 연행록을 읽으며 같은 지역이 시기에 따라, 또 작가에 따라 다르게 묘사되고 해석되는 것을 볼 수 있었다. 자연스레 조선 사람들이 표류해 중국 등지에 도착해서 남긴 표해록漂海錄에도 관심이 갔다. 이를 통해 동북과 북경 지역에 한정되던 중국 지역 이미지를 강남으로까지 확장할 수 있었다. 이러한 작업을 하면서 연행록에 보이는 중국 지역들을 종합적으로 조망하고, 이를 정리·해석해보고 싶은 욕심이 생겼다. 그 욕심의 결과로 나오게 된 것이 바로 이 책이다.

연행록燕行錄이란 '연경燕京에 다녀온〔行〕 기록記錄'을 의미한다. 지금의 북경 위치에 춘추전국시대 연나라가 있었고, 이에 북경을 연경이라 불렀다. 연행록이란 명칭에는 일정 정도 가치평가가 내포돼 있다. 명대 중국을 방문했던 기록은 일반적으로 조천록朝天錄이라 일컫는 경우가 많았다. 명을 천자의 나라로 인정하고 있었기에 '천자의 나라로 향한 기록'이라 적었던 것이다. 그러나 조선 사대부들은 만주족이 다스렸던 청에 반감을 가졌고, 이에 '연경을 다녀온 기록', 즉 연행록이란 가치중립적 표현을 썼던 것이다. 연행의 종류는 매년 정기적으로 보내던 삼절겸연공사三節兼年貢使 외에 은혜에 감사하는 사은사謝恩使, 어떤 사안을 요청하는 주청사奏請使, 축하를 하는 진하사進賀使, 황태자의 생일을 축하하는 천추사千秋使 등 다양한 비정기 사행이 있었다. 삼절겸연공사는 정기적으로 보내던 정조사正朝使·동지사冬至使·성절사聖節使를 합쳐서 일컫는 말로 삼절三節·삼절사三節使·절사節使 등으로 불리기도 했다. 정조사는 새해를 맞이해 정월에 도착하는 사신이고, 동지사는 동지 전후에 출발한다고 해서 붙은 이름이다. 성절사는 황제의 생일 등 중국 황실의 경축일을 기념해서 보낸 사행인데, 인조 23년1645부터는 서로의 편의를 생각해서 날짜에 구애받지 않고 모두 정조正朝에 보냈다. 일반적으로 정기 사행의 경우 매년 10월이나 11월 초 서울을 출발해 두 달여 후인 12월 말 북경에 도착했다. 공식 사행 인원은 정사, 부사, 서장관을 일컫는 삼사三使와 통역관 등을 포함해 30명 전후였지만, 비공식 사행 인원인 의원醫員, 화원畫員, 사자관寫字官, 자제군관子弟軍官 및 기타 수행 인원을 포함하면 250여 명이 됐다. 숙종 38년1712 북경을 방문했던 김창업의 『연행일기』에 의하면 사행단 참여 인원이 541명, 말이 435필에 달하기도 했다. 삼사는 개인적으로 가까운 친척을 군관이란 명목으로 데리고 갈 수 있었는데, 이들을 자제군관이라 했다. 이들은 특별히 맡은 업무가 없었기에 행동이 상대적으로 자유로웠고, 이에 그들은 연행록에 중국의 다양한 모습을 기록할 수 있었다. 홍대용, 박지원, 김창업 등 영향력 있는 연행록 저자들이 모두 자제군관 출신이다.

　이 책에서는 연행사들이 방문했던 중국 지역들을 중심에 놓고, 시기에 따라 그곳에 대한 묘사와 설명이 어떻게 바뀌는지 살펴볼 것이다. 지역은 우선 동북 지역, 북경 지역, 강남 지역으로 크게 나누었다. 1장에서는 중국에서의 동북 지역 이미지를 소개한 뒤 국경을 시작으로 요동遼東, 심양瀋陽, 산해관山海關, 강녀묘姜女廟, 이제묘夷齊廟 등 여섯 곳의 지역과 장소를 선정해 이에 대한 시기별 연행록 속 기록들을 살펴볼 것이다. 2장

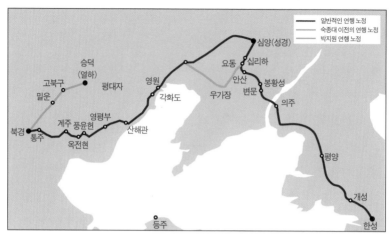

일반적인 연행 노정
숙종대 이전의 연행 노정
박지원 연행 노정

조선시대 육로 사행 노정

에서도 중국에서의 북경 이미지를 소개한 뒤 조양문朝陽門, 습례정習禮亭,
태화전太和殿, 유리창琉璃廠, 천주당天主堂 등 다섯 곳을 중심으로 연행록
에 보이는 장소가 시대와 상황에 따라 어떻게 달라지는지 살펴볼 것이다.
그리고 3장에서는 중국에서의 강남 이미지를 소개한 뒤 표해록과 연행록
에 보이는 강남 이미지를 살펴볼 것이다. 그리고 별도로 조선 사신들이 중
국에서 묵었던 숙소를 정리하고 숙소에서 했던 활동들을 소개할 것이다.

　일반적으로 연행록은 압록강을 건너 북경까지의 노정을 따라 일기 형
식으로 구성돼 있는 경우가 많다. 그래서 연행사의 사행 행로 중 의미 있
는 지역을 선정해 그곳에 대한 묘사와 해석이 어떻게 달라져왔는지를
살펴보면 시기별 특징과 작가들의 시각을 파악할 수 있다. 위에서 언급
한 지역들은 다음과 같은 이유에서 선택했다.

　우선 1장 동북 지역에서 국경이란 공간을 선택한 이유는 다음과 같다.
국경을 넘는다는 것, 다른 나라로 간다는 것은 설레면서도 두려운 양면

적인 감정을 안겨주는 경험일 때가 많다. 새로운 문화, 삶, 그리고 사회를 만난다는 것은 익숙함, 혹은 진부함에서 탈피하는 것이기에 낯설고 두렵지만 한편으로는 신선하다. 국경에서 중국을 바라보는 연행록 작가들의 기록은 시기에 따라 차이를 보인다. 이에 이러한 부분을 살펴보면 흥미로운 점을 발견할 수 있겠다는 생각이 들었다. 조선 사신들은 대체로 의주에서 압록강을 건넜다. 다시 말해 의주와 압록강은 그들에게 새로운 세상으로 넘어가는 경계였다. 청대의 경우 봉금정책封禁政策을 실시해 실질적인 국경은 압록강을 건너고도 이틀 길을 더 가야 도착하는 책문柵門이었다. 책문에 들어서서야 조선에서 볼 수 없는 이질적인 문화를 만날 수 있었다. 이에 여기서는 의주, 압록강, 책문 지역을 중심으로 시기에 따라, 또 작가에 따라 무엇에 집중을 했는지, 또 어떤 생각을 했는지 살펴볼 것이다.

조선 사신들은 책문을 지나 요동벌을 만나기 전까지 자연 지리에서 그다지 이질적인 느낌을 받지 못한다. 산천의 모습이 조선과 비슷하기 때문이다. 그러나 석문령石門嶺을 넘어 요동벌을 만나는 순간 그들은 진정한 이국 체험을 하게 된다. 조선에서는 볼 수 없던 광활한 요동벌을 접하기 때문이다. 요동벌을 보면서 박지원은 그 유명한 '호곡장론好哭場論'을 펼쳤고, 다른 연행록 작가들 역시 각자의 상황과 생각을 기록에 남겼다.

요동벌을 지나서는 심양에 도착하게 된다. 명대 연행록을 보면 그때는 심양을 거쳐가지 않았다. 북경으로 가는 제일 빠른 노선을 택하면 심양에 들를 이유가 없었기 때문이다. 그러나 청조가 들어서면서 그들은 조선 사신들에게 자신들의 본거지였던 심양을 들러 북경으로 오게 했다. 조선 사신들에게 심양은 소현세자와 봉림대군, 그리고 삼학사三學士의 아폰 기억이 남아 있는 곳인 동시에 청의 발전된 문명을 목도하는 번화한 도시이기도 했다.

산해관은 '중화中華'와 '이적夷狄'을 나누는 경계였다. 비록 청의 영역은 산해관 밖까지 뻗어 있었지만 그럼에도 산해관은 영원한 심상心象의 국경이었다. 특히 청조가 들어서고 나서 조선 사신들은 명청 교체에 대한 자신의 감회를 술회하는 경우가 적지 않았다. 강녀묘는 맹강녀孟姜女를 모신 사당이다. 남편을 찾으러 만리장성 끝까지 왔다가 남편의 죽음을 알고 통곡해 장성을 무너뜨린 그녀는 절개를 지킨 부인의 아이콘이었기에 조선 사신들은 빠지지 않고 이곳을 방문했다. 이제묘는 절의와 충성의 상징인 백이와 숙제를 모신 사당이다. 백이·숙제 사당 역시 조선 사신들이 빠지지 않고 방문해 배례한 이념적인 공간이다. 이러한 이념적 장소에 대한 기록들이 시기에 따라 달라지는 모습을 살펴볼 것이다.

2장에서는 북경의 관문인 조양문, 삼궤구고두례三跪九叩頭禮 연습을 하던 습례정, 의식이 진행되던 태화전, 문화의 중심지였던 유리창, 서양의 발전된 과학기술과 서양 선교사들을 만날 수 있었던 천주당 등 다섯 공간을 살펴볼 것이다.

두 달여의 긴 여정을 거쳐 북경에 도착한 연행사들은 동악묘에서 공복으로 갈아입고 조양문을 통해 북경성 안으로 들어갔다. 시대 상황에 따라 조양문에서는 다양한 일이 벌어졌다. 연행사들이 친선 국가의 정식 외교사절로 입성함에도 불구하고, 조양문을 지키고 있던 관리들에게 뇌물을 적게 줬다고 쫓겨나는 일도 있었다. 습례정은 황제에게 올리는 삼궤구고두례를 연습하던 장소다. 삼궤구고두례는 병자호란 때 인조가 남한산성에서 내려와 삼전도로 가서 신하의 신분으로 청 태종에게 올렸던 의식이다. 명이 멸망하고 청이 중원에 들어서고 나서 조선은 치욕으로 생각했던 삼궤구고두례 의식을 매번 청 황제에게 올렸다.

유리창은 청대 문화의 중심지다. 여기서는 유리창을 단순히 서점가로만 접근하지 않고 책, 문화, 그리고 번화가라는 개념, 즉 당시 사회상을 살펴보는 창문으로 접근한다. 이에 유리창을 중심으로 벌어진 당시 사회상을 고찰할 것이다. 천주당을 선택한 이유는 청대, 특히 18세기 들어 서양문물에 대한 관심이 증가하면서 많은 조선 사신이 천주당을 방문했기 때문이다. 홍대용과 슬로베니아 출신 예수회 선교사 유송령劉松齡과의 만남은 홍대용의 『연기燕記』「유포문답劉鮑問答」에 자세하게 나와 있다. 조선 사람들이 천주당을 대하는, 또 서양 선교사들이 조선 사람들을 대하는 태도는 시대에 따라 조금씩 달라지는데, 그 모습과 의미를 짚어볼 것이다.

3장에서는 우선 중국에서의 강남 이미지에 대해 소개할 것이다. 중국에서 강남은 "하늘에는 천당, 땅에는 소주와 항주上有天堂 下有蘇杭"라는 말이 있을 정도로 살기 좋은 곳이라는 이미지가 있다. 강남은 기본적으로 아름답고 살기 좋고 화려하다는 이미지에서 크게 벗어나지 않는다. 조선 사신들은 '연행燕行', 즉 '연경燕京으로 사행使行'을 갔다. 이들은 동북 지역을 거쳐 북경으로 갔기에 고려시대에 남송의 수도 항주나 명 초기의 수도 남경南京을 방문한 경우를 제외하고는 강남을 방문할 수 없었다. 그러나 조선에서는 해마다 수많은 사람이 표류로 중국에 도착하는 경우가 있었고, 최부崔溥의 『표해록漂海錄』 같은 작품들도 나타나게 된다. 강남 지역은 직접 그곳을 경험한 사람이 남긴 기록과 직접 그 지역을 경험하지는 못한 사람이 남긴 기록으로 나눠 살펴볼 것이다. 강남을 직접 방문하지 못했던 조선 사신들도 북경에서 강남 사람을 만나거나, 강남의 물품을 보거나, 혹은 마음속에 강남을 그리거나 하는 기록들을 통해 간접적으로 강남 이미지를 보여줬다.

마지막으로 조선 연행사들이 북경에 와서 묵었던 숙소들을 따로 정리했다. 이들은 시기 및 상황에 따라 옥하관玉河館, 옥하교관, 서관 등 중국이 마련해놓은 다양한 숙소에 묵었다. 명대에는 공식적인 상황이 아니면 일반적으로 밖에 나가지 않고 숙소에만 머물러 있는 경우가 많았다. 명 왕조가 기본적으로 사신들이 자유롭게 북경을 구경하도록 허락하지 않았기 때문이다. 청조에 들어와서도 규정상으로는 마음대로 돌아다닐 수 없었지만 물을 긷는다는 등의 핑계로 숙소를 담당하는 청군淸軍과 함께 북경 시내를 돌아다니는 경우가 비일비재했다. 여기서는 숙소라는 공간에 한정하지 않고, 숙소를 매개로 벌어진 다양한 상황을 소개할 것이다.

이 책에서 대상으로 삼은 연행록은 기본적으로 민족문화추진회에서 간행한 국역 『연행록선집』에 수록된 연행록 19종과 표해록 2종, 박지원의 『열하일기』, 홍대용의 『연기』 및 『을병연행록』이고, 필요한 경우 이 외의 연행록들도 참고했다. 참고로 특별한 언급이 없는 인용문의 경우 기본적으로 '한국고전종합DB(http://db.itkc.or.kr)'에 있는 『국역연행록선집』을 활용했고, 필요에 따라 가첨했다. 『열하일기』의 경우 김혈조 선생께서 옮긴 『열하일기』(돌베개, 2009) 번역문도 참조했음을 아울러 밝힌다.

연행록은 현재 우리가 볼 수 있는 원전으로 600여 종이 출판됐고, 계속 발굴되고 있는 상황이다. 이 작품들을 다 읽지 않고 연행록 20여 종만으로 시대 흐름을 읽어내려는 시도가 자칫 무모하게 비칠 수도 있음을 알고 있다. 같은 시대에도 작가의 성향이나 상황에 따라 묘사가 달라지는 경우도 있으니 말이다. 그러나 국 맛을 보고자 국을 전부 다 마셔볼 필요는 없듯, 몇몇 예외적인 경우는 있겠지만 대략의 시대적 상황은 읽어낼 수 있으리라 기대한다.

1부

동북 지역 이미지

중국 사람이 생각한 동북 지역

중국에서 동북東北 지역은 현재의 길림성吉林省, 요녕성遼寧省, 흑룡강성黑龍江省을 포함한다. 현재 이곳은 행정구역 세 곳으로 나뉘져 있지만 현대 중국인은 이 지역들을 동북쪽에 있는 지역이란 의미로 '둥베이東北'라 합쳐 부르는 데 더 익숙하다. 전통 시기 이 지역은 '산해관 밖'이라는 의미로 '관외關外', '산해관 동쪽'이란 의미로 '관동關東', 그리고 '변경의 바깥'이라는 의미로 '변외邊外'라 불렸다. 다시 말해 전통 시기나 현대를 막론하고 중국인들은 동북 지역을 자신들이 구체적으로 파악하고 있는 하나의 성이나 행정구역이 아니라 자신들과 일정한 거리가 있는 하나의 모호한 뭉텅이 지역으로 여기고 있었다. 이 지역을 부르는 호칭들에서 볼 수 있듯 동북 지역은 실질적으로나 심리적으로나 '중화'의 영역 밖에 있는 지역으로 여겨졌다. 이를 상징적으로 보여주는 곳이 만리장성이다. 만리장성은 중화와 이적을 나누는 경계였다. 알다시피 실제로 만리장성을 쌓은 이유는 북방 기마민족의 침략을 막기 위해서였다. 우리가 가을 하늘은 높고 맑으며, 말은 살찐다는 뜻의 긍정적 표현으로 받아들이는 '천고마비'가 사실 옛 중원 지역 사람들에게는 다른 의미로 받아들여졌다. 하늘이 높아진다는 말은 결국 가을이 왔다는 것이고, 말이 살쪘다는 것은 북방 기마민족의 말들이 살쪘다는 것을 의미했다. 다시 말해 가을 추수를 할 때가 되면 북방 기마민족이 살이 오른 튼튼한 말을 타고 쳐내려와 추수한 곡식 등을 약탈해 갔기에 천고마비의 계절은 장성 안쪽에 살던 사람들에게는 공포의 계절이었던 것이다.

이처럼 동북 지역은 고대 이후 지금에 이르기까지 거칠고 야만적인 이미지가 주류를 이루고 있다. 자연환경 역시 산해관 안쪽 지역과 달리 거칠고 황량한 검은 토지가 펼쳐져 있고, 촌락도 띄엄띄엄 떨어져 있다. 게다가 북쪽의 차가운 기후는 거친 이미지를 더 강화한다. 이에 "동북 지역에 가보지 않으면 담이 작은지 모른다不到東北不知道膽小"는 말이 나오기까지 했던 것이다. 이 말에서 동북 지역 사람들의 거칠고 화끈한 면모를 짐작할 수 있다.

새로운 세계를 만나는
설렘과 두려움

간밤에 꿈을 꾸니 요동 들판을 날아 건너
산해관 잠긴 문을 한 손으로 밀치도다.
망해정 제일층에 취후에 높이 앉아
갈석산을 발로 박차 발해를 마신 후에
진시황 미친 뜻을 칼 짚고 웃었더니
오늘날 초초(悄悄) 행색이 뉘 탓이라 하리오.

—홍대용, 『을병연행록』

위의 시는 홍대용이 1765년 11월 27일 압록강을 건너며 자칭 "미친 노래"라 일컬었던 시의 일부분이다. 홍대용은 한겨울 저녁 무렵 고국을 떠나 중국으로 들어가면서 "수십 년 평생의 원이 하루아침의 꿈같이 이뤄

23

져" "상쾌한 의사와 강개한 기운으로 말 위에서" "미친 노래"를 지어 읊었던 것이다.[1] 이처럼 국경은 어떤 이에게 "평생의 원"이 "꿈같이 이뤄"지는 곳이기도 했다.

중국으로 떠나는 사행은 압록강을 건너면서부터 실질적으로 시작된다. 모든 여행이 그러하듯 새로운 세계와 접할 때는 설렘과 두려움의 두 가지 감정이 공존하기 마련이다. 그러나 조선인들에게 압록강을 건너는 행위는 시대에 따라 다르게 느껴졌다. 홍대용에게는 "평생의 원"이 되기도 했지만 또 누군가에게는 "시름을 짓게"[2] 하는 행위였던 것이다. 대표적인 경우는 아무래도 병자호란이 발발하고 심양에 인질로 잡혀간 소현세자와 봉림대군의 경우가 아닌가 싶다.

1637년 3월 30일 소현세자는 압록강을 건너게 된다.

세자가 밝을녘에 구룡연을 떠나 압록강을 건너 저녁에 어적도에서 묵었다. 구룡연에서 10리가 채 안 되는 곳이다. 승지 허계가 구왕에게 문안하러 서울에서 왔다.[3]

『소현심양일기昭顯瀋陽日記』에는 위처럼 간단한 언급만 있다. 세자시강원이라는 공식 기구가 사실만 무미건조하게 기록한 이날의 도강은, 향후 조선 사신들이 압록강을 건너 심양에 이를 때까지 자주 언급하는 모티프가 된다.

명대 연행사들의 무심한 월경

중국으로 들어가기 전 대부분의 연행록 저자는 중국에 가지고 갈 방물方物들이 다 도착할 때까지 10여 일 정도 의주에 머물렀다. 의주에 머무는 동안 이들은 기녀들의 말타기 등 의주 부윤이 제공하는 다양한 오락거리를 즐겼는데, 그중 빠질 수 없는 것이 바로 통군정統軍亭에 오르는 것이었다. 통군정은 압록강가 언덕에 세워진 정자로 이곳에서는 중국을 조망할 수 있었다: 허균의 형이자 허난설헌의 오빠인 허봉許篈이 성절사 박희립朴希立의 서장관으로 선조 7년1574, 즉 명의 만력 2년에 사행한 기록을 남긴 일기인 『조천기朝天記』를 보면 다음과 같은 내용이 나온다.

> 목사가 이미 떠나가자 나는 안정란安廷蘭과 최덕윤을 데리고 통군정으로 가서 완상하였는데, 정자는 바로 세 고을 경계를 누르면서 송골松鶻 · 마이馬耳 등의 산과 상대하였고, 압록강은 그 밑을 달리는데 강물이 겹치고 물가가 겹쳐서 볼만한 것은 일일이 헤아리기가 어려웠다. 동쪽에는 호산㺹山이 칼과 창이 줄을 선 것 같고, 서쪽에는 형제산兄弟山 등이 먼 하늘에 은연히 비쳤으며, 바로 정자 앞에는 넓은 들판이 연이어서 뻗쳤고, 조그마한 섬들은 이리저리 벌여 있는데 방초와 갈대가 한번 바라보면 끝이 없으니, 그 경치는 기괴하고 웅장하였으므로 다른 곳의 누각이나 누사樓榭가 미칠 수 있는 바가 아니었다.[4]

1574년에 사행을 다녀온 허봉은 통군정에 올라 경치를 구경하는데 "압록강은 그 밑을 달리는데 강물이 겹치고 물가가 겹쳐서 볼만한 것은 일일이 헤아리기가 어려웠다"고 밝히고 있다. 통군정에 오른 대부분의 사신이 그곳 경치를 칭찬하면서도 북쪽이라는 이미지, 즉 오랑캐가 있는 "호산이 칼과 창이 줄을 선 것 같"은 험악한 이미지로 표현하고 있다. 다만 명대 사행의 경우 직접 명 영토로 들어갔기에 오랑캐의 이미지가 강하게 나타나 있지 않고 국경을 넘을 때 어떤 대단한 기대감이나 사명감을 드러내는 경우도 보이지 않는다. 허봉은 6월 16일 압록강을 건넌다. 그는 압록강을 건너면서 홍대용처럼 무슨 대단한 의지와 희망을 보이기는커녕, 술에 취해 어떻게 건넜는지도 모를 지경이었음을 술회한다.

> 술자리가 무르익어서 자리를 배로 옮긴 다음에는 술잔이 종횡으로 오가기를 헤아릴 수 없었는데, 언덕에 이르러서 나는 벌써 취하여 쓰러졌으므로 부축하여 서강西江에 이르렀다. 상사와 같이 건너서 적강狄江에 이르렀으나 나는 피곤하여 누웠고 상사와 조여식은 먼저 갔으며 달이 올라올 때에야 나는 비로소 일어났다. 거쳐온 곳에는 파사보婆沙堡의 옛터 등지가 있었지만 모두 기억할 수가 없었다.
> 이날 나는 술을 마시지 않고자 하였으나, 서울 사람들과 작별할 때 부모님을 생각하고 대궐을 그리는 동안에 마음이 산란하여 유선과 더불어 술을 마시었는데 취하는 데까지 이르렀다.[5]

허봉과 같이 간 조헌趙憲의 『조천일기朝天日記』에도 사신 등 일행이 술 먹고 노는 모양이 기록돼 있는데, 박 선전관이 많이 취해 먼저 일어나서 춤을 추고 허봉과 조헌도 일어나서 춤을 췄으며, 상사도 반쯤 취했다고 한다.[6] 18세기 중엽 북학파 홍대용이 압록강을 건너면서 "요동 들판을 날아 건너 산해관 잠긴 문을 한 손으로 밀치"겠다며 포부를 밝힌 것과 달리 명대 사신들은 하나같이 술에 취해 국경을 건너고 있는 것이다. 이는 상대적으로 특별한 긴장 관계가 없는 명과 조선 사이라서 발생할 수 있었던 일이라 생각한다.

『용만승유첩』 제1폭 〈통군정아회도〉, 1723,
국립중앙박물관.

    그러나 압록강 건너 북쪽 지역은 예로부터 오랑캐 이미지가 지속적으로 각인돼 있던 곳이다. 연행사들은 기본적으로 관외를 오랑캐 지역으로 여겼다. 이에 "탕참 지휘가 사인舍人 여섯 명을 보내어 하정下程을 보내왔으므로 전과 같이 음식물을 주었더니, 사인배들은 적다 하여 화를 내고는 버리고 갔다. 우리들은 시험코자 하여 그대로 두고 더 주지 말게 하였더니, 나중에 한 사람이 되돌아와서 가지고 갔으니 극히 가소로운 일이었다. 이들은 많이 얻는 것을 탐낼 줄 알고 염치가 어떤 것인 줄을 모르니, 이름은 중국이라 하면서도 실은 달자韃子와 다름이 없었다"[7]며 이 지역 중국인을 오랑캐라 비판한다.

청 초 연행사들의 시름 섞인 월경

청 초로 들어서면 국경을 넘어갈 때 사신들의 반응이 이전과는 사뭇다르게 나타난다. 인평대군_{麟坪大君, 1622~1658}의 『연도기행_{燕途紀行}』을 보면 다음과 같은 내용이 나온다.

늦게 동행들과 통군정에 올라가 보니, 산하가 웅장하여 그 기상을 형언할 수 없으며, 황야는 아득하여 멀리 벽공에 닿았는가 하면 세 강이 합쳐 흘러 남북으로 막혀져 있었다. 난간에 의지하여 사방을 바라보니, 너무나 호탕하여, 전번에 본 백상루_{百祥樓}나 연광정은 참으로 어린애 장난감과 같았다. 속담에, 통군정은 팔로_{八路} 중에서 으뜸이라 하더니 이것이 과연 옳은 말이었다. 그러나 호지_{胡地}에 근접되어 있어 경상_{景象}이 음참_{陰慘}하니 사람으로 하여금 시름을 짓게 한다.[8]

인평대군은 다른 명대 연행록 저자들처럼 통군정의 훌륭한 경치를 언급한다. 그러나 뒤이어 오랑캐 지역과 가까이 있어 그 경치가 음침해 시름을 짓게 만든다고 술회한다. 1656년 당시는 이미 명이 멸망하고 청이 북경에 자리를 잡은 시기였다. 그러나 인평대군은 병자호란 치욕의 현장에 있었고, 심양에서 인질 생활을 겪었던 터라 국경에 도착해 "시름을 짓"지 않을 수 없었던 것이다.

여기서부터 비로소 청국 땅인데, 무오년 이후로 영원히 황무지가 되어인가가 없었으며 쑥대만 가득할 뿐, 겨우 한 가닥 길만이 있었다.
삼강_{三江}의 얕은 여울로 건너가서 구련성_{九連城} 밑에 도착하니, 야막_{野幕}이 이미 설치되어 있고 주방을 맡은 사람이 음식을 올렸다. 성은 곧 옛날 한漢나라 관문으로서, 치첩이 허물어지고 돌과 나무만이 가득할 뿐이었다. 홀로 황야에 앉아서 멀리 의주 새방을 바라보니, 소식이 단절된 채 홀로 통군정만이 구름 사이에 우뚝 솟았을 뿐이다. 여기에 이르니, 심회는 더욱 말할 수 없었다.[9]

"청국 땅"에 들어오니 "심회는 더욱 말할 수 없었"다고 하는데, 이는 인평대군이 바로 1640년 볼모로 심양에 갔다가 이듬해 돌아온 과거가 있기 때문이다. 더불어 "무오년 이후로 영원히 황무지가 되어 인가가 없었으며 쑥대만 가득할 뿐, 겨우 한 가닥 길만이 있었"던 이유가 있다.

청나라는 건국 초부터 강희제에 이르기까지 봉황성에서 산해관을 연결하는 넓은 지역에 버드나무 목책으로 경계를 표시하고 유조변柳條邊이라 했다. 유조변은 흙으로 제방을 쌓고 그 위에 버드나무 울타리를 세운 것이었다. 청나라는 자신들의 발상지인 백두산 지역을 보호하고자 한족의 출입을 막는 봉금령封禁令을 내렸다. 또 유조변 동쪽 지역은 청야淸野라는 이름으로 한족의 출입을 금지시켰으며, 유조변 북쪽은 몽골족과의 완충지대로 만들었다. 그리고 유조변에는 20여 군데에 통문을 설치해 변문邊門이라 하며 군사를 배치해 검문검색을 하고 통행을 제한했다. 조선 사신들이 책문이라 한 곳은 유조변의 변문 20여 개 중 최남단에 위치한 봉황성변문鳳凰城邊門이다.

이에 청대 사신들은 국경인 압록강을 건너도 바로 청나라 인가를 볼 수 없었고 아무도 살지 않는 지역을 거쳐 책문에 이르러서야 중국 사람을 만날 수 있었다. 인평대군은 1656년 8월 24일 책문에 들어선다. 그리고 "마패麻牌 각씨却氏"라는 사람의 집으로 들어간다. 그러나 그는 "집이 몹시 누추하여 악취가 사람에게 풍"기고, "이족異族들이 지껄여대니 도리어 냇가에서 장막을 치고 자는 것만도 못"하다며 "이족", 즉 만주인들에 대해 불편한 마음을 드러낸다.

김창업의 유머 코드

18세기에 들어서면서 청조에 대한 반감도 표면상으로는 일정 정도 누그러진다. 이에 국경에 임해서, 혹은 압록강을 건너 책문에 이르러서 청조를 대하는 조선 사신들의 자세에도 일정 정도 변화가 생긴다. 이와 관련해 노가재老稼齋 김창업金昌業의 연행 기록인 『연행일기』 1712년 11월 22일자를 참고할 만하다. 김창업은, 숙종 38년1712 임진년 동지사겸사은사多至使兼謝恩使 김창집金昌集의 자벽군관自辟軍官으로 북경에 다녀왔다.

백씨는 응향당凝香堂으로 돌아가고 나는 통군정으로 향했는데 김제겸金濟謙이 따라왔다. 세속에서는 중국(燕)에 들어가는 사람은 이 정자(통군정)에 오르기를 꺼린다고 하여 혹자는 만류하였으나 끝내 올랐다. 압록강이 동북쪽에서 흘러오다가 이 정자 밑에 와서 두 갈래로 갈라지며, 중강中江은 서북쪽에서 흘러와서 마이산을 스쳐 압록강 하류로 들어오므로, 이 세 물이 종횡으로 베 짜듯이 얽힌다. 언덕 저쪽엔 호국의 산들이 첩첩이 둘러 있는 가운데 마이산이 가장 가까워 만져질 듯하였으나 다만 하나의 작은 산일 뿐이다. 멀리 서북쪽을 바라보면 석봉石峯이 있는데, 그곳은 송골산松鶻山으로 우리가 강을 건너면 이튿날 그 산을 지나게 될 것이라고 하였다. 서남쪽은 시계가 더욱 트여 드넓은데, 바다 입구가 예서 멀지 않은 때문일 것이다. 점점이 보이는 먼 산 사이로 보이는 뾰족한 봉우리도 역시 호국 땅이라고 하였다.[10]

김창업은 관습적으로 "호국"이라는 표현을 쓰고 있지만 통군정에 올라 청나라 산들을 객관적으로 묘사하고 있을 뿐이다. 그리고 김창업은 이곳 통군정에 오기 바로 전 수성촌에 다녀온다. 수성촌은 김상헌金尙憲이 1640년 심양에 잡혀가 6년 동안 억류됐다가 1641년 병에 걸려 돌아와 1년을 머물렀던 곳이다. 김창업은 바로 청음淸陰 김상헌의 증손자다. 『소현심양일기』를 비롯한 다양한 기록에도 나와 있듯이 김상헌의 꼿꼿함과 지조는 당시 만주족의 기를 누를 정도로 대단했다.[11] 그런데 김창업은 이곳에 와서 청나라에 대한 어떤 반감도 드러내지 않고 있다. 그는 다만 수성촌이 통군정 밑에 있고 지금은 폐허가 되어, 비석 하나만 그 자리를 지키고 있다고 언급할 뿐이다.[12]

김창업은 12월 28일 책문에 들어가서도 인평대군의 『연도기행』에서처럼 오랑캐니 뭐니 하는 표현들은 쓰지 않고 중국어와 관련한 재미있는 에피소드를 소개할 뿐이다.

김중화金中和는 한어를 조금 알았다. 그래서 주인을 보고 "이리 오너라〔你來來〕" 하니, 그는 매우 성을 내며 온돌 밑으로 끌어내려 두들겨 패려고 하였다. 여러 사람이 힘써 해명하고 또 부시〔花峯鐵〕 1개를 주고서 화를 면하였다. 이곳 사람들은 아내를 '나이나이〔嬭嬭〕'라고 부르는데 '라이〔來〕'와 '나이〔嬭〕'는 음이 서로 비슷하니, '라이'를 거푸 부르는 것은 합당치 못하다. 그는 자기의 아내를 부르는 것이 자기를 욕보였다고 생각해서 성을 냈던 것이다. 김중화는 이 일로 인해서 일행에게 조롱거리가 되었으며, 더욱 우스운 것은 한인을 만나도 입을 봉하고 다시는 말이 없었다.[13]

김창업은 위 인용문에서 김중화가 어설프게 중국어를 할 줄 안다고 나섰다가 봉변을 당하는 상황을 해학적으로 잘 그리고 있다. 김중화는 '이리 오너라'란 뜻으로 "니라이라이〔你來來〕"라고 말하려 했을 것이나 발음을 정확히 하지 못해 "니나이나이〔你嬭嬭〕"라 한다. 이는 곧 '에미랑 붙어먹을 놈'이란 뜻이 되니 집주인이 "매우 성을 내며 온돌 밑으로 끌어내려 두들겨 패려고" 하지 않을 수 없던 것이다. 김창업은 나이나이가 아내를 의미한다고 하지만 사실 중국어로 니나이나이는 이를 훨씬 뛰어넘는 욕이다. 여기서 나이나이는 부인이 아니라 어미를 뜻하고, 그래서 "니나이나이"란 '네 어미랑 붙어먹을'이란 심각한 욕이 된다.

김창업의 『연행록』 곳곳에 보이는 이러한 유머 코드는 이전 연행록, 특히 청 초 연행록에서 찾아보기 힘들다. 이러한 상황이 발생하게 된 이유로는 우선 18세기 들어와 1713년까지 조선과 청의 관계가 '밀월시대'라고 할 정도로 좋았던 점을 들 수 있다.[14] 이와 함께 '육창六昌'이라 일컬어지는 김창집-김창협-김창흡-김창업-김창집-김창립 등의 학문관과 세계관적 특성이 퇴계와 율곡의 도학에서 일정 부분 이탈했음도 언급할 필요가 있다. 이들은 자득적 사색, 노장, 불교, 양명학까지 포용하는 개방적 학문관을 가졌다는 평가를 받고 있었다. 그렇기에 적극적으로 청의 서적과 문물을 수용하는 태도를 보였던 것이다.[15] 이러한 언급을 고려해보면 연행록은 시대 상황의 영향뿐 아니라 작가 개인의 성향과 학문적 방향과도 밀접한 관련을 맺고 있다는 사실을 알 수 있다. 다시 말해 연행록의 흐름을 보려 할 때는 시대적 상황뿐 아니라 개인의 성향까지 파악해야 한다. 김창업의 『연행일기』에 청에 대한 적개심이 드러나지 않는 이유는 당시 조선과 청의 관계가 호전됐기 때문인 동시에 작가가 개방적인 세계관을 지녔기 때문이라고도 볼 수 있다.

평생의 소원, 홍대용의 월경

18세기 중엽 이후 북학파의 글에 보이는 국경 지역은 또 다르다. 1765년 연행사의 서장관으로 임명된 작은아버지 억檍의 수행군관이라는 명목으로 청을 방문했던 홍대용은 한문으로 쓴 『연기燕記』와 한글로 쓴 『을병연행록』을 남겼는데, 압록강을 건너면서 다음과 같은 기록을 남겼다.

하물며 깊은 겨울의 석양이 산에 내리는 때를 당하여 친정을 떠나 고국을 버리고 멀리 만리 북경 사행을 떠나는 마음이 어찌 굿브지 않겠는가만, 수십 년 평생의 원이 하루아침의 꿈같이 이루어져 한낱 서생으로 융복에 말을 달려 이 땅에 이르니, 상쾌한 의사와 강개한 기운으로 말 위에서 팔이 솟구침을 깨닫지 못하였다. 드디어 말 위에서 한 곡조 미친 노래를 지어 읊었다.

하늘이 사람을 내매 쓸 곳이 다 있도다.
나 같은 궁생은 무슨 일을 이루었던고?
등하에 글을 읽어 장문부長門賦를 못 이루고
말 위에서 활을 익혀 오랑캐를 못 쏘도다.
반생이 녹록하여 전사田舍에 잠겼으니
비수를 옆에 끼고 역수易水를 못 건넌들
금등金燈이 앞에 서니 이것이 무슨 일인가.
간밤에 꿈을 꾸니 요동 들판을 날아 건너
산해관 잠긴 문을 한 손으로 밀치도다.
망해정 제일층에 취후에 높이 앉아
갈석산을 발로 박차 발해를 마신 후에

33

진시황 미친 뜻을 칼 짚고 웃었더니

오늘날 초초 행색이 뉘 탓이라 하리오.[16]

  "말 위에서 활을 익혀 오랑캐를 못 쏘도다"라는 구절에 오랑캐라는 표현이 나오긴 하나 홍대용은 연행을 "수십 년 평생의 원"으로 생각했다. 이러한 감격과 기쁨에 "미친 노래"를 말 위에서 읊었던 것이다. 이는 청초 청나라에 조선인을 짓밟은 오랑캐라고 욕하는 단계를 지나고 18세기 초 청조에 대한 반감을 드러내지 않는 단계도 지나, 청을 인정하는 단계에까지 이른 것으로 해석해볼 수 있다.

박지원의 경계론

  18세기 중엽 이후 북학파의 국경 감상, 혹은 국경 관찰은 박지원에 의해 비약적으로 발전하게 된다. 정조 4년1780 박지원은 팔촌이 되는 형 금성위錦城尉 박명원朴明源의 수행원으로, 청 고종 건륭제의 70세 탄생일을 축하하고자 중국에 들어간다. 그는 조선인으로는 처음으로 열하까지 돌아보고 『열하일기熱河日記』를 저작한다. 『열하일기』 첫 부분에는 1780년 6월 24일 압록강을 건너면서부터 7월 9일 요양遼陽에 이르기까지 15일간의 상황을 기록한 「도강록渡江錄」이 있다. 이를 보면 6월 24일 압록강을 건너면서 박지원은 수석 통역관 홍명복洪命福과 다음과 같은 이야기를 나눈다.

  내가 홍군洪君 명복命福 수역首譯 더러, "자네, 도道를 아는가" 하니, 홍은 두 손을 마주잡고, "아, 그게 무슨 말씀이셔요" 하고, 공손히 반문한다. 나는 또, "도란 알기 어려운 것이 아닐세. 바로 저 강 언덕에 있는 것을"

했다. 홍은, "이른바, '먼저 저 언덕에 오른다'는 말을 지적한 말씀입니까" 하고 묻는다. 나는, "그런 말이 아니야. 이 강은 바로 중국과 우리와의 경계가 되는 곳으로, 경계란 응당 언덕이 아니면 곧 강물일 것일세. 무릇 세상 사람의 윤리와 만물의 법칙이 마치 이 물가나 언덕이 있음과 같으니 도란 다른 데 찾을 게 아니라, 곧 이 강물과 언덕의 중간 경계에 있는 것이란 말야" 하고 답했다. 홍은 또, "외람히 다시 여쭈옵니다. 이 말씀은 무엇을 이른 것입니까" 하고 묻는다. 나는 또 답했다. "옛글에 '인심人心은 오직 위태해지고 도심道心은 오직 가늘어질 뿐'이라고 하였는데, 저 서양 사람들은 일찍이 기하학에 있어서 한 획의 선들을 변증할 때도 선이라고만 해서는 오히려 그 세밀한 부분을 표시하지 못하였은즉 곧 빛이 있고 없음의 사이라고 표현하였고, 이에 불씨佛氏는 다만 붙지도 않고 떨어지지도 않는다는 말로 설명하였지. 그러므로 그즈음에 잘 처신함은 오직 도를 아는 이라야 능히 할 수 있을 테니, 옛날 정鄭의 자산子産 같은 사람이……" 배가 벌써 언덕에 닿았다.[17]

조선과 청의 국경인 압록강을 건너면서 박지원은 조선의 수석 통역관 홍명복에게 '도'에 대해 이야기한다. 도란 바로 경계이고, 그 경계란 하나의 선으로 확 그어질 수 없는 애매모호한 것이다. 이러한 도리를 깨달은 사람만이 잘 처신할 수 있다 한다. 그러면서 춘추시대 정나라에서 중용의 도로 강대국 틈바구니에서 나라를 지킨 자산에 대해 또 일장연설을 하려는 순간…… 배가 언덕에 닿는다. 『열하일기』, 아니 박지원의 뛰어남은 바로 여기에서 확인할 수 있다. 상황에 맞는 적절한 비유, 그러면서 심각하지 않은 태도. 아니 여기서는 심각하게 나가다가 허무하게 배가 닿아 바로 장광설을 포기해야 하는 상황을 연출해 사람들로 하여금 헛웃음을 짓게 만들었던 것이다. 심각하던 상황 자체를 코미디로 만드는 재주는 박지원을 제외하고는 쉽게 발휘할 수 없는 것이다.

앞에서 언급했듯이 청 초 인평대군은 청나라로 들어가며 "시름을 짓"는다. 그러나 18세기 들어 청나라를 오랑캐로 보는 이미지가 많이 희석되고, 홍대용 같은 경우는 청나라 방문이 수십 년 평생의 원이라고 하는 지경에까지 이른다. 박지원은 이 차원을 벗어나 국경에서 두 문화가 접한다는 점의 중요성, 즉 무조건 청을 배척하는 것도 아니고 무조건 찬양하는 것도 아닌, 조선과 청의 중간 지대에 주목했다. 다시 말해 조선이 없는 청의 문화가 아니라 조선을 염두에 둔 청 문화, 그리고 조선 문화와 섞일 수 있는 청 문화에 관심을 가지며 조선과 청의 경계인 압록강을 건너면서 "경계론境界論"을 펼쳤던 것이다. 그것도 심각하게 풀어내다 뚝 끊어 사람들로 하여금 '허!' 하고 헛웃음이 터지게 해 자기 생각과 반대인 사람이 있다 하더라도 빠져나갈 구멍을 만들며 말이다.

박지원은 책문에 도착한 1780년 6월 27일자에서 다음과 같은 내용을 기록했다.

책문 밖에서 다시 책문 안을 바라보니, 수많은 민가들은 대체로 들보 다섯이 높이 솟아 있고 띠 이엉을 덮었는데, 등마루가 훤칠하고 문호가 가지런하고 네거리가 쭉 곧아서 양쪽이 마치 먹줄 친 것 같다. 담은 모두 벽돌로 쌓았고, 사람 탄 수레와 화물 실은 차들이 길에 질펀하며 벌여놓은 기명들은 모두 그림 그린 자기들이다. 그 제도가 어디로 보나 시골티라고는 조금도 없다. 앞서 나의 벗 홍덕보가, "그 규모는 크되, 그 심법은 세밀하다"고 충고하더니, 이 책문은 중국의 동쪽 변두리임에도 오히려 이러하거늘 앞으로 더욱 번화할 것을 생각하니, 갑자기 한

풀 꺾여서 여기서 그만 발길을 돌릴까보다 하는 생각에 온몸이 화끈해진다. 그럴 순간에 나는 깊이 반성하되, "이는 하나의 시기하는 마음이다. 내 본시 성미가 담박하여 남을 부러워하거나 시기하거나 하는 마음은 조금도 없던 것이 이제 한번 다른 나라에 발을 들여놓자, 아직 그 만분의 일도 보지 못하고 벌써 이런 망령된 마음이 일어남은 어인 까닭일까. 이는 곧 견문이 좁은 탓이리라. 만일 여래의 밝은 눈으로 시방세계를 두루 살핀다면, 어느 것이나 평등하지 않은 것이 없을 것이니, 모든 것이 평등하면, 저절로 시기와 부러움이란 없어질 것이다" 하고 장복을 돌아보며, "네가 만일 중국에서 태어났다면 어땠겠느냐?" 하고 물으니 그는, "중국은 되놈의 나라이옵기 쇤네는 싫사와요" 하고 대답한다. 때마침 한 소경이 어깨에 비단 주머니를 걸고 손으로 월금을 뜯으면서 지나간다. 나는 크게 깨달아, "저야말로 평등의 눈을 가진 이가 아니겠느냐" 하였다 (…) 압록강에서 여기가 1백 20리다. 여기를 우리나라 사람은 '책문'이라 하고, 이곳 사람은 '가자문架子門'이라 하며, 중국 사람들은 '변문'이라고 한다.[18]

당시 대다수 조선 지식인에게 청나라란 만주족 오랑캐의 나라였다. 그러나 대부분의 연행사는 청나라에 도착해 조선에서 보지 못한 화려한 문물을 만나게 된다. 박지원은 이 화려함을 보고 주눅이 든다. 무력이 아닌 문화의 힘에 말이다. 많은 경우 이런 선진 문물을 마주하면 둘 중 한쪽을 선택한다. 부럽다고 무조건 따르거나 아니면 오랑캐의 것이라며 애써 외면하며 욕하거나. 그런데 박지원은 이 상황에서 자신을 되돌아보며 객관적으로 선진문명을 살펴보겠다 다짐한다. 더불어 하인 장복과 지나가는 소경을 등장시켜 객관적으로 청나라를 보겠다는 자신의 다짐을 강화한다. 장복은 "중국은 되놈의 나라이옵기 쇤네는 싫사와요"라며 무조건 싫다고 한다. 이는 당시 조선인의 '우물 안 개구리'식 반응을 대변한다고 볼 수 있다. 아무리 문화적 발전이 있고, 소통의 여지가 있어도 '되놈'이라 하면 모든 대화와 소통이 단절되는 것이다. 이에 박지원은 또 소경을 등장시키며 "저야말로 평등의 눈을 가진 이가 아니겠느냐"라 한다. 이는 편견을 가지지 않으며 '되놈'이라는 색안경으로 청나라를 바라보지 않고, 그야말로 소경처럼 아무 것도 보지 못한, 백지 상태에서 청나라를 객관적으로 바라보겠다는 그의 다짐이었던 것이다.

약화된 국경 이미지

박지원 이후의 연행사들이 국경에서 청을 부정적인 시선으로 바라보는 경우는 많지 않았다. 정조 15년[1791] 정사 김이소, 부사 이조원, 서장관 심능익이 연경에 사행 갔을 때, 벼슬 없이 선비로 따라간 김정중金正中이 기록한 『연행록』에는 다음과 같은 내용이 나온다.

사신[使家]이 용천과 용만 두 고을의 기생을 불러서 진변헌 안에서 검무로 승부를 겨루게 하니, 바로 하나의 투화연鬪花宴이었다. 계랑이라는 용천 기생이 있어 좌우로 돌며 연풍대軟風臺를 잘하는데, 이것으로 능히 주름잡았다.
이날 저녁에 달이 희미하고 바람이 삽연히 일어 사람의 뜻을 설레게 하매, 뜻을 같이하는 몇 사람과 함께 통군정으로 걸어 오르니, 누각은 거칠고 쓸쓸한 가운데에 사방을 둘러보아도 소리가 없다. 횃불 하나를 켜서 높이 다니, 분강汾江 50리의 파수하는 군사가 일제히 불을 올려서 별이 벌려 선 듯, 구슬이 섞여 떨어지는 듯하다. 퉁소 부는 객이 있어 출새

곡出塞曲을 부니, 그 소리가 목이 메는 듯하고 비장하여 사람으로 하여금 날아 건널 듯한 마음을 갖게 한다. 조금 뒤에 달빛이 드러나자 용천악부龍川樂府를 바쳐서 유객遊客을 즐겁게 하는데, 맑은 노래 고운 춤이 누각 위를 메워 풍류의 한 장면으로 변하니, 도무지 수루戍樓 모양이 아니었다.

온 좌석이 흥이 다하여 성의 동문으로 걸음을 옮기니, 달빛이 더욱 밝아 성안 가득한 인가를 모두 셀 수 있을 듯하다. 밤이 깊어서야 돌아왔다.[19]

연행사들은 의주에 도착하면 항상 기생들의 검무, 기마 공연을 관람했다. 위의 인용문을 보면 김덕중 역시 다른 연행사들처럼 이러한 공연을 즐겼을 뿐이다. 이처럼 오랑캐 나라인 청나라에 들어간다는 분위기는 전혀 찾아볼 수 없다. 그리고 의주는 명색이 국경 도시임에도, 그리고 '통군정統軍亭'은 말 그대로 '군軍을 통솔統率하던 정자亭子'였음에도 "도무지 수루戍樓 모양이 아니었다"고 김정중은 말하고 있다. 의주를 군사기지로 바라본다기보다는 사신 접대 역할을 수행하는 도시로 인식하고 있다.

이처럼 청조, 그리고 압록강 건너 청 지역에 대해서 이전과 달리 오랑캐 이미지가 많이 희석되긴 했지만 변방이라는 이미지는 여전히 남아 있었다. 김정중의 『연행록』1791년 11월 26일자를 보면 "책문부터 송점松店까지는 습속이 미련하고 무식하여 잇속만을 탐"낸다 했다. 또 1792년 3월 4일자를 보면 "책문의 호인胡人은 사납고 거세어 우리나라 사람을 보면 매우 무례한 데" 비해 장사 일로 이곳에 온 "연경 사람"은 "예의가 매우 정성스럽고 도타"웁다고 했다.[20] 이런 기록을 통해 책문의 변방 이미지, 즉 거친 이미지를 강하게 느낄 수 있다.

책문은 일반 사람들의 통행이 허락되지 않은 곳이었다. 조선 사신들이 드나들 때에만 문을 열었는데 조선 사신들은 청으로 들어갈 때에도, 그리고 조선으로 돌아갈 때에도 책문을 책임지고 있는 봉황성장鳳凰城將으로 인해 애를 먹는 경우가 많았다. 김정중의 『연행록』에는 조선 사신들이 귀국할 때 봉황성장 때문에 애를 먹는 상황이 기록돼 있다.

이날 일찍 아침밥을 먹은 뒤에, 일행이 짐을 싸고 행장을 차리고서 봉황성장이 오기만을 기다렸으나, 낮이 지나도록 소식이 아득하다. 아마도, 해마다 절사節使가 드나들 적에 봉황성장이 문을 열지 않으려 하면 으레 은자銀子 얼마를 주었으므로, 봉황성장이 그 재화를 이롭게 여겨, 이번 행차에 있어서도 심양에 들어가 돌아오지 않았다고 핑계하고 6, 7일이 지나도록 문을 열어주지 않은 것이리라. 사신이 임역任譯들에게 말하기를, "저들이 뇌물을 탐냄이 심함을 이를 데 없다. 비록 해를 넘겨 묵더라도 땡전〔唐錢〕한푼도 주지 않으리라" 하고, 따라서 영을 내려, "내일 일찍 말에게 풀을 먹여라. 수레를 돌려 심양으로 다시 들어가 예부禮部에 정문呈文하리니, 행중은 모두 그리 알라" 하였다.[21]

뇌물을 원하는 봉황성장으로 인해 귀국하지 못하고 6, 7일이나 책문 안에 갇혀 있던 조선 사신단. 이에 정사는 드디어 특단의 조치를 취한다. 뇌물을 주어 해결하는 것이 아니라 다시 심양으로 돌아가 청의 예부에 이 상황을 알려 봉황성장을 벌하려 한 것이다. 이러한 행동을 취하자 바로 그 다음날인 3월 6일 봉황성장은 책문을 연다.

이처럼 시간이 흐름에 따라 국경에서 바라본 청의 오랑캐 이미지는 많이 옅어져갔다. 이러한 상황은 1798년 서유문徐有聞의 『무오연행록』

『용만승유첩』 제3폭 〈관기융장치마도〉, 1723,
국립중앙박물관.

에서도 비슷하게 나타난다. 서유문은 "여기를 지나면 저들의 땅이라, 길 옆에 갈수풀이 얽혀 겨우 수레가 지날 만하니 나그네 회포 극히 슬프더라. 하물며 깊은 겨울에 삭풍이 처량해 석양이 산에 내리는 때를 당하여 머리를 돌려 동을 바라보매 눈물을 아니 흘릴 이 없으며, 보내는 사람도 강가에서 바라보면 갈수풀 사이에 푸른 일산이 나부끼다가 잠깐 사이에 간 곳이 없어지니, 아득히 넋이 빠지지 않을 이 없다 하더라"라며 조선을 떠나는 감회를 적고 있다.[22] 그러나 그의 글 어디에서도 청나라 땅, 오랑캐의 땅으로 들어간다는 언급은 없다.

서경순이란 해학적 인물

마지막으로 조선 철종 6년[1855] 연행사신의 종사관從事官으로 수행했던 서경순徐慶淳의 『몽경당일사夢經堂日史』는 예전 연행록과 많은 차이를 보이는 작품이다. 19세기 중반이라는 시대적 상황도 상황이지만 서경순이란 작가 본인의 캐릭터가 작품 곳곳에 녹아들어가 있다. 특히 그의 유머 코드는 발군이다. 1855년 10월 27일 의주에서 하례下隸들과 나눈 대화를 보자.

내가 주부主簿 한응태韓膺泰(상방上房의 병방 군관兵房軍官이고 이름은 응태이며 의술이 있는데, 나와 동갑이다—원주)를 돌아보고 말하기를, "내 차림새가 어떠한가?" 하니, 대답하기를, "집사의 양반이 이제는 우리들과 똑같아졌습니다" 하기에, 내가, "지금 곧 압록강을 건너게 되었으니, 내 양반과 나이는 모두 강가 버들가지에 걸어두었다가 돌아올 때에 다시 찾기로 하고, 이제부터는 자네들과 서로 네니 내니 하고 지낼 터이니, 다시는 나를 양반으로 대접하지 말게" 하였다. (…)
마두馬頭 김홍엽金弘燁이 의주부의 수검 장교搜檢將校를 데리고 와서 고하기를, "저들이 옷상자를 수검하려 하는데 허락하시겠습니까?" 하기에, 내가 의주 장교에게, "우리 일행 중에 홍인삼紅人蔘이 정말 있는데 어찌 내 상자만을 뒤지려 하느냐? 내 상자를 뒤져서 없으면 네 볼기를 치리라" 하니, 의주 장교가, "수검하는 것은 관례입니다. 관례 때문에 볼기를 얻어맞는다면 볼기가 어찌 견디겠습니까? 일행 중 홍인삼이란 과연 누구를 가리키는 것입니까?" 하니, 온 좌석이 모두 당황해 하며 괴상하게 의심하였으나 내가, "아무개도 여기 있고 아무개도 여기 있네!" 하고는, 홍洪가 성姓 세 사람을 가리키며, "이들이 홍인삼일세" 하니, 의주 장교가 웃고 물러갔다.**23**

압록강을 건너기 전 대부분의 자제군관은 평소 입던 옷에서 군관 복장으로 갈아입는다. 실제로는 군관이 아니나 군관이란 명목으로 청에 들어가는 것이기에 적어도 국경을 통과할 때에는 군관 복장을 갖췄던 것이다. 서경순은 자신이 입고 있던 양반 복장을 벗고, 군관 복장으로 갈아입고 나서 자신의 차림새가 어떤지 물어본다. 그러자 중인인 주부 한응태가 양반이었던 당신 모습이 이제 우리들과 같아졌다고 한다. 서경순은 압록강을 건너면서 그렇다면 자신의 양반 지위와 나이를 모두 강가 버들가지에 걸어뒀다가 돌아올 때 다시 찾아오겠다며 자신보다 신분이 낮은 군관들에게 말을 놓자고 한다. 그러고는 한 걸음 더 나아가 그깟 양반 강 건너기 전에 팔아 치우자며 흥정을 하다 결국 조선통보 3푼에 팔아 탁주나 한잔 하고 강을 건너자고 농을 건다. 이런 농담은 이전 연행록에서는 볼 수 없는 상황으로, 신분제가 동요하던 19세기가 아니었다면 나올 수 없었을 농담이다.

그리고 연행을 떠날 때 국경인 의주에서 행하는 중요한 일 중 하나가 반입이 금지된 물품의 소지 여부를 확인하는 것이었다. 시대에 따라 조금씩 달라지기는 했지만 일반적으로 청나라에 갖고 가지 못하는 물품들이 있었다. 박지원의 『열하일기』「도강록」 기록에 의하면 반입 금지 물품은 "황금, 진주, 인삼, 담비의 모피, 그리고 공식적으로 가져갈 수 있는 은 이외의 불법 은" 등을 포함해 수십여 종에 이르렀다고 한다. 더불어 국가에서 금지하는 물건을 소지하고 있다가 첫번째 깃발에서 발각되면 중곤重棍을 치고 물건은 압수되며, 가운데 깃발에서 적발되면 귀양을 가고, 마지막 세번째 깃발에서 걸리면 효수梟首를 하여 조리를 돌렸다고 한다.[24] 이 상황에서 서경순은 당시 반출 금지 품목이었던 홍인삼紅人蔘, 즉 일행 중에 홍삼紅蔘을 가져가는 이가 있다고 하여 그 자리에 있던 사람들을 긴장시키고 또 당황하게 만든다. 의주부의 수검 장교는 맡은 직책이 있는지라 누가 홍삼을 갖고 있는지를 묻는다. 이에 서경순은 일행 중 홍씨洪氏 성을 가진 사람 세 명〔人三〕을 가리키며 이들이 바로 "홍인삼洪人三" 이라고 익살을 떨어 긴장됐던 분위기를 일순간에 웃음바다로 만든다.

이처럼 서경순은 국경을 건너는 와중에도 새로운 나라에 간다는 기대도, 오랑캐 땅으로 들어간다는 분개도 없이 아주 쿨하게 농담을 주고받으며 국경을 넘어갔다.

누구나 즐거워하는 귀국

앞에서 보았듯 의주 통군정에서 압록강 너머 중국 땅을 바라보면서, 압록강을 건너면서, 책문을 들어가면서 느끼는 감정들은 시대와 개인에 따라 어느 정도 차이를 보인다. 그러나 조선으로 돌아올 때는 거의 예외 없이 즐거워한다.

박사호朴思浩의 『심전고心田稿』 1829년 3월 11일자를 보면 책문을 나오는 상황이 묘사돼 있다.

서장관이 떨어져 책문 밖에서 짐들을 점검하는 것이 관례로 되어 있다. 일행은 드디어 책문 밖으로 말을 달려나가매, 마치 새장을 벗어난 새와도 같은 느낌이니 참으로 이른바, "청춘이 짝을 지어 좋이 고향으로 돌아온다靑春作伴好還鄕" 한 것이 바로 이것이다. 진창길에 비를 맞아 난니보爛泥堡와 다를 것이 없다. 간신히 참에 이르러 조금 쉬고 나서 냇가에 걸어나가니, 들 빛이 환하고 여러 산들이 저멀리 서로 어울리어 비친다. 온정은 벽돌로 둘러싸고 샘 줄기는 게눈같이 솟아올라 따뜻한 기운이 무럭무럭 오른다. 하인의 무리들이 벌거벗고 목욕하는 자가 내 가운

데 그득하다.[25]

갈 때는 엄동설한에 미지의 세계로 들어간다는 생각에 "눈 위에 비친 달은 싸늘하고 은하수는 훤히 비치는데 북쪽의 차가운 기운은 비장한 회포를 불러일으킨다"[26]고 했던 그가 책문을 벗어나자 "마치 새장을 벗어난 새와도 같은 느낌"이라 하고 있다. 더불어 1829년 3월 12일 기록을 보면 "한 산모롱이를 돌아 지나가니, 의주성이 널리 벌여 있고, 통군정이 성 머리에 솟아 있는 것이 보인다. 일행의 상하가 일제히 소리를 내어 마치 고향을 본 것같이 외치며 기뻐하였다"며 온 일행이 귀국을 기뻐한다.

요동

한바탕 울기
좋은 벌판

/

아득한 들판이 마치 바다에 떠 있는 듯	莽蒼如浮海
가슴이 활짝 트이네.	胸襟洞一披
산과 강은 얼마나 아득한지	山河杳何許
하늘과 땅 이처럼 큰 것이었네.	天地大於斯
갑작스레 내 몸 작음 느끼고	頓覺吾身小
가도 가도 끝이 없어 길 늦을까 걱정이네.	翻愁去道遲
천리 멀리 내 눈 닿는 곳까지 바라보니	遠窮千里目
아른아른 수많은 버들가지 보인다네.	煙薄萬楊枝

—이해응李海應, 『계산기정薊山紀程』

'요동遼東'이란 '요하遼河의 동쪽'이란 의미다. 그러나 조선인들에게 요동이란 지리적인 지역이었을 뿐 아니라 다양한 의미를 내포하는 심상心象의 지역이기도 했다. 대부분의 연행록 저자는 요동을 거쳐 북경에 갔다. 압록강을 건너 책문을 지나 중국 땅에 들어섰을 때 연행록 저자들은 번화한 도시와 새로운 문화에 놀라긴 했지만 산천의 경치는 조선과 비슷하다고 느꼈다. 그러다 석문령을 넘어 요동벌에 이르면 비로소 조선과 확연하게 다른 지리적 이국 체험을 하게 된다. 이러한 '큰' 중국을 접한 조선 사신들은 다양한 감상을 기록으로 남겼다.

박지원의 호곡장론

요동벌을 접한 감동을 가장 잘 묘사한 작품으로 박지원의 『열하일기』를 들어야 할 것이다. 박지원은 요동 벌판을 접한 감격을 다음과 같이 토로했다.

정사와 한 가마를 타고 삼류하三流河를 건너서, 냉정冷井에서 아침밥을 먹었다. 10리 남짓 가서 산모롱이 하나를 접어들자 태복이가 갑자기 국궁하고 말 앞으로 달려나와서 땅에 엎드려 큰 소리로, "백탑白塔이 보입니다" 한다. 태복은 정진사의 마두다. 아직 산모롱이에 가려 백탑은 보이지 않는다. 빨리 말을 채찍질하여 수십 보를 채 못 가서 겨우 모롱이를 벗어나자, 안광眼光이 어른거리고 갑자기 한 덩이 흑구黑毬가 오르락내리락한다. 내 오늘에 처음으로, 인생이란 본시 아무런 의탁한 곳이 없이 하늘을 이고 땅을 밟은 채 떠돌아다니는 존재임을 알았다. 말을 세우고 사방을 돌아보다가 나도 모르는 사이에 손을 들어 이마에 얹고, "아, 참 좋은 울음 터로다. 가히 한번 울 만하구나" 하였다. 정진사가, "이렇게 천지간의 큰 안계를 만나서 별안간 울고 싶다니, 웬 말씀이오"

하고 묻는다. 나는, "그래 그래, 아니 아니. 천고의 영웅이 잘 울었고, 미인은 눈물 많다지. 그러나 그들은 몇 줄기 소리 없는 눈물을 흘렸기에, 소리가 천지에 가득 차서 금金·석石으로부터 나오는 듯한 울음은 듣지 못하였소. 사람이 다만 칠정 중에서 슬플 때만 우는 줄로 알고, 칠정 모두가 울 수 있음을 모르는 모양이오. 기쁨이 사무치면 울게 되고, 노여움이 사무치면 울게 되고, 즐거움이 사무치면 울게 되고, 사랑이 사무치면 울게 되고, 욕심이 사무치면 울게 되는 것이오. 불평과 억울함을 풀어버림에는 소리보다 더 빠름이 없고, 울음이란 천지간에 있어서 우레와도 같은 것이오. 지극한 정情이 우러나오는 곳에, 이것이 저절로 이치에 맞는다면 울음이 웃음과 무엇이 다르리오. 인생의 보통 감정은 오히려 이러한 극치를 겪지 못하고, 교묘히 칠정을 늘어놓고 슬픔에다 울음을 배치했으니, 이로 인하여 상고를 당했을 때 억지로 '애고' '어이' 따위의 소리를 부르짖지. 그러나 참된 칠정에서 우러나온 지극하고도 참된 소리란 참고 눌러서 저 천지 사이에 서리고 엉기어 감히 나타내지 못한다오. 그러므로, 저 가생賈生은 일찍이 그 울 곳을 얻지 못하고, 참다 못해서 별안간 선실宣室을 향하여 한마디 길게 울부짖었으니, 이 어찌 듣는 사람들이 놀라고 해괴히 여기지 않으리오" 한즉, 정은, "이제 이 울음 터가 저토록 넓으니, 나도 의당 당신과 함께 한번 슬피 울어야 할 것이나, 우는 까닭을 칠정 중에서 고른다면 어느 것에 해당될까요" 한다. 나는, "저 갓난아기에게 물어보시오. 그가 처음 날 때 느낀 것이 무슨 정인가. 그는 먼저 해와 달을 보고, 다음에는 앞에 가득한 부모와 친척들을 보니 기쁘지 않을 리 없지. 이러한 기쁨이 늙도록 변함이 없다면, 본래 슬퍼하고 노여워할 리 없으며 의당 즐겁고 웃어야 할 정만 있어야 하련만, 도리어 분한忿恨이 가슴에 사무친 것같이 자주 울부

48

짖기만 하니, 이는 곧 인생이란 신성神聖한 이나 어리석은 이나를 막론하고 모두 한결같이 마침내는 죽어야만 하고 또 그 사이에는 모든 근심 걱정을 골고루 겪어야 하기에, 이 아기가 태어난 것을 후회하여 저절로 울음보를 터뜨려서 스스로를 조상함인가. 그러나 갓난아기의 본정이란 결코 그런 것은 아닐 거요. 무릇 그가 어머니의 태중에 있을 때 캄캄하고 막혀서 갑갑하게 지내다가, 갑자기 넓고 훤한 곳에 터져나와 손을 펴고 발을 펴매 그 마음이 시원할 것이니, 어찌 한마디 참된 소리를 내어 제멋대로 외치지 않으리오. 그러므로, 우리는 의당 저 갓난아기의 꾸밈없는 소리를 본받아서 저 비로봉 산마루에 올라가 동해를 바라보면서 한바탕 울어볼 만하고, 황해도 장연長淵 바닷가 금모래 밭을 거닐면서 한바탕 울어볼 만하며, 이제 요동 벌판에 와서 여기서부터 산해관까지 1천 2백 리 사방에 도무지 한 점의 산도 없이 하늘 끝과 땅 변두리가 맞닿은 곳이 아교풀로 붙인 듯, 실로 꿰맨 듯, 고금에 오가는 비구름만 창창할 뿐이니, 이 역시 한바탕 울어볼 만한 곳이 아니겠소" 하였다.¹

박지원의 그 유명한 '호곡장론好哭場論'이 펼쳐진 곳이 바로 이 요동벌이다. 박지원은 광활한 요동벌을 대하면서 뜬금없이 정진사에게 "울기 좋은 곳"이라고 이야기한다. 요동벌을 처음 접한 대부분의 조선 사신은 호연지기를 키운다든지, 중국이 크다든지 하는 이야기를 했다. 반면 박지원은 "울기 좋은 곳"이라고 하니 정진사는 그를 이해하지 못하고 어찌하여 이러한 곳에서 울고 싶은지를 묻는다. 그러자 박지원은 사람들이 슬플 때만 우는 줄로 착각하는데, 칠정 모두가 극에 달하면 울음이 나오게 된다고 한다. 정진사는 그렇다면 요동벌에서 박지원을 울게 하는 정이 칠정 중 어느 것이냐고 묻는다. 박지원은 여기서 자신이 울려는 울음은 칠정 중 어떤 한 감정에서 나오는 것이 아니라 갓난아기가 세상에 태어나 우는 울음과 같이 새로운 탄생, 새로운 경지에 이르게 되어 나오는 것이라 한다. 이 호곡장론이 연행록에서 요동벌을 묘사한 최고의 대목이라 생각하는 사람은 필자만이 아닐 것이다.

그런데 여기서 한 가지 더 유의할 점은 요동벌에 들어서는 것을 "어머니의 태중에 있을 때 캄캄하고 막혀서 갑갑하게 지내다가, 갑자기 넓고 환한 곳에 터져나"오는 것으로 묘사한 부분이다. 박지원은 조선이란 지역을 "어머니의 태중"으로 비유한다. 갓난아기에게 "어머니의 태중"은 편안하고 익숙한 곳일 것이다. 성리학의 도그마에 갇혀 세상이 어떻게 변하고 있는지도 제대로 파악하지 못하는 조선, 군사력이 아닌 문화의 힘으로 번성하는 청을 아직도 '되놈'이라 욕하는 조선. 이런 조선이 대부분의 조선인들에게 "어머니의 태중"처럼 편안한 곳이었을지 몰라도, 태중에 있기에는 너무 커버린 박지원에겐 "캄캄하고 막혀서 갑갑"한 곳이었다. 박지원은 북경에 다녀온 선배 연행사들의 경험을 통해 청나라가 새로운 세상이라는 것을 알고 있었다. 그는 북경에 무척 가고 싶어했고, 또 선배 연행사들의 글을 읽는 등 북경에 가고자 많은 준비를 했다. 그렇게 원하던 북경으로 향하며 그가 산이 많은 조선을 벗어나 처음으로 광활한 요동벌을 맞으면서 "울기 좋은 곳"이라 한 것이다. 이는 마치 아기가 엄마의 태중에서 새로운 세상으로 나오듯, 박지원 자신도 캄캄하고 막혀서 갑갑했던 곳에서 벗어나 요동벌같이 탁 트인 새로운 문명, 새로운 세계, 새로운 경지를 만나리라는 지극한 기대를 잘 표현한 대목이라 볼 수 있다.

그러나 요동벌을 보고 누구나 박지원처럼 감동한 건 아니다. 최부는 큰 감동을 받지 못했다. 최부는 조선 성종 때 문신으로, 성종 18년¹⁴⁸⁷ 제주 추쇄경차관^{濟州推刷敬差官}으로 부임했다가 이듬해인 1488년 1월 부친상을 당해 돌아오던 도중 풍랑을 만나 중국 절강성 영파부^{寧波府}에 표착했다. 그리하여 온갖 고난을 겪고 반년 만인 6월 귀국길에 올라 요동벌을 지나게 된다. 그가 왕명을 받고 지어 올린 『표해록』에 다음과 같은 내용이 나온다.

> 가흥성^{嘉興城} 밖은 시가^{市街}가 서로 잇대어 있었는데, 요동성 밖은 닭 울음소리와 개 짖는 소리가 서로 들리지 않았으며, 해자로^{海子路} 가에는 무덤이 총총 있을 뿐이었습니다. 성 동쪽에는 또 동녕위성^{東寧衛城}을 별도로 쌓았고, 수산·천산·목장산·낙타산·태자산·행화산 등 여러 산들이 성 서쪽·남쪽·동쪽에 빙 둘러 있었으며, 그 북쪽은 펀펀하고 툭 트여서 끝이 없는 들판이었습니다.²

최부는 흥미롭게도 요동과 강남을 비교하고 있다. 대부분의 연행사는 강남을 직접 경험해보지 못했다. 그러나 최부는 강남을 직접 경험해보고 나서 요동에 왔기에 그의 비교는 상대적으로 신뢰할 수 있을 것이다. 그는 요동 지역을 강남에 비한다면 "가흥부^{嘉興府}와 서로 겨룰 만하"다고 했다. 그러나 강남에 있는 가흥성 외곽은 시가가 서로 연이어 있는 번화한 곳임에 반해, "요동성 밖은 닭 울음소리와 개 짖는 소리가 서로 들리지 않았으며, 해자로 가에는 무덤이 총총 있을 뿐"인, 가흥부와는 비교가 안 될 정도로 낙후한 지역이라는 이미지를 제시했다. 그리고 박지원이 그렇게 감탄했던 요동벌에 와서도 "그 북쪽은 펀펀하고 툭 트여서 끝이 없는 들판이었습니다"라며 무미건조하게 묘사할 뿐이다. 이미 중국의,

그것도 화려한 강남의 정수를 다 보고 온 최부에게는 요동벌도 그리 큰 감동을 주지 못했을 것이다. 조선을 거쳐 중국으로 들어간 거의 모든 조선인이 요동벌에서 감탄한 이유는 산지山地가 끝나면서 생전 처음 광활한 들판을 봤기 때문이다. 하지만 표류 끝에 강남을 거쳐 귀국중에 요동벌을 본 최부는 그다지 큰 감흥을 받지 못한 것 같다.

오랑캐의 이미지

조선 연행사에게 요동은 북방 이민족들이 살았던 곳으로 '오랑캐' 이미지가 강하게 박혀 있던 지역이었다. 선조 7년1574 성절사 박희립의 서장관으로 사행한 허봉許篈은 요동과 관련해 다음과 같은 기록을 남겼다.

> 탕참湯站 동쪽에 있는 김조상의 집에서 유숙하였는데 형제 넷이 복상服喪중인데도 모두 평일과 다름없이 술을 마시고 고기를 먹으니, 오랑캐의 풍속이었다. 들건대, 요동·심양 지방에서는 모두 한결같다고 하니, 거란, 여진, 몽고의 영역에 오래도록 빠졌으므로 마침내 습속이 된 것이 아니겠는가.[3]

요동과 관련해 연행록에 일반적으로 나타나는 이미지는 광활함, 우리 상고사와의 연관성, 그리고 오랑캐 이미지다. 이중 허봉의 기록은 오랑캐 이미지를 잘 드러내고 있다. 그는 "복상중인데도 모두 평일과 다름없이 술을 마시고 고기를 먹으니, 오랑캐의 풍속"이라고 비판한 뒤 요동, 심양 등의 지역이 이렇게 된 이유가 "거란, 여진, 몽고" 등 오랑캐의 영역에 오래도록 빠져 있었기 때문 아니냐고 비판한다. 이는 사실에서 조금 벗어난 얘기다. 중국은 동북 지역, 즉 요동을 비롯한 산해관 바깥뿐 아니라 관내 지역에서도 복상할 때 악기 연주를 하는 등 조선과는 분위기가 많이 달랐다. 이는 단순히 오랑캐의 영향을 받은 게 아니라 장례를 치르는 사람들의 의식과 문화가 달라서였다. 하지만 『주자가례』만을 떠받들던 조선에서는 이러한 상황을 받아들이기 힘들었고, 이를 오랑캐의 영향으로 쉽게 치부했던 것이다.

실제로 1656년 북경을 방문했던 인평대군의 『연도기행』을 보면 다음과 같은 내용이 나온다.

연경과 요동 도중에서 그 풍속을 자세히 살펴보니, 성시城市와 교외에 왕래하는 행인이 헤아릴 수 없이 많으나, 크게 급한 일이 아니고는 남녀가 서로 섞여 다니지 않으니, 이는 상고시대의 유풍이다. 그러나 상장喪葬의 제도는 무너졌다. 장례를 행할 때에는 전적으로 육상산陸象山의 예론을 써서 음악을 연주하여 시체를 기쁘게 한다. 장사 지내는 곳에 비록 석양石羊은 쓰나, 산기슭의 길지를 가리지 않고, 길가의 비습卑濕한 곳에 초라하게 묻는다. 심한 자는 시체를 밭두둑 사이에 버려서 사체가 바람과 비에 썩고 백골이 저절로 마른다. 애석하다! 명나라 말기에 상례가 어찌 이와 같은 망측한 지경에 이르렀단 말인가.[4]

다시 말해 관외인 요동 지역뿐 아니라 "연경과 요동 도중", 즉 관내 지역 역시 상장 제도가 무너졌다고 한 것이다. 그리고 그 이유가 오랑캐의 습속 때문이 아니라 "전적으로 육상산의 예론을 써서 음악을 연주하여 시체를 기쁘게" 하려 하기 때문이라 해석하고 있다.

요동의 오랑캐 이미지는 명 말에 들어서면 더 강화된다. 홍익한은 1624년 처음 성절겸동지사聖節兼冬至使의 서장관에 임명됐다가, 앞서 가던 주청사의 서장관 채유후蔡裕後가 병이 나자 평양에서 주청사의 서장관으로 이임된다. 당시 사행은 명 황제의 임명장과 함께 조선 왕이 제례 등을 행할 때 입을 면복冕服을 요청해 인조의 즉위를 인정받고자 하는 임무를 띠고 있었다. 이들은 당시 청군의 점령지가 된 요동의 육로를 피해 바다를 이용했고, 정주定州 선사포宣沙浦에서 출발해 가도假島에 들러 명나라 도독 모문룡毛文龍과 회담했다. 그러고 다시 광록도廣鹿島·장산도長山島 등지를 경유해 등주登州에 상륙한 다음, 제남濟南을 거쳐 북경에 들어가 임무를 마치고 이듬해 4월에 귀국했다.[5]

요동 지역이 청군에 점령되었기에 홍익한은 어쩔 수 없이 배를 타고 산동을 거쳐 북경에 도착했다. 그의 기록 속에 보이는 요동은 오랑캐로부터 평정돼야 할 지역이란 이미지를 반복적으로 보이고 있다. 그의 『조천항해록』에는 다음과 같은 내용이 나온다.

> 모문룡이 올린 주본에, "신의 병세가 날로 심해지니 일찌감치 살아서 고향에 돌아가게 해주시는 동시에 지혜와 용맹이 있는 자를 선택하여 그동안 해온 일을 완수하여 마침내 요동을 회복하게 하소서" 하였다.[6]

그 외에도 요동 관련 언급이 나올 때마다 그는 "평정해야 할 요동"(1624년 12월 18일), "기습해야 할 요동"(1624년 11월 23일) 등으로 기록했다. 요동이 오랑캐로부터 회복해야 할 땅이라는 생각은 18세기 초까지 이어진다. 1712년 북경을 방문했던 군관 최덕중은 그의 『연행록』에서 "청나라 초기, 이 성을 함락시킬 때에 굳이 항거함에 대한 분풀이로 성안 사람을 매우 혹독하게 도륙하였다. 쓸쓸한 모습이 지금도 가시지 않았으니, 옛일을 조상하는 슬픔을 견디지 못해 율시 한 수를 읊조려서 스스로 위로하였다"고 기록했다.[7] 또 귀국할 때인 1713년 3월 7일에도 구요동을 지나면서 다음과 같은 시를 읊으며 소회를 남겼다.

아득히 넓은 들 옛 성터는　　　　　　　　　　茫茫曠野古城墟
여기가 요양 패전한 잔재란다　　　　　　　　云是遼陽戰敗餘
먼 나무 찬 연기도 오히려 한을 띠었는데　遠樹寒煙猶帶恨
남아가 여기 와서 그 뜻이 어떠하뇨　　　　男兒到此意何如

하였다. 스스로 읊조리며 스스로 위로하니 감상感傷의 눈물이 저절로 흐를 뿐이었다.[8]

최덕중은 군관 출신으로 명청 교체가 이루어진 지 60년도 더 지난 1712년에 명의 입장에서 요동벌을 보며 "감상의 눈물"을 흘렸던 것이다.

광활한 요동벌
18세기 중반에 이르면 요동의 광활함과 더불어 청의 대단함을 인정하는 기록들이 등장한다. 특히 서양문물을 접했던 조선인들은 요동벌을 보고 색다른 해석을 내놓기도 한다.

요동에서 서쪽으로 3백 리를 가면 대륙이 바다처럼 가없이 넓어 해와 달이 들에서 떴다가 들에서 진다. 신점촌新店村에 당도하자 뒤쪽에 열두어 길이나 되는 작은 구릉이 하나 있기로 올라갔더니, 조망이 참으로 상쾌하였다. 대개의 경우는 평야를 통과한다 해도 사방의 조망이 10여 리에 지나지 않는다는 것이다. 이런 까닭에 바다를 보지 않거나 (바다와

같은) 요의 들판을 건너보지 않고서는, 땅이 둥글다는 이야기〔地圓之說〕를 마침내 하지 못할 것이다.[9]

홍대용은 요동에 도착해 끝없이 펼쳐져 있는 넓은 들판에 우뚝 서 있는 요양의 백탑이 "북행北行길 중에 제일가는 장관"이라며 백탑과 요동벌의 광활함에 감탄한다. 백탑은 불사리탑으로 원래는 광우사보탑이라 불렸으나, 탑신에 흰색이 칠해졌으므로 흔히 백탑으로 불렸다. 높이 71미터로 중국 동북 지방에서 가장 높은 탑이며, 중국의 76개 고탑 중 하나로 중국 6대 고탑에 속하며 중국의 국가급 문화재에 속한다.

더불어 "바다를 보지 않거나 (바다와 같은) 요의 들판을 건너보지 않고서는, 땅이 둥글다는 이야기를 마침내 하지 못할 것"이라며 자신의 천문지식을 드러내고 있다. 동양의 전통적인 '천원지방天圓地方', 즉 '하늘은 둥글고 땅은 네모지다'는 관념은 18세기 전후 서양 천문학이 중국에 들어오면서 깨지게 된다. 이 사실을 알고 있던 홍대용은 요동벌처럼 끝없이 펼쳐진 평야를 보면서 땅이 둥글다는 것을 새삼 깨닫고 이를 기록했던 것이다.

정조 1년1777 하은군河恩君 이광李垙을 정사로, 이조판서 이갑李坤을 부사로, 겸집의 이재학李在學을 서장관으로 한 진하사은진주겸동지사進賀謝恩陳奏兼冬至使가 중국을 향한다. 이중 부사 이갑의 『연행기사燕行記事』 1777년 12월 6일자에는 다음과 같은 내용이 나온다.

냉정을 지난 뒤로부터는 큰 들판이 아득히 펼쳐졌다. 동북간에는 작은 산이 있으나 삼면은 모두 가없는 가는 모래 평야라, 하늘과 땅이 아득히 맞닿아 구름과 아지랑이뿐이다. 산골짜기 험난한 길을 거친 뒤라 가슴이 갑자기 탁 트임을 느꼈다. 요동 들의 넓이가 옛날부터 700리라고 일컫는다. 선배들이 말하기를, "요동 들에 이르러서야 비로소 중국이 큰 것을 안다" 하더니, 참으로 그렇다.[10]

이갑은 하늘과 땅이 맞닿은 요동벌을 보고 가슴이 탁 트이는 것을 느낀다. 그리고 요동벌에 와야 중국이 크다는 것을 알 수 있다던 선배들의 말에 적극적으로 동의한다. 이는 요동 들을 보고 명청 교체기의 전쟁 등을 상기하던 이전 연행록 저자들과는 궤를 달리하는 모습이다. 1791년 정사 김이소金履素, 부사 이조원李祖源, 서장관 심능익沈能翼이 연경에 사행 갔을 때, 벼슬 없이 선비로 따라간 김정중은 요동벌을 보고 한 걸음 더 나아간 평가를 한다.

송원이 찬탄하며 말하기를, "우리나라 땅 넓이가 마치 부상扶桑의 나뭇잎 하나만하여 고명高明하고 평원平遠한 기운이 조금도 없고, 빙 둘러 겹친 산봉우리가 눈앞에 다가와 서니, 아닌 게 아니라 늘 마음이 답답하여 병이 되어왔습니다. 이와 같은 작은 판도 안에서 글 배우고 무사武事를 익히는 사람도 있고, 영달을 탐내고 세력을 자랑하는 사람도 있고, 즐겨서 말달리는 사람도 있고, 근심하는 사람과 즐기는 사람과 농사하는 사람과 장사하는 사람과 굶주리는 사람들 모두가 나타났다 숨었다 드러났다 꺼졌다 하는 게 초파리가 장독 안에 우글거리는 것 같습니다. 슬픈 것은 이제 제가 작은 눈으로 큰 들판을 보니, 황홀하기가 마치 혼미한 꿈결에 취하여 멀리 정처 없이 헤매는 것 같고, 뜬구름 나는 솜이 넓고 아득한 데에서 나는 것 같아 이제부터 저는 '우물 안 개구리'를 면할 수 있음을 알겠습니다" 하매, 모두 함께 크게 웃었다.[11]

김정중은 조선을 "부상의 나뭇잎 하나만"한 곳으로 여기고, 또 그처럼 조그만 곳에서 악다구니하며 사는 것을 "초파리가 장독 안에서 우글거리는 것 같"다며 스스로 '우물 안 개구리'였음을 인정한다. 이는 박지원이 요동벌을 보고 한바탕 울기 좋은 곳이라고 한 것과 같은 맥락이다. 이들의 글에서는 그 어디에서도 요동의 오랑캐 이미지를 찾을 수 없다. 그들은 오히려 청나라에 들어와서 자신의 안계가 넓어졌음을 자부하고 있다. 이는 발화자인 송원만이 아니라 같이 이야기를 듣고 있던 모든 사람이 공감하는 바였다. 그렇기에 이들은 모두 함께 크게 웃을 수 있었던 것이다.

조선의 고토

요동은 조선의 고토故土였던 지역이라는 언급이 연행록에 자주 등장한다. 인평대군은 다음과 같이 요동과 조선과의 관계를 기록하고 있다.

> 요좌遼左는 본래 고려 땅이다. 냉정은 비단 겨울에 따뜻하고 여름에 시원하며, 냄새와 맛이 달고 차가울 뿐만 아니라, 언제나 우리나라 사람의 행차가 올 때에는 가득하다가 간 뒤에는 마르니, 세칭 신천神泉이라고 하는 것도 과연 헛된 말이 아니었다.[12]

인평대군은 요좌, 즉 요동이 우리나라 땅이었음을 언급하고 있다. 더불어 이곳에 있는 냉정은 물맛도 좋을 뿐 아니라 조선 사신의 행차가 있을 때는 물이 가득하다가 사신들이 떠나고 나면 마르는 신기한 우물이라며, 이 지역과 우리나라의 연관성을 강조한다.

1832년 북경을 방문했던 김경선은 요동 지역이 우리의 옛 땅이었다고 그의『연원직지』에서 주장을 펼친다.

그러나 우리나라의 선비들은 단지 지금의 평양만 알아 기자箕子가 평양
에 도읍을 했다, 평양에 정전井田이 있다, 평양에 기자의 묘가 있다고 말
하면 믿으나, 만약 다시 봉황성이 평양이라고 하면 크게 놀라며, 요동
에 평양이 있었다고 하면 꾸짖으며 괴이하게 생각한다. 이는 단지 요
동이 본래 조선의 옛 땅으로서, 숙신肅慎, 예맥穢貊, 동이東夷의 여러 종족
이 모두 위만조선衛滿朝鮮에 복속한 것을 알지 못하고, 또한 오랄烏剌(요녕
성 부근), 영고탑寧古塔, 후춘後春 등의 땅이 본래 고구려의 옛 강토인 줄을
알지 못하기 때문이다.

아! 후세 사람들이 땅의 경계를 자세히 알지 못하여 망령되이 한사군漢
四郡의 땅을 모두 압록강 안에 국한하여, 사실에 억지로 합하여 구구하
게 나누어 배치하였다. 그리고 다시 패수浿水를 그 속에서 찾아 더러는
압록강을 패수라 하고 더러는 청천강淸川江을 패수라고 하고, 더러는 대
동강을 패수라고 하니 이것은 조선의 옛 강토가 싸우지 않고도 저절로
축소되는 것이다.[13]

김경선은 지금 우리가 알고 있는 조선반도 안의 평양뿐 아니라 봉황
성도 기자가 도읍을 한 평양 중 하나라는 주장을 편다. 더불어 압록강 안
에 한사군을 국한한 것 역시 말이 안 된다고 비판한다. 이는 전쟁으로 인
해 빼앗긴 것도 아닌 우리 옛 강토를 스스로 조선 반도 안으로 한정함으
로써 요동 지역을 배제하게 되는 결과를 초래한 것이라며 이 지역이 우
리의 옛 땅이었다고 강력하게 주장하고 있다.

김경선은 이어서『당서唐書』「배구전裵矩傳」에, "고구려는 본래 고죽국

孤竹國인데, 주나라는 기자를 봉하고 한나라에서는 4군郡으로 나누었다"
는 기록이 있다고 한다. 고죽국은 지금 중국 영평부永平府에 있고, 또 광
녕현廣寧縣에 있는 옛날 기자의 사당에는 은나라 때 썼던 우관冔冠을 쓴
소상塑像이 있었는데, 광녕 사람들이 그 지역을 더러 평양이라 했으며,
『금사金史』나『문헌통고文獻通考』에 "광녕과 함평咸平이 모두 기자가 봉한
땅이다"라는 기록이 있다고 자신의 주장을 뒷받침하는 기록을 제시하
고 있다. 그러면서 "발해 현덕부顯德府가 본래 조선 땅으로서 기자를 봉한
평양성平壤城인데, 요나라가 발해를 치고 동경東京이라 고치니, 곧 지금의
요양현遼陽縣이 그것이다" 라는『요사遼史』의 기록을 제시하며 요양현도
또하나의 평양이 될 수 있다고 주장한다.

김경선은 기자가 처음엔 영평과 광녕 사이에 평양을 두었다가 연나라
장수 진개에게 쫓기어 점차 동으로 옮겨가, 가는 데마다 모두 평양이라
고 일컬었다며 지금 우리나라의 대동강가에 있는 평양도 바로 그중 하
나일 수 있다는 주장을 편다. 이는 현재 미국의 뉴욕New York이 영국에
있던 요크York에서 지명을 갖고 오고, 보스턴Boston은 영국 보스턴의 명
칭을 그대로 갖고 온 것을 떠올리게 하는 대목이다. 평양도 지역은 달라
졌지만 그 이름만은 계속 그대로 사용했다며 현재 우리가 알고 있는 대
동강가의 평양이 고조선 때의 평양이라고 여기며 스스로 강토를 작게
만드는 상황을 만들지 말자고 주장한 것이다.

이처럼 요동을 조선의 옛 땅으로 인식하고 그 관련성을 언급한 기록
은 최부의『표해록』, 최덕중의『연행록』, 이해응의『계산기정』등 많은
연행록에 등장한다.

밑동을 허옇게 드러낸 버드나무

19세기 중반으로 접어들면 청의 쇠락으로 인한 상황들에 대한 언급이 보이기도 한다. 순조 28년1828 사은겸동지정사謝恩兼冬至正使 홍기섭洪起燮의 막비로 연경에 다녀온 박사호의 『심전고』1828년 12월 4일자를 보면 다음과 같은 내용이 나온다.

여기서부터는 들이 넓고 하늘이 낮은 것이 마치 일엽편주를 만경창파에 띄운 것 같아 아득히 향방을 가릴 수가 없다. 영락永樂 연간에 연로沿路에 갯버들을 심었고, 강희 때에 이르러 지나가는 사람들의 더위 먹음을 막기 위해, 또 넓은 들에 큰물이 나면 길을 잃어버리기가 쉬우므로 나무를 심는 정사를 거듭 독려하여, 통주通州에서 심양까지 1500리 사이의 길 양쪽에 버드나무를 심었다. 지금 10리, 또는 5리 사이마다 앙상한 버드나무가 한두 그루 그것도 밑동을 허옇게 드러낸 채 있는 것을 보니 중국의 변방을 막는 정사가 쇠퇴하였음을 알 수 있다.

옛날 조아만曹阿瞞이 요를 칠 때에 큰물을 만나 길을 잃고, 다만 늙은 말을 놓아 앞길의 선도로 삼아 겨우 회군할 수가 있었다 한다. 대개 천하가 비습卑濕할 때 요좌遼左가 가장 심하고 그중에서도 난니보爛泥堡가 더욱 심하다. 매양 사신의 행차가 돌아올 무렵, 봄에 얼었던 진흙이 녹아서 노새와 말의 배까지 잠기어 하루에 겨우 10, 20리를 가고, 혹은 진창바다에서 밤을 지내기도 하였다고 하니 내년 봄에 우리들은 이 고생을 면할 수 있을지 모르겠다.[14]

1765년 요동을 지났던 홍대용의 기록에 의하면 요동에서부터 북경까지 가는 모든 큰길 좌우에 버드나무를 심었다고 한다. 그 버드나무 사이는 수레 10대가 지나갈 수 있을 정도로 넓었는데, 매년 여름 장마로 물이 온통 들을 덮어도 이 버드나무가 표지판 역할을 하여 길을 잃지 않게 된다고 했다.[15] 그런데 홍대용이 요동벌을 다녀온 지 100년이 채 안 된 사이에 10리, 또는 5리 사이마다 밑동을 허옇게 드러낸 앙상한 버드나무 한두 그루만이 서 있는 것을 보고 박사호는 중국이 변방 지역까지 제대로 관리하지 못하고 있음을 알아챈다. 1828년이면 중국은 도광제道光帝, 재위 1820~1850 때로 국력이 급속히 쇠락하면서 외세의 침탈이 시작되던 시기다. 이에 이정표 역할을 확실히 할 정도로 관리가 잘 됐던 버드나무가 "10리, 또는 5리 사이"로 그것도 "밑동을 허옇게 드러낸 채" 방치되어버린 것이다.

심양

왕의 아들이 인질로
잡혀가 있던 땅

청석령青石嶺 지났느냐 옥하관玉河館이 어드메뇨.

호풍胡風도 참도 찰사 궂은 비는 무슨 일고.

누가 내 행색을 그려내어 임 계신 데 보낼까 하노라.

— 봉림대군

위의 시조는 효종이 봉림대군 시절 심양에 인질로 잡혀갈 때 청석령을 지나면서 읊은 시조라고 한다. 서유문의 『무오연행록』 1798년 11월 26일자에 실린 이 시조는 조선이 보는 심양의 이미지를 대표한다고 볼 수 있다. 심양은 명대에 만주·몽골의 경영을 위해 심양위가 설치됐다가 청 태조 누르하치, 재위 1616~16262, 태종홍타이지, 재위 1626~1643 때에는 수도가 되어 성경盛京이라 개칭됐다. 순치제세조, 재위 1643~1661가 입관해서 북경을 수도로 정하면서 수도에 준하는 취급을 받는 배도陪都, 그리고 북경으로 옮기기 이전의 수도인 유도留都로서 봉천부奉天府를 설치했다.

　명대의 경우 조선 사신들은 심양을 거쳐 북경에 갈 이유가 없었다. 심양을 들를 필요 없이 요동에서 해주위海州衛를 거쳐 황녕黃寧으로 가서 산해관으로 들어가면 됐기 때문이다. 그러나 청조는 조선 사신들에게 심양을 들러서 오도록 했다. 심양성을 거치는 이러한 연행 경로는 1679년 청에서 바다를 방위하려고 우가장에 성보를 설치하고 통로를 막은 결과 그 이전에 비해 90리가 더 먼 길이었다.[1] 그렇기에 청대 이전 심양을 거쳐 북경으로 간 연행 사절은 없었다. 다만 1644년 청이 북경으로 입성하기 이전에 조선인이 심양에 다녀온 기록들은 있다. 우선 1637년 1월 30일부터 1644년 8월 18일까지 인질로 심양에 갔던 소현세자의 행적을 세자시강원에서 기록한 『소현심양일기』가 있다. 이 기록은 세자시강원이라는 공식 기구에서 작성한 일종의 관청일기여서 개인의 소회나 감정 등이 거의 들어가 있지 않다. 그러나 그 기록들을 면밀히 살펴보면 소현세자가 심양에서 인질로 있으면서 겪었던 다양한 어려움을 볼 수 있다. 개인의 기록도 있는데, 명 말 조선에서는 명조뿐 아니라 후금의 수도인 성경, 즉 심양에도 사신을 보냈다. 그 기록 중 하나가 1630년 위문사慰問使 자격으로 심양을 다녀온 선약해宣若海, 1579~1643의 『심양사행일기瀋陽使行日記』다.

눈물과 시름의 청 초 심양 이미지

　청대에 들어 심양에 대한 이미지가 나오는 연행록으로 인조의 셋째 아들이며, 효종의 동생인 인평대군이 기록한 『연도기행』이 있다. 인평대군의 이름은 요㴜로, 인조 8년1630 인평대군에 봉해지고, 1636년에 병자호란을 당해서 부왕을 남한산성으로 호종했다. 1640년에는 인질로 심양에 갔다가 이듬해에 돌아왔고, 1650년부터는 네 차례에 걸쳐 사은사가되어 청나라에 다녀왔다. 그는 평생에 압록강을 열두 번이나 건넜다고술회할 정도로 여러 차례 청나라에 갔다 왔다. 『연도기행』은 1656년, 즉효종 7년에 사은사로 연경에 다녀왔을 때의 기록이다. 이때 그는 막내아들의 상을 당했음에도 그 무덤도 가보지 못하고 연행길에 오른다.[2]

그의 『연도기행』 총서總序를 보면 "경진년1640, 인조 18 윤 정월에 가족들을 데리고 심양에 인질로 갔다가 이듬해인 신사년 정월에 돌아왔다"는 기록이 보인다. 그는 소현세자가 잠시 귀국할 때 그 대신 볼모가 되어심양에 들어갔다. 그런데 세자가 심양으로 돌아온 뒤 청나라에서 또 봉림대군의 귀근을 허락했기에 그는 그대로 머물러 봉림대군이 돌아오기를 기다렸다가 비로소 돌아올 수 있었다. 그래서 그에게 심양이란 병자호란의 치욕, 인질과 결부된 부정적인 이미지로 각인돼 있다.

냉정 동쪽은 산이 높고 물이 깊어 도로가 험악하기 때문에 계속 단기單騎를 탔지만, 냉정 서쪽은 요야遼野가 평탄하여 천리를 뻗어 있기 때문에 비로소 쌍참雙驂을 타고 갔다. 요동의 구루舊壘는 하수 남쪽에 있고, 신성新城은 하수 북쪽에 있다.

일찍이 무오년1618에 청주淸主 누르하치가 비밀히 무순撫順을 함락시키고 반간계反間計를 써서 요동경략遼東經略 웅정필熊廷弼을 파면시켰고, 신유년1621에 또 계속 몰아쳐 핍박했는데, 이때 적신賊臣 도사都司 이영방李永芳이 배반하여 내응內應하니, 청인이 옥백玉帛을 약탈하고 생령生靈을몰살, 요좌遼左가 드디어 망했던 것이다.

이에 남은 백성들을 부려서 옛 성을 헐어버리고 벽돌로 새 성을 쌓게 하였는데, 이로 인해 여기에서 그대로 살게 되었다. 이 새 성 속에는 아직도 당시의 궁전이 있어서 분장粉墻이 뚜렷한데, 구루는 오직 터만 남아 있어 보는 자가 탄식하고 애석히 여긴다. 봉성 갑군鳳城甲軍이 요동에 사행의 호송을 인계하고 돌아가므로, 예물을 주었다. 여기에서부터 심양까지 가는 데는 이틀길인데, 옛날 볼모가 되었을 때를 생각하니, 나도 모르게 눈물을 닦았다.[3]

인평대군은 위의 인용문에서 명과 청의 전투 상황을 설명하고 있다. 당시 요동경략으로 있던 양호楊鎬, ?~1629가 이끄는 10여만 명의 군대는 1619년 무순 근처의 사르후〔薩爾滸〕에서 크게 패했다. 명 조정은 이에 요동 사정에 밝은 웅정필을 대리시승大理寺丞 겸 하남도어사河南道御史로 임명해 파견했고, 웅정필은 1620년 누르하치가 심양으로 쳐들어왔을 때 이를 물리쳤다. 그러나 당시 조정에서는 환관 위충현魏忠賢, ?~1627의 전횡이 시작됐고, 조정에서는 환관들의 엄당閹黨과 청의파淸議派 관료들의 동림당東林黨 사이에 당쟁이 치열해졌다. 이 상황에서 웅정필은 엄당의 모함으로 파면되고 원응태袁應泰가 요동을 책임졌으나 1621년 후금에 크게 패해 심양과 요양을 빼앗기고 자살했다. 이에 희종熙宗은 왕화정王化貞을 요동순무遼東巡撫로 임명하는 한편, 웅정필을 우부도어사右副都御史와 요동경략으로 다시 기용했다. 엄당의 지원을 받던 왕화정은 웅정필의 반대에도 불구하고 후금에 투항한 이영방의 내응과 가도에 주둔하던 모문룡의 배후 습격 약속 등을 믿었다. 그리고 후금의 군사를 완전히 소탕할 수 있다고 장담하나 결국 전군이 몰살당하고 말았다. 이에 웅정필은 산해관으로 퇴각하고 이를 계기로 후금은 산해관 밖 요동 지역을 완전히 장악하게 됐다. 이에 대한 책임으로 웅정필은 억울하게 패전의 죄를 뒤집어

쓰고 참수되어 변방 9곳으로 조리돌림을 당했다가 1629년에 사면됐다.

인평대군의 입장에서는 이 전쟁에서 웅정필이 승리했다면 병자호란의 치욕도 없었을 것이고, 또 자신이 인질로 심양에 잡혀가는 일도 없었을 것이다. 이에 그는 "당시의 궁전이 있어서 분장이 뚜렷한데, 구루는 오직 터만 남아 있어 보는 자가 탄식하고 애석히 여긴다"며 당시 상황을 안타깝게 여긴다. 더불어 그곳에서 "심양까지 가는 데는 이틀길인데, 옛날 볼모가 되었을 때를 생각하니, 나도 모르게 눈물을 닦았다"며 심양을 회상한다. 병자호란의 치욕과 볼모의 아픈 기억을 갖고 있는 인평대군이었기에 심양은 "나도 모르게 눈물"이 흘러내리게 하는 곳인 것이다.

번화함의 이미지가 등장하는 18세기 초반 심양

18세기에 들어서면 명청 교체와 관련된 이미지보다 번화한 심양으로 이미지의 중심이 조금씩 움직이게 된다.

오가는 갑군의 궁시弓矢와 기계도 그리 정밀하거나 예리하지 못하고, 의복도 엷고 더러워서, 호인 장사치의 반만큼도 못하였으니 일찍이 듣던 바와는 달랐다. 그런데 아문에 있는 여러 호인의 사치와 꾸밈이 우리나라보다 더 심하였으니 예전 습속이 점점 변해지고 있음을 알 수 있었다.[4]

최덕중은 군관 출신이었기에 청나라 군대에 관심을 갖고 있었다. 그의 관찰에 의하면 청나라 군대의 기강이 그가 들어왔던 것처럼 잘 서 있지 않았다. 또 호인은 사치를 부려 예전에 그가 상상했던 용맹하고 검소한 만주족 이미지와 다름을 서술하고 있다. 같은 해 북경에 갔던 김창업은 그의 『연행일기』에서 다음과 같이 기록했다.

이 8문으로 통하는 길이 정井 자 모양으로 성안을 종횡으로 관통하는
데, 남문과 북문으로 통하는 두 길과 상동上東, 상서上西로 통하는 두 길
이 교차되는 곳에 다 십자 누각이 있다. 이곳은 우리나라의 종가鍾街처
럼 인물이 폭주하고 시가가 번성하였다. 처음엔 서쪽으로 100여 보를
갔다가 돌아왔고, 다시 북쪽으로 100여 보를 갔다가 돌아왔다. 나중에
상동문上東門을 향해 갔더니 좌우로 늘어선 가게에 온갖 물건들이 눈부
시게 100여 보를 뻗쳐 쌓였으며, 사슴, 노루, 토끼 들이 수없이 매달려
있었다. (…)
나는 먼저 돌아오고 김·유 비장은 남아서 이야기를 좀 하다가 돌아왔
다. 유비장이 가진 채찍은 힘줄로 속을 넣고 등藤으로 겉을 얽어 만든
것으로 우리나라 제품이었다. 호부 낭중이 보고서 매우 갖고 싶은 눈
치였으나 끝내 말을 않더라고 하였다. 휴암休庵 백인걸白仁傑의 『연행일
기』를 보니, "요동에 도착하니, 아문이 뇌물을 요구하는 바람에 20여 일
을 지체하고 떠나지 못하였다. 그리고 한 유격장군遊擊將軍은 벼루로 제
이마를 쳐서 피를 흘리면서까지 역관들을 위협하며 재물을 요구했다"
하였다.
명나라 말기에 탐관의 풍조가 이와 같았으니, 오늘과 비교하면 더욱 한
숨이 나왔다.[5]

그는 우선 "좌우로 늘어선 가게에 온갖 물건들이 눈부시게 100여 보
를 뻗쳐 쌓였으며, 사슴, 노루, 토끼 들이 수없이 매달려 있"는 조선의 종
로처럼 번화한 심양의 거리에 대해 언급하고, 이어서 현재 청나라 관리

의 청렴함을 언급한다. 최덕중은 군인들을 보고 기강이 서 있지 않다고 생각했으나, 김창업은 명나라 말 중국에 갔던 휴암 백인걸의『연행일기』를 인용해 명나라 말 관리의 부패상과 현재 청나라 관리의 태도를 비교한다. 현재 청나라 관리는 "매우 갖고 싶은 눈치였으나 끝내 말을 않"는다. 이에 비해 명나라 말기에는 "아문이 뇌물을 요구하는 바람에 20여 일을 지체하고 떠나지 못하였"을 뿐 아니라 "한 유격장군은 벼루로 제 이마를 쳐서 피를 흘리면서까지 역관들을 위협하며 재물을 요구"했다. 이 두 상황을 대비해 명나라가 망할 수밖에 없었던 이유를 드러낸다. 비록 그는 명나라의 부패상, 그로 인한 멸망에 대해 안타까움을 표하긴 한다. 하지만 그가 말하고자 하는 중심은 명이 아니라 현재 심양의 발전상, 또 갖고 싶은 물건이 있어도 끝내 요구하지 않는 청나라 관리의 규율 있는 태도에 있다.

번화함과 질서가 강조되는 18세기 중엽 심양 이미지

18세기 중반 이후의 연행록들 역시 주로 번화한 심양의 모습을 서술하고 있고, 소현세자와 봉림대군이 인질로 잡혀 있었던 조선관에 대해서도 여전히 언급하고 있다. 이갑의 『연행기사』를 보면 다음과 같은 내용이 나온다.

성 아래에 창고가 있는데, 사면에 회담(灰墻)을 쌓고 중앙에 문을 냈으며, 옥상에는 통혈창通穴窓을 만들었다. 제도가 우리나라와 꼭 같다. 들으니 상서尙書 윤순尹淳이 연경에 갔다 돌아온 뒤 이 법을 우리나라에 시행하여 물건이 썩고 상하는 것을 막았다고 한다. (…) 조선관이 있는데 지금은 거의 무너졌다. 옛날 우리 효종(孝廟)께서 이 관에 와서 볼모로 있던 것은 모두 천운의 소치였다. 그때 청음淸陰, 김상헌의 호 및 삼학사三學士 홍익한洪翼漢·오달제吳達濟·윤집尹集의 정충대절貞忠大節은 반드시 이 관과 함께 무너져버리지 않을 것이다. 백세지하百歲之下에 무릎을 치며 안타까워하지 않을 수가 없다.[6]

이갑은 먼저 청나라의 창고 제도를 윤순이 배위와 "물건이 썩고 상하는 것을 막았다"고 설명한다. 임진왜란 때의 명신 윤두수尹斗壽의 5대손인 윤순은 1723년경종 3 사은사 서장관이 되어 청나라에 다녀왔다. 이갑은 윤순이 청나라에서 배워온 창고 제도로 우리나라에 보관된 물건들이 썩고 상하는 것을 막은 상황을 소개한다. 오랑캐라 무시했던 청나라로부터 새로운 문물을 배워 조선에서 활용한 상황을 소개함으로써 청의 발전된 문명을 서술한다. 이갑은 이어서 심양성 안은 기와집이 즐비해 빈 땅이 없고, 상점들로 길 양쪽이 가득 차 있어 물화의 풍성함이 요동보다 갑절은 뛰어나다며 번화한 심양의 모습을 묘사한다. 그러나 이갑은 동시에 조선관에 대해 언급하면서 당시 봉림대군이었던 효종이 인질로 잡혀갔던 것과 김상헌 및 삼학사의 충절은 지금의 퇴락한 조선관처럼 무너져버리지 않을 것이라며 예전 상황을 안타까워한다.

1780년 건륭제의 70세 생일을 축하하고자 중국에 다녀온 박지원은 그의 『열하일기』에서 심양의 잘 갖춰진 치안 상태를 보여준다.

벌써 달은 지고 밤은 깊었는데 문밖에는 인기척이 끊이지 않는다. 나는, "성경에는 순라巡邏가 없습니까" 하고 물었더니, 전생은 "예, 있습니다" 한다. 나는 또, "그럼, 길에 행인이 끊이지 않음은 어인 까닭이죠?" 한즉, 전생은 "다들 긴한 볼일이 있는 게죠?" 한다. 나는, "아무리 볼일이 있은들, 어찌 밤중에 나다닐 수 있겠어요?" 한즉, 전생은 "왜, 못 다 닌답니까. 초롱 없는 이야 못 다니겠지만, 거리마다 파수 보는 데가 있어서 갑군이 지키고, 창과 곤봉으로 나쁜 놈을 적발하여 낮과 밤의 구별이 없거늘, 어찌 밤이라고 다니지 못하리까" 한다. 나는, "밤도 깊고 졸리니 초롱을 들고 사관으로 돌아감이 어떨까요" 하니, 배와 전이 함께, "아니어요, 그렇지 않아요. 반드시 파수꾼에게 검문을 당할 것입니다. 어떻게 이 깊고 깊은 밤에 혼자서 쏘다니냐고 하며 오가면서 들르신 처소까지 밝히라 할 것이온즉, 몹시 귀찮을 것입니다."[7]

위의 인용문은 박지원이 심양에서 숙소를 몰래 빠져나가 예속재藝粟齋에서 오와 촉 지역 출신 상인과 밤새워 이야기하는 과정에서 나온 부분이다. 여기서 우리가 주목해야 할 점은 "거리마다 파수 보는 데가 있어서 갑군이 지키고, 창과 곤봉으로 나쁜 놈을 적발하여 낮과 밤의 구별이 없거늘, 어찌 밤이라고 다니지 못하리까"라고 대답하는 부분이다. 박지원은 밤이 깊었는데도 행인이 끊이지 않는 이유를 묻는다. 밤이 늦으면 순라꾼들이 행인들을 돌아다니지 못하게 단속하지 않느냐는 의미에서 물어본 것이다. 당시 조선에는 통금이 있어 이를 어길 땐 곤장을 맞았다. 그래서 밤늦게까지 다니는 심양 사람들이 이해가 안 갔던 것이다. 그러자 전생은 쿨하게 "다들 긴한 볼일이 있는 게죠?"라고 대답한다. 그에 의하면 당시 심양은 "거리마다 파수 보는 데가 있어 갑군이 지키고, 창과 곤봉으로 나쁜 놈을 적발하"였기에 밤에도 안심하고 다닐 수 있었다. 이처럼 심양은 밤에도 많은 사람이 돌아다닐 정도로 활기찬 도시였고, 또 치안도 잘 갖춰져 있었다.

1790년 건륭 황제의 만수절에, 사은부사謝恩副使로 청나라에 다녀온 서호수徐浩修의 『연행기』에도 번화한 심양의 모습이 기록돼 있다.

심양은 북극으로 42도가 나온 땅으로, 요야遼野의 상유上游이다. 청나라
의 큰 기틀이 장백산에서 시작되어 심양에서 커졌다. 그런 까닭에 천주
天柱 융업隆業이 장백의 여록餘麓이 되고, 혼하, 요하가 다 장백에서 발원
하였다. 대체로, 산천의 융결融結함은 반드시 기수氣數의 회합이 있는 것
이다. 주나라의 도가 빈豳과 기산岐山에서 시작하였고, 한나라의 왕운이
풍패豐沛에서 일어났으니, 이 어찌 사람의 지력智力이 미칠 수 있는 일이
겠는가? (…)
만력 연간에 어사 웅정필이 요동을 순안하였는데, 막 병화兵火를 거친
때여서 1000리에 인가가 없었다. 웅정필이 첨사僉使 염명태閻鳴泰를 시
켜 심양을 순무하게 하였더니, 겨우 호피역虎皮驛(지금의 십리하十里河이
다—원주)에 이르러 통곡하고 돌아오므로, 웅정필이 몸소 순력하기 위
해 호피역에서 심양에 닿았다 한다. 당시의 광경을 상상하건대, 사방
들에는 도깨비불이 많고 눈앞은 황량하였을 것이다. 그런데 지금은 백
성을 휴양시키고, 경작과 목축을 한 지가 이미 100여 년이 되었다. 홀
로 성경 성안의 궁부宮府와 시전市廛의 번화가려繁華佳麗함이 연도燕都에
다음갈 뿐 아니라 봉천, 금주錦州 2부府의 민가가 4만 7124호이고, 민전
民田이 1만 8452경頃 77묘畝이며, 관장전官莊田이 4만 6036일日 5묘이고,
팔기전八旗田이 236만 7804일 4묘이다. 예부터 변방이 부유하고 사람이
많기가 이와 같이 성한 적은 없었다.[8]

그는 위의 인용문에서 심양의 다양한 상황을 언급하고 있다. 한 가지
흥미로운 것은 "북극으로 42도가 나온 땅", 즉 심양이 북위 42도에 위치

하고 있다는 서양 천문학의 지식을 드러내고 있다는 점이다. 18세기 초부터 많은 조선 사신이 천주당을 방문했기에 1790년도에는 서양의 천문학적 지식이 조선에도 많이 퍼져 있었음을 알 수 있다.

그는 명나라 말기와 현재 상황을 비교하며 심양의 발전상에 놀라고 있다. 1656년 인평대군이 기록한 『연도기행』에 보이는 웅정필 관련 내용은 그의 패배로 인한 안타까움에 중심이 있는 반면, 서호수의 경우는 같은 웅정필을 다루면서도 현재 심양의 발전상에 방점이 찍혀 있다. 그는 "당시의 광경을 상상하건대, 사방 들에는 도깨비불이 많고 눈앞은 황량하였을 것"이라며 당시의 변방 이미지를 상상하면서 현재 심양의 "번화가려함이 연도에 다음갈" 정도라 한다. 이처럼 그는 "예부터 변방이 부유하고 사람이 많기가 이와 같이 성한 적은 없었다"고 심양을 긍정적으로 묘사한다.

그러나 그 역시 이곳 심양이 삼학사 등이 의사義死한 곳이라 설명하면서 다른 사람들이 이에 대해 언급하지 않는 것에 분개한다. 또하나 주목할 사항은 심양이 주나라의 빈과 기산, 한나라의 풍패처럼 비상한 기운이 있는 곳이라며, 이는 "사람의 지력이 미칠 수 있는 일이" 아니라고 한 것이다. 결국 청나라를 주, 한과 같이 하나의 제국으로 인정한다는 것이다.

소현세자가 아닌 효종을 떠올리다

심양을 방문하면서 대부분의 연행사는 봉림대군 시절의 효종을 떠올렸다. 그런데 한 가지 흥미로운 점은 거의 모든 연행록에서 심양의 조선관을 언급할 때 소현세자가 아닌 효묘, 즉 효종을 언급하고 있다는 것이다.

1798년 삼절연공겸사은사三節年貢兼謝恩使 사행에 서장관으로 동행한 서유문의 『무오연행록』에도 효종과 관련된 내용이 실려 있다.

고개에 올라 멀리 동북 재를 바라보니, 설중에 멀리 보이지 않으나 첩첩한 호산海山이 은은하게 비쳐 끝이 없는지라. 마음이 돈연히 사나우며 효종대왕께서 봉림대군 시절에 심양에 들어가실 때 빗속에 이 고개를 지나며 한 곡조 노래를 지어 가라사대,

"청석령 지났느냐 옥하관이 어드메뇨. 호풍도 참도 찰사 궂은 비는 무슨 일인고. 누가 내 행색 그려내어 임 계신 데 보낼까 하노라" 하셨으니, 곡조가 심히 슬프고 격렬하고 절실한지라. 당시를 상상하니 더욱 눈물이 옷깃에 젖는 줄을 깨닫지 못할러라.[9]

그리고 1798년 11월 30일자에는 다음과 같은 내용도 나온다.

효묘孝廟가 심양에 와서 계실 때에 이 물가에 집을 지으시고 멀지 않은 곳에 수십 일 갈이 밭을 소현세자께 드려 소채를 심어 관중館中에 쓰게 했다는 말이 있더라. (…) 심양은 옛 황도皇都라 하여 일산日傘을 걷고 말을 모는 소리를 그치니, 이는 존경함을 보임이라. 가마를 내려 말을 타고 차례로 성문에 들어가는데 문에 3층루를 지었으며, 또 옹성이 있고 성을 뚫어 문을 내었으며, 성 주위가 5리 남짓하되 사방이 네모반듯하여 입 구口 자 같으며 성내의 인가가 1만 5000이 된다 하며, 성내 길가는 다 시정市井이라, 각각 전방 앞에 대여섯 길 되는 붉은 깃대를 세우고 파는 물화의 이름을 기록하였으며, 또 현판을 달아 각전各廛 별호를 표하였으니, 금색 비단이 찬란하고 물화가 밀려드니 황홀 영롱하여 눈이 크게 뜨이며, 입이 다물어져 망연자실함을 깨닫지 못할러라.[10]

위에 나오는 "청석령 지났느냐 옥하관이 어드메뇨. 호풍도 참도 찰사

굳은 비는 무슨 일인고. 누가 내 행색 그려내어 임 계신 데 보낼까 하노라"라는 시조는 봉림대군이 심양에 들어갈 때 지었다고 알려진 시조다. 서유문은 회령령會寧嶺에 다다라 이전 봉림대군이 읊었던 이 시조를 떠올리며 "당시를 상상하니 더욱 눈물이 옷깃에 젖는 줄을 깨닫지 못"하겠다 한다. 그런데 사실 심양에 있을 때 봉림대군의 역할은 소현세자와 비교가 되지 않는 것이었다. 위의 인용문에서 효종이 "수십 일 갈이 밭을 소현세자께 드려 소채를 심어 관중에 쓰게 했다"고 하는데, 이러한 밭을 갈아 이익을 내 조선관 비용에 보태고, 노예 시장에 나온 조선인들을 속환시킨 사람은 소현세자였다. 그러나 소현세자가 조선으로 돌아온 지 얼마 안 되어 의문의 죽음을 당하고 봉림대군이 왕으로 올라서고 나서 후대 연행록에서도 소현세자는 잊힌 인물이 되어버린다. 더불어 위 시조에 나오는 "옥하관"은 북경에 있는 조선 사신단의 숙소였다. 심양에서 소현세자가 묵었던 곳은 "조선관"이었기에 "옥하관이 어드메뇨"라는 가사는 후대에 바뀌었을 것이다.

이렇게 심양은 조선의 아픈 역사를 간직한 곳이었다. 하지만 18세기 말에 방문한 서유문의 눈에는 "금색 비단이 찬란하고 물화가 밀려"들어 "황홀 영롱하여 눈이 크게 뜨이며, 입이 다물어져 망연자실함을 깨닫지 못"하는 화려한 곳이기도 했다.

슬픔은 무화되고, 번화함은 강화되는 19세기 심양 이미지

조선의 아픈 역사와 결부돼 있으며 화려한 곳이라는 심양의 이미지는 19세기에 들어와서도 이어진다. 서경순의 『몽경당일사』 1855년 11월 7일자를 보면 다음과 같은 내용이 나온다.

궁문 안에는 다 꽃벽돌을 깔아놓았는데 기교와 화려하기가 극치를 이루어, 미루迷樓는 어떤 제도이며 간악艮嶽은 어떻게 생겼는지 알 수 없으나 이보다 더할 수 없을 것 같다. 겨우 수십 보를 걸어가니 태묘문의 현판이 있다. 태묘가 여기에 있다면 사직이 필시 그 오른편에 있을 것이다. 그런데 무덕방武德坊 패문 서액문西掖門까지 못 가서 갑자기 지키는 자가 나타나 못 가게 길을 막으므로, 지름길로 서가西街를 지나갔는데, 여기는 즉 삼학사가 살신성인한 곳이다. 그 당시를 추억하니, 주먹이 불끈 쥐어져 강개한 회포를 금할 수 없다.

조선관은 동문 안에 있고 관 안에 봉쇄한 곳이 있으니, 즉 소현세자와 효종대왕이 거처하던 방인데, 지금은 도복都ㅏ 마두들이 인부와 마필을 거느리고 유접하는 곳이 되었다.[11]

서경순은 궁궐에 깔아 놓은 꽃벽돌이 "기교와 화려하기가 극치를 이루어, 미루는 어떤 제도이며 간악은 어떻게 생겼는지 알 수 없으나 이보다 더할 수 없을 것 같다"고 한다. 폭군으로 유명한 수양제가 수만 명의 인력을 써서 지은 궁궐에서 진짜 신선들이 논다 하더라도 그 화려함에 길을 잃을 것이라며 좋아했다는 미루와, 북송의 마지막 황제 송휘종이 나라 망하는 것도 모르고 지은 간악도 이처럼 화려할 수는 없을 것이라며 심양의 화려함을 극찬한다.

그리고 서경순은 병자호란의 아픔과 관련해 심양의 서가가 삼학사가 살신성인한 곳이라며 "주먹이 불끈 쥐어져 강개한 회포를 금할 수 없다"고 한다. 더불어 조선관과 관련해 "소현세자와 효종대왕이 거처하던 방"이 이제는 "도복 마두들이 인부와 마필을 거느리고 유접하는 곳이 되었다"며 세월의 무상함을 토로한다. 명청 교체기에 삼학사 관련 이미지, 번화한 도시 이미지가 아무런 모순 없이 같은 기록에 등장하고 있지만, 그 문맥을 보면 아픔의 이미지는 약화되고 화려한 이미지는 강화되고 있음을 볼 수 있다. 세월의 무상함으로 아픔의 기억은 약화되고, 번화함의 경험은 강화된 것이다.

산해관

천하제일관

요순의 시대부터 태평하게 살았는데,　　　　　　祖舜宗堯自太平

진시황은 어인 일로 백성을 괴롭혔나.　　　　　　秦皇何事苦蒼生

재화災禍는 장성 안에서 일어남을 모르고,　　　　不知禍起蕭墻內

오랑캐를 막는다 헛되이 만리성을 쌓았구려.　　虛築防胡萬里城

—김경선金景善, 「연원직지燕轅直旨」

만리장성의 동쪽 끝 관문인 산해관은 지금의 중국 하북성河北省 진황도시秦皇島市 동북쪽 15킬로미터 거리에 위치하고 있다. 명 홍무洪武 14년 1381 중산왕中山王 서달徐達이 황제의 명령을 받고 이곳에 산해관을 건설했다. 허봉의 『조천기』에 의하면 "그 북쪽으로는 '각산角山'을 등지고 남쪽으로는 '발해'에 임하여 있었던 까닭에 '산해관'이라고 이름 지어진 것"이라고 한다. 조선 사신들에게 산해관은 중화와 오랑캐를 가르는 장벽, 청 이후로는 명 멸망과 관련된 안타까운 역사의 현장, 더 나아가 새로운 문명으로 들어가는 관문이라는 이미지가 강했다.

변방과 최전선

명대 북경을 방문했던 허봉의 『조천기』에는 다음과 같은 산해관 관련 내용이 나온다.

> 전공신은 곧 상장上章하여 이르기를, "허계유許繼儒는 의관을 한 도적이요 관반의 이리 또는 범이니, 청컨대 무거운 죄로 논하되 성지聖旨를 받들어 변방으로 멀리 보내어 충군하기 바랍니다" 하였으므로, 곧 산해관으로 귀양보냈고, 또한 은 한 냥을 백포 한 필로 기준하여 세 배로 징수하였는데, 관에서 몰수하였습니다. 허계유의 집은 본래 가난하였으므로 전택을 모두 팔아서 배상하였는데 그 어미는 이로 인하여 목을 매어 자살하였습니다.[1]

위 인용문에서는 홍려시鴻臚寺의 서반序班 허계유가 관부館夫를 구타하자, 이를 이유로 전공신이 황제에게 글을 올려 그를 귀양보낸 상황을 설명하고 있다. 그런데 여기서 눈여겨볼 사항은 그를 "산해관"으로 귀양보냈다는 것이다. 다시 말해 산해관은 죄를 지은 자를 귀양보내는 궁벽진 곳이었다. 또 1574년 7월 18일자 에는 다음과 같은 내용이 나온다.

> 대개 요동에서부터 산해관에 이르기까지는 적의 지역과 서로 이어져서 한번 달리면 갈 수 있는 까닭에 변방의 방비가 가장 긴요한 곳으로

「연행도」 제5폭 〈산해관 동라성〉, 숭실대학교 한국기독교박물관.

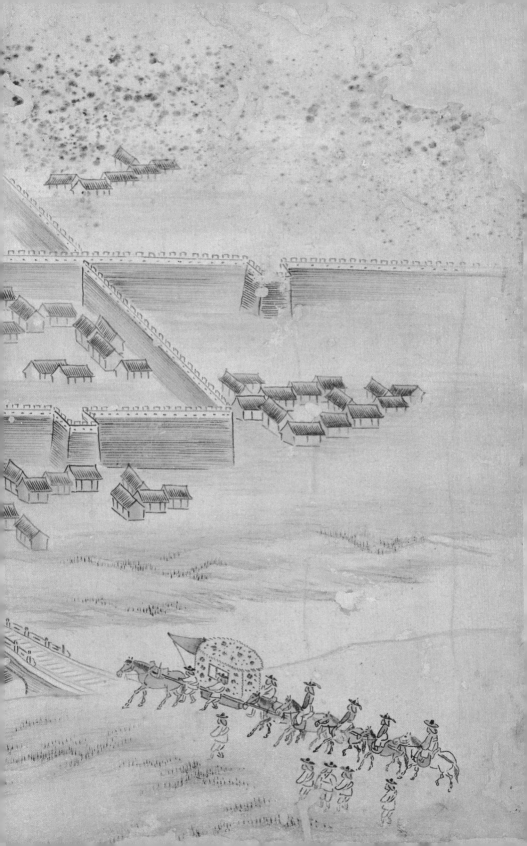

연대煙臺가 이어 있고 초소가 연이어 그치지 아니하였다. 가을이 깊어져서 나뭇잎이 떨어지면 오랑캐의 기병이 출몰하므로 매우 두려운 것이다.[2]

허봉이 연행을 하던 1574년만 하더라도 산해관은 실질적으로 변방에서 방비를 하던 곳으로 "초소가 연이어" 있고, "가을이 깊어져서 나뭇잎이 떨어지면 오랑캐의 기병이 출몰"하는 "매우 두려운" 곳이었다. 1574년 10월 5일자를 보면 또 다음과 같은 내용이 나온다.

요·계遼薊 지방은 대개 평원과 광야이므로 물난리를 만나기 쉽고 또한 북변이라 일찍 추워지는 까닭에 풍년이 들 때가 드물며 산해관 밖에는 달적撻賊이 해마다 침략하고 살육을 자행하므로 여정閭井이 쓸쓸하니 모두 전쟁하는 땅인 것이다. 이러므로 수레를 내기가 아주 어려운데, 우리나라 사람이 위소衛所 등의 관청에 알려서 속히 출발하여 가려면 위소의 관원은 차부를 붙잡고서 손가락을 비틀고 곤장을 치는 등 여러 가지 악형을 가한 뒤에야 차부는 자녀를 팔고 의복을 벗어 팔아서 수레를 갖추게 되니 참담함은 차마 볼 수가 없는 것이다. (…) 산해관 이서以西에 이르니, 산해관 밖의 피폐한 것과 같지 않아서 수레를 끄는 노새나 소가 크고 건장하였으며, 역마 역시 노둔하거나 파리하지는 않았다. 만약 관 밖이라면 해당 역의 말은 그 수가 차지 못할 것이며, 비록 있다 하더라도 모두 뼈만 앙상하고 대부분 흠이 있는 것이었다.[3]

박지원이 울기 좋은 곳이라고 감탄한 광활한 평야도 허봉에게는 물난리가 많이 나고, 북쪽에 있어 추운 지역에 불과했다. 그리고 산해관 밖은 이민족들이 해마다 침략해 살육을 저지르기에 마을에 사람도 많지 않고, 차부들이 수레를 구하기 힘들어 그들의 자녀를 팔 정도로 가난하고 살기 힘든 곳으로 묘사돼 있다. 그러나 산해관 이서, 즉 산해관 안쪽 지역은 수레를 끄는 노새나 소조차 크고 건장하다며 안정된 관내와 피폐한 관외를 대비해 보여주고 있다.

중화와 야만의 경계

청대에 들어오면 산해관의 이미지에 변화가 나타난다. 1644년 청의 군대는 오삼계의 도움으로 산해관에 들어서고, 이어서 북경으로 진격해 이자성李自成의 군대를 물리쳐 드디어 중원에 자리잡는다. 명의 멸망과 청의 건국은 조선에 하늘이 무너지는 것과 같은 충격을 줬고, 이러한 충격은 청 초 연행록에 고스란히 반영됐다. 1656년 북경을 방문했던 인평대군의『연도기행』에는 다음과 같은 내용이 나온다.

일찍이 요좌에 있어서는 서리와 눈이 연달아 내려 들에는 푸른 풀이 없고 사람들은 모두 두꺼운 털옷을 입었는데, 일단 관내에 들어오면서부터는 일기가 따뜻하고 관류官柳가 아직도 푸르니 괴상한 일이었다. 요遼와 연燕이 모두 북쪽 땅인데도, 춥고 따뜻한 것이 이와 같이 달랐다. 하늘이 한 줄기 장성을 만들어 중화와 이적의 경계를 갈랐으니, 풍속은 비록 각각 다르다지만, 기후조차도 어찌 이다지 현저하게 다른가? 우리나라에 비교하면 그 따뜻함이 오히려 배나 되니 알 수 없는 일이다.[4]

인평대군은 요좌, 즉 산해관 밖 요동 땅에 있을 때는 "서리와 눈이 연달아 내려 들에는 푸른 풀이 없고 사람들은 모두 두꺼운 털옷을 입었는

「연행도」 제6폭 〈망해정〉, 숭실대학교 한국기독교박물관.

望
亭

데", 산해관 안으로 들어오면 "일기가 따뜻하고 관류가 아직도 푸르니 괴상한 일"이라 한다. 그는 또 "하늘이 한 줄기 장성을 만들어 중화와 이적의 경계를 갈랐"기에 사람의 왕래가 자연스럽지 않아 풍속이 다른 것은 이해할 수 있지만 기후까지 현저하게 다른 것은 도저히 이해가 되지 않는다고 한다. 이는 마치 대부분의 한국 남자가 경험하듯 군대 문만 들어서면 춥고, 배고픈 것과 같은 심리적 원인이 크지 않을까 싶다. 산해관을 중심으로 한 기후의 변화는 그가 귀국하는 1656년 11월 10일자 기록에도 나온다.

> 아침에는 관 안에 있었기 때문에 비록 날이 춥다고는 하나 그처럼 심하게 차지 않았으나, 한번 관문을 벗어나니, 강한 바람이 땅을 휩쓸고 찬 기운이 하늘에 서리었다. 한 겹의 성인데, 춥고 더운 기후의 차이가 어찌 이다지도 심한가?[5]

산해관을 들어갈 때나 나올 때나 담 하나를 사이에 두고 관외는 춥고, 관내는 따뜻하다고 서술한 이 기이한 기후 현상은 다른 연행록에서는 거의 찾아볼 수 없다. 물론 실제로 그런 기후 현상이 발생했을 수도 있다. 대부분의 연행록 작가는 실질적인 '중국'으로 들어가는 산해관이란 관문에서 각자 자신이 관심을 갖는 부분에 집중했다. 그래서 실제로 관내와 관외 사이의 기후 차이가 있었을지라도 이를 비교하는 기록을 남기지 않았을 것이다. 다시 말해 인평대군은 그가 산해관이란 관문에서 '심리적인 추위'를 더 강하게 느꼈기에 이런 기록을 남기지 않았나 싶다. 병자호란 시기 치욕의 현장에 있었고, 볼모로 심양에 있었던 그였기에 '중국'의 관문을 상징하는 산해관을 중심으로 기후 차이를 언급한 것이다.

인평대군은 1656년 11월 9일자에서 산해관과 연결된 망해정으로 가 그곳의 시문 등을 언급한다. 그리고 모두 운韻만 있고 율律이 없는 수준 낮은 시들 뿐이라며 명나라가 인재가 없어 망했다고 간접적으로 지적한다. 그는 중국에 만리장성 같은 장벽이 있었음에도 오랑캐를 막지 못했는데, 우리나라처럼 조그마한 나라가 오랑캐 기병을 물리치기가 어찌 쉬웠겠냐며 병자호란의 치욕을 애써 자위한다. 그리고 "맹자의 '지리地利가 인화人和만 같지 못하다'라는 말이야말로 실로 약석과 같은 교훈"이라며 이렇게 훌륭한 방어 장성을 갖고 있으면서도 국정이 문란해 인화를 이루지 못해서 망한 명나라를 추억한다. 병자호란으로 아버지 인조가 치욕스런 항복을 할 때 옆에서 지켜봤고, 심양에 인질로 잡혀 있기도 했던 인평대군이었다. 더군다나 지금은 명이 멸망해 어디에도 도움을 요청할 수 없었기에 그는 산해관 끝 망해정에서 술잔을 들고 부질없이 혼자 장탄식할 수밖에 없었던 것이다.

산해관에 노닐며 들어온 18세기 초 연행사

청 초 북경에 갔던 연행사들이 이렇게 명의 멸망과 조선의 치욕에 대한 감회를 술회한 것과 달리, 18세기에 들어오면 분위기가 조금 변한다. 김창업은 산해관에 도착해서 그의 『연행일기』에 다음과 같은 내용을 남겼다.

도중에 얼굴에 면사를 드리우고 나귀를 타고 오는 한 여인을 만났는데, 옷을 보니 소매는 넓고 치마 주름은 가늘며 앞은 세 폭, 뒤는 네 폭으로 한인의 복제였다. 관문 밖에 이르니, 좌우로 시가가 있고 거마가 혼잡하였다. 술과 떡을 파는 자가 매우 많았으며 서화를 파는 자도 있었다.

(…) 두 여인이 함께 수레에 탔는데 보니 옷이 문밖에서 만났던 자와 꼭 같았으며, 얼굴에 면사를 드리운 자는 얼굴이 아름다워서 일행의 눈길을 끌었다. (…) 6, 7리를 가니, 벌써 망해정이 반공에 드러났다. 다시 몇 리를 더 가서 한 성문으로 들어가 작은 거리를 빠져나가 수십 층 돌층계를 오르니 그 위에 정자가 있다. 장성의 끝머리였다. 밑을 보니 파도가 철썩댔고, 남쪽을 보니 물과 하늘이 맞붙었는데 한 점의 섬도 없다. 이 바다가 바로 발해였다. 북쪽은 산봉이 겹겹이 솟아 있으며, 그 밖은 모두 사막으로, 그 아득하고 신비함은 표현할 수 없었다. 우리나라의 영동嶺東의 정관亭觀으로 총석叢石, 낙산洛山 같은 곳도 이곳처럼 안계가 활짝 트이지 않는 것은 아니지만 이러한 기상은 없다. 정자는 2층이었다. (…) 시구도 매우 많았는데, 한 시에,

시인의 키는 열 길이라 들었더니,	嘗聞詩人長十丈
오늘에야 비로소 열 길인 줄 알았도다.	始知今日長十丈
시인의 키가 열 길이 아니라면,	若非詩人長十丈
어떻게 이 벽에다 똥칠을 했으리.	何綠放屎此壁上

하였다. 벽에 되잖은 시를 쓴 자를 풍자한 것으로, 한바탕 웃을 만했다.[6]

김창업은 산해관에 들어와서 명의 멸망에 대한 어떤 감회도 서술하지 않는다. 산해관에 들어설 때 한 여인이 지나가자 여인의 옷차림새가 한인, 즉 만주족이 아닌 명나라 사람의 옷차림새라며 객관적으로 묘사한다. 그후 같은 복장을 한 다른 여자를 또 만나자, 그 여자가 예쁘게 생겨 일행의 눈길을 끌었다고 기록한다. 산해관을 들어서면서 시름에 젖거나

강개한 감정을 느끼기보다 예쁜 여자에 눈이 팔렸던 것이다. 혹 실제 상황에서 그럴 수 있다 하더라도 이렇게 연행록에 여자가 예뻐서 일행의 눈길을 끌었다고 기록하기는 쉽지 않을 것이다. 같은 시기 연행을 갔던 최덕중 역시 이 여인을 보기는 했다. 그러나 그는 여자가 예뻐서 눈길이 갔다고 하지 않고 여자 옷에 아직도 명나라 제도가 남아 있어 사랑스러 웠다며, 여인이 청 치하에서도 명의 복장을 유지하고 있음에 방점을 뒀다.[7] 이 외에 김창업은 조선 사신단을 보고 "고려高麗!"라고 외치는 동네 꼬마들을 장난으로 겁주기도 했다. 아이들은 이에 놀라 도망가다 넘어지기도 하고, 또 울기도 한다. 한마디로 김창업은 산해관이라는 명청 교체기의 현장을, 아무 생각 없이 여자에게 눈이 팔리고 애들과 장난이나 치며 지나가고 있었던 것이다.

물론 이 에피소드 뒤에 곽확암郭廓菴이 시를 보여달라고 하자 "도중에서 읊은 시들이 거의가 촉휘되는 말이 많았기 때문에, 동관東關에서 지은 절구 한 수를 써" 보여준 것을 보아, 김창업 역시 청나라 사람이 봐서는 안 될 명청 교체 관련 내용의 시를 썼던 것으로 보인다. 그러나 얼굴 예쁜 여자에 눈길을 준다든지, 아이들과 장난을 친다든지, 서화를 팔러 온 사람들과 장난을 치고, 산해관에 쓰인 시 중 해학적인 시를 소개한다든지 하는 내용만이 그의 연행록에 남아 있다. 이는 명청 교체의 인력에서 벗어나지 않고는 있을 수 없는 일이다.

흥미로운 점은 같은 해 연행을 간 군관 최덕중이 '우물 안 개구리'식으로 "우리나라엔들 어찌 멀리 바라볼 수 있는 곳이 없으랴?"라며 망해정의 경치를 폄하하나, 김창업은 "그 아득하고 신비함은 표현할 수 없었다"며 "우리나라 영동의 정관으로 총석, 낙산 같은 곳도 이곳처럼 안계가 활짝 트이지 않는 것은 아니지만 이러한 기상은 없다"며 최덕중과 상반

되는 평가를 내린다. 두 사람의 심미안이 달라서일 수도 있겠지만, 이는 기본적으로 두 사람이 중국을 바라보는 자세가 달라서 나온 평가가 아닌가 싶다. 김창업의 『연행일기』를 지속적으로 지탱하는 술어가 '유遊'와 '널리 보다'라는 해석이 있다. 김창업 자신도 그의 연행을 '장유壯遊'라고 일컬었는데, 이는 그가 공식 직책을 가진 사절이 아닌 자제군관의 신분이기에 연행 동안 자연스럽게 '노닐' 수 있었기 때문이다.[8] 김창업은 연행을 '노니는 것'으로 봤기에 최덕중과 달리 산해관에서도 명청 교체의 인력에서 벗어나 해학적인 상황들을 기록할 수 있었던 듯하다. '노넓'은 결국 '열림'을 의미하고, 이러한 '열림'은 사물에 대한 새로운 해석을 가능하게 한다.

김창업은 그의 『연행일기』에 또 다음과 같은 내용을 남겼다.

세상에서 혹자는 오삼계가 관문을 열어 청병을 받아들인 것을 죄로 삼는데, 이것은 옳지 않다. 당시에 황성이 이미 함락되고 황제는 순사하여 천하는 벌써 망하였는데, 오삼계 홀로 관문을 보존하려 한들 되겠는가! 이자성에게 깨뜨려지지 않으면 청병에게 깨어졌을 터이니, 당시의 형세로 보아 그것이 결코 오삼계의 주장 탓은 아니다. 또 이자성의 죄는, 명나라 신하된 자면 누구나 마땅히 그를 불공대천의 원수로 토죄해야 한다. 오삼계가 기왕 깨질 관關을 포기하고 군부의 원수를 갚았으니, 임시변통의 의〔倉卒處義〕는 지켰다고 할 수 있다. 만일 오삼계가 완전한 의〔一切之義〕를 지켜 청병과 힘을 합하지 아니했다면 끝내는 이자성에게 패했을 것이며, 청병도 자연스럽게 산해관을 입수했을 것이다. 그렇게 되었다면 도대체 무슨 소용이 있겠는가! 그러나 아버지 오양이 죽은 뒤에 따라서 죽었어야 했는데, 그러지 않았으니 이것은 오삼계의 죄다. 하지만 30년을 은인자중하여 아무 벼슬 없는 백두로 거사하여 천하를 진동시켰으니, 그 행위 또한 장하다. 그런데 아깝게도 명나라 왕실을 세우지 못하여 천하 사람의 소망을 잃고, 스스로 왕을 참칭하였다가 끝내는 패망하였으니, 그가 이름을 망치고 절의를 잃었음은 두말할 나위가 없다. 아마도 나이가 많아 의지가 쇠약해지고, 옳은 보좌를 두지 못한 탓이 아니겠는가? 어찌 그때 처사를 저 두 사람과 같이 의롭게 한 것과 같겠는가! 요동에 있는 이소증李素曾이 일찍이 선군에게 이야기하기를, "오왕吳王, 오삼계이 운남에 있을 적에 사졸을 만나면 술 마시기가 일쑤며 연극은 악무목岳武穆의 일을 즐겨 보았는데, 본 다음엔 바로 울면서, '천하가 이러하거늘 변경邊境이 남의 말을 옳게 여기지 않는다' 하며, 말이 끝나면 다시 울고 운 뒤엔 다시 술을 마셨다"고 하였다. 이로 보아 그의 뜻이 어디에 있었는지 알 수 있다. 후반의 일이 사람들에게 만족을 주지는 못했으나, 세상에서 보기 드문 웅걸임엔 틀림이 없다.[9]

일반적으로 조선 사신들은 산해관에 이르면 명청 교체를 한탄했고, 또 서유문처럼 오삼계의 그릇됨을 비판했다.[10] 그러나 김창업은 이들과 달리 적극적으로 오삼계를 변호한다. 물론 그의 행동에 완전히 찬성하지는 않지만 긍정 쪽에 더 무게 중심을 두면서 "세상에서 보기 드문 웅걸임엔 틀림이 없다"고 오삼계를 평가한다. 김창업은 위의 인용문 앞부분에 오삼계, 소현세자, 이자성 등 명청 교체와 관련한 산해관 지역에서의 전쟁 상황을 자세하게 설명한다. 그러나 그 어디에도 명나라 멸망에 대해 안타까움을 표하거나 자신의 의견을 서술하는 부분은 없다. 그는 오삼계를 비판하지 않고 오히려, 청을 끌어들여 이자성을 물리치기를 잘했다고 한다. 그가 "만일 오삼계가 완전한 의를 지켜 청병과 힘을 합하지 아니했다면 끝내는 이자성에게 패했을 것"이라며 청의 합류를 긍정적으로 보고 있는 것이다. 청나라가 세워진 지 60년이 넘어가는 상황에서 그처럼 생각할 수도 있겠지만, 그렇다 해도 이런 인식을 글로 남기기는 쉽지 않았을 것이다. 이러한 시각은 시대적 상황이라기보다 김창업 개인을 넘어, 농암農巖 김창협과 삼연三淵 김창흡의 호에서 이름이 유래한 농연 그룹의 특징이 잘 나타난 것으로 해석해볼 수 있다. 문예적 창작 동아리로서의 농연 그룹, 사회경제적 집단으로는 경화 사족에 속하는 이들 집단은, 당시 조선에서 받아들이기 힘들던 양명학까지 포용하는 개방적 학문관을 가졌다는 평가를 받고 있고, 청의 서적과 문물도 적극적으로 수용하는 태도를 보인 것으로 인정받는다.[11] 청 건국 후 일정시간이 흘렀고, 또 김창업 개인의 학문관이 그의 생각을 열리게 했기에 위와 같은 열린 해석이 가능했던 것으로 보인다.

산해관에서 청을 큰 나라로 인식한 18세기 중엽 연행사

18세기 중반 홍대용을 보면 또 분위기가 변했음이 감지된다. 홍대용은 연행을 새 문명을 접할 일생일대의 기회로 여긴다. 그의 『연기』「망해정」조에 다음과 같은 기록이 있다.

누에 오르니 눈이 미치는 끝까지가 구름과 바다뿐이었는데, 거대한 물결이 솟아오르며, 뜬 성엣장이 맞부딪쳐 공중으로 날고 마구 흔들리니 천지가 무너지는 듯하였다. 북으로 각산角山을 바라보니, 첩장疊嶂과 치첩雉堞들이 만리를 연해 오다가 필경 이 누에 와서 끝을 맺고 만다. 이 누에 올라와서 눈시울이 째지지 않고 머리털이 위로 뻗지 않는다면 참으로 못난 사나이다. 반평생을 돌아볼 때 우물 속에 앉아 그래도 잘난

체 눈을 크게 뜨고 가슴을 활짝 펴서 함부로 천하 일을 논하려 했으니, 자량自量을 못한 것도 이만저만이 아니다.[12]

홍대용은 망해정을 주관하는 자에게 돌아올 때 청심환을 준다고 이야기한 후에야 겨우 망해정에 오를 수 있었다. 그는 뇌물을 준다고 해야만 문을 열어주는 중국인의 인품에 실망한다. 그러나 누에 올라서는 광활하고 거친 바다와 장성과 연결된 각산을 바라보고 흥분을 억누르지 못한다. 심지어 그는 "이 누에 올라와서 눈시울이 째지지 않고 머리털이 위로 뻗지 않는다면 참으로 못난 사나이"라고 단언한다. 홍대용의 말을 따르자면 1712년 이곳에 와서 "우리나라엔들 어찌 멀리 바라볼 수 있는 곳이 없으랴?"라 했던 최덕중 같은 사람이 "참으로 못난 사나이"가 될 것이다. 큰물을 접한 홍대용은 자신이 우물 안 개구리였음을 절감하고 "그동안 함부로 천하 일을 논하려 했"던 것을 "자량을 못한 것도 이만저만이 아니"라 한다. 청나라가 큰 나라임을 인정한다는 뜻이다. 홍대용은 당시 북학파에 속했던 박지원, 박제가, 이덕무, 유득공 등에게 많은 영향을 끼쳤고, 또 이들과 밀접하게 교류했다. '북학北學', 즉 '북쪽에 있는 청으로부터 배우자'는 실용주의 노선에 있던 홍대용은, 주류 조선인이 되놈이라 욕한 청을 큰 나라로 인식하고, 이들에게서 배워 우물 안 개구리 상황을 벗어나고자 했던 것이다.

유머의 대상이 되어버린 산해관

19세기 들어 산해관에 도착한 조선 사신들은 청을 긍정적으로 인식하며 명청 교체 당시의 충격에서 벗어난 모습을 보인다. 그중 1855년 북경에 간 서경순의 『몽경당일사』를 보면 산해관에서 벌어진 상황을 희화

노룡두. 만리장성의 동쪽 끝으로 용이 바닷물을 마시는 형상을 취하고 있다. ⓒ김민호

화하는 지경에까지 이른다.

망해정에 도착하였다. 일명 징해루澄海樓인데, 즉 산해관 남쪽에 있는 장성의 동쪽 막다른 곳이다. 명나라 때에는 관해정觀海亭이라 하였다. 정자의 헌함과 기둥이 썩어서 붙들고 올라갈 수가 없었다. 정자의 남쪽 성의 뿌리가 바로 바닷물 속으로 들어갔다. 그 밑에는 쇠를 녹여서 가마솥을 엎어놓은 모양을 만들었고, 그 위에 큰 돌로 쌓아서 성의 끝이 그 위에 맞닿고 있으니 이른바 노룡두老龍頭라는 것이다. (…)

지름길로 해서 심하深河를 건넜다. 내가 서장관에게 말하기를, "저 심하의 고목이 된 버드나무가 요동백遼東伯이 활을 걸었던 버들이 아닌지 어찌 알겠습니까?" 하니, 서장관의 대답이, "이것은 심하瀋河이고 그 심하深河는 북방 흥경興京 지방에 있소" 한다. 내가 웃으면서 말하기를, "심瀋

과 심瀋이 비록 분별하기 어려우나, 여기도 관문을 당해서 하수를 뒤에 지고 있으므로 역시 한바탕 싸움할 만한 곳이니, 내가 그때를 당하였더라면 한 번 요계遼薊의 사이를 횡행할 수 있었을 것입니다" 하니, 서장관의 말이, "내 보기에는 그대는 하나의 화병火兵도 못 당할 것 같은데 억지로 큰소리를 치면 누가 믿겠소?" 한다. 내가 말하기를, "내가 오늘날 파리한 말을 타고 채찍을 휘두르며 내달아 산해관에 들어가기를 마치 무인지경처럼 하니, 의기가 호건해서 북쪽으로 병거兵車를 몰아볼 생각이 있는데, 이러한 용감할 때를 타서 누가 나와 대적하겠습니까? 때문에 늦게 태어난 한스러움이 있습니다" 하고는 서로 한바탕 웃었다.**13**

서경순은 산해관 징해루에 와 심하를 건너면서 광해군 때의 무장 김응하金應河의 고사를 언급한다. 김응하는 1619년에 도원수 강홍립과 같이 압록강을 건너 후금 정벌에 나서 고군분투하다가 중과부적으로 심하에서 전사했고, 이에 명 신종神宗은 그에게 제문을 내리고 요동백으로 봉했다. 서경순은 심하를 건너면서 "저 심하의 고목이 된 버드나무가 요동백이 활을 걸었던 버들이 아닌지 어찌 알겠습니까?"라며 서장관에게 장난을 건다. 그러자 서장관이 서경순과 지금 함께 건너는 강은 "심하瀋河"이고 김응하가 건넌 "심하深河"는 이곳이 아닌 북쪽 흥경에 있는 심하라고 알려준다. 그러자 서경순은 어차피 "심瀋"이나 "심深"이나 비슷하고, 이곳 "역시 한바탕 싸움할 만한 곳"이라며 자신이 그 당시 있었다면 요 땅과 계 땅 사이를 휘젓고 다녔을 것이라고 허풍을 떤다. 그러자 서장관은 병졸 한 명 이겨낼 재간도 없으면서 억지로 큰소리를 친다며 면박을 준다. 그래도 서경순은 기죽지 않고 "내가 오늘날 파리한 말을 타고 채찍을 휘두르며 내달아 산해관에 들어가기를 마치 무인지경처럼 하"는데 "늦게 태어난 한스러움이 있"다고 너스레를 떨며 웃음으로 마무리짓는다.

이미 청이라는 나라를 자연스럽게 인정하고 있기에 울분을 자아낼 수도 있는 과거사를 소재 삼아 우스갯소리도 하는 것이다. 물론 여기에 서경순이라는 장난기 넘치는 캐릭터가 큰 역할을 한 건 부정할 수 없는 사실이다.

강녀묘

남편을 그리다
돌이 된 여인

진황은 지금 어디 있느냐,　　　　　　　秦皇安在哉

헛되이 만 리에 원망을 쌓았구나.　　　　虛勞萬里築怨

강녀는 죽은 것이 아닐세,　　　　　　　姜女未亡也

아직도 돌조각에 꽃다움을 전하네.　　　尙留片石流芳

　　　　　　　　　　—김창업金昌業, 『연행일기燕行日記』

맹강녀 전설은 중국에서 '견우직녀牽牛織女' '양산백梁山伯과 축영대祝英臺' 그리고 '백사전白蛇傳'과 함께 4대 애정 전기傳奇로 손꼽힌다. 맹강녀 관련 전설은 민간에 구두로 전승돼 내려왔다. 중국의 저명한 역사학자 고힐강顧頡剛은 맹강녀 전설의 원시 형태를 『좌전左傳』「양공이십삼년襄公二十三年」 중 '제나라 무장武將 기량杞梁의 처' 고사로 소급시키기도 했다. 이 이

97

야기는 동한東漢 말년 유향劉向의 『열녀전列女傳』「제기량처齊杞梁妻」에도 나타난다. 『열녀전』에는 기량의 처가 자식도 없이 지아비의 시체를 끌어 안고 성 밑에서 울자 지나가던 사람들이 모두 감동했으며, 열흘을 그렇게 울어대자 성이 무너져내렸다고 기록하고 있다. 당대唐代에 이르면 이러한 이야기에 변화가 생기는데 단순히 기량의 처라고 하던 여인에게 이름이 생긴다. 그녀의 성은 맹孟이고 이름은 중자仲姿, 혹은 성은 맹孟이고 이름은 강녀姜女다. 기량이 죽은 이유 역시 변경에서의 전쟁 때문이 아니라 병역을 피하다 잡혀서 성을 쌓을 때 그 안에 묻히는 것으로 변한다. 수와 당을 거치면서 성의 붕궤와 진시황을 연계하게 되고 원, 명, 청을 거치면서 이 이야기는 연극 등에 활용되고 고사가 각 지역으로 퍼진다. 사실 '맹강녀'의 '맹'은 성이 아니라 맏이라는 의미이고, '강'이 성이다. 그래서 맹강녀는 '강씨 집안의 맏딸'이란 의미가 된다.

명말청초의 단순한 강녀묘 방문 기록

대부분의 조선 사신들은 북경으로 연행갈 때 맹강녀 전설이 있는 강녀묘姜女廟, 곧 정녀묘貞女廟에 들렀다. 유교가 국가 이데올로기였던 조선의 선비가 부인 절의의 상징인 맹강녀를 기린 정녀묘에 들르는 일은 자연스런 선택이었다.

1488년 표류로 인해 중국 강남에 도착했다 조선으로 귀국한 최부는 그의 『표해록』에 다음과 같이 기록했다.

산해관 밖에는 망향대望鄕臺와 망부대望夫臺가 있는데, 시속에서 전하기를, 망부대는 곧 진秦나라가 장성을 쌓을 때 맹강녀가 남편을 찾았던 곳이라고 합니다.[1]

특별히 자기 감정을 드러내지 않고 산해관 밖에 "맹강녀가 남편을 찾았던" 망부대가 있었다고 전하고 있다. 1574년 북경을 방문했던 허봉 역시 그의 『조천기』 1574년 7월 18일자에서 "또 팔리포八里鋪를 지나서 남쪽을 바라보았더니 망부대가 있었다"고 간단하게 언급만 하고 지나간다.

청 초에 들어서도 북경을 향하는 조선 사신들은 이곳 정녀묘를 들렀다. 인평대군 역시 그의 『연도기행』에 다음과 같이 기록했다.

> 팔리보八里堡를 거치고 망부사望夫祠를 지났다. 망부사는 제나라 사람 강녀가 남편을 기다리던 곳이다. 강녀의 남편은 10년 동안 성을 쌓다가 죽어서 돌아오지 못했다. 강녀는 이곳에 이르러서 남편을 그리며 슬피 울부짖었다. 오래도록 떠나가지 않다가 돌로 변했다. 사람들이 그 절개를 불쌍히 여겨서 사당을 세웠다고 한다.[2]

그 역시 특별한 감상을 적고 있지는 않다. 맹강녀에 대한 설명을 이전 명대 연행록보다 조금 더 하고 있을 뿐 맹강녀의 절의에 대해 스스로 평가를 내리거나 감상을 드러내지 않고 있다.

18세기 초의 자세한 강녀묘 방문 기록

18세기에 들어오면 약간의 변화가 생긴다. 자기 감정을 드러내지 않는 점은 이전과 큰 차이가 없으나 정녀묘 자체에 대해 자세하게 묘사하기 시작한다. 18세기 초기 연행록 작가들은 열烈을 강조하거나 삼강三剛을 강변하기보다 그 주변 정경을 자세히 소개하는 것에 그친다. 즉, 이념성이 짙어질 수 있는 역사 유적 관련 서술을, 자신의 생각이나 주장을 개입시키지 않고 자세한 경관 묘사로 일관하고 있다. 이에 18세기 초 연행

록 저자의 관심이 이념에서 벗어나고 있음을 보여준다는 주장도 있다.3

1720년 동지사 겸 정조성절진하정사正朝聖節進賀正使로서 부사 이교악李喬岳, 서장관 조영세趙榮世와 함께 청나라 연경에 다녀온 이의현의 『경자연행잡지』를 보면 다음과 같이 자세하게 정녀묘를 서술한 내용이 나온다.

정녀묘에 이르렀다. 들 가운데에 조그만 언덕이 불쑥 일어나서 산이 되었고, 산 위에는 바위가 있으며, 북쪽에는 큰 산이 있어 가로로 10여 리를 뻗어나갔으며, 남쪽으로는 큰 바다에 임해 있어 사면이 틔어 있는데, 돌을 깎아서 사당을 만들었다. 세상에서 전하기를, "정녀의 성은 허許요, 이름은 맹강인데, 남편 범랑范郎이 진나라 때 장성을 쌓다가 끝내 돌아오지 않자 정녀가 여기에 찾아왔다가 그 남편이 죽었단 말을 듣고 울다가 그대로 죽었다. 이에 후세 사람들이 바로 그 자리에 사당을 세웠다" 한다.
사당 안에 허맹강의 소상塑像을 봉안했는데 그 앞에 두 동자가 모시고 서 있다. 왼쪽에 있는 자는 일산을 들었고, 오른쪽에 있는 자는 띠를 둘렀는데, 이들은 모두 정녀의 아들로 모양이 몹시 단정하고 엄숙했다. 일산은 행구를 상징하는 것이요, 띠는 그 남편이 평상시에 입던 옷을 상징하는 것으로 모두 그 여자가 가지고 온 물건이다. 소상 앞 판자에 변려문을 새겼는데, "한 조각 열녀의 마음을 알고자 하거든, 천추의 망부석을 보라. 갑신년에 장연張延이 기록함"이라고 적혀 있다. (…)
북쪽에 몇 칸짜리 작은 집이 있는데, 그럭저럭 단청을 하고 금불을 안치했다. 이것은 수묘승守廟僧을 위해서 설치한 것이었다. 집 뒤에 바위가 하나 있고 바위가 파인 곳마다 웅덩이가 되었는데, 이것은 정녀가 남편을 기다릴 때의 발자국이라고 한다. 그 위에 '망부석'이라는 세 글자를 새기고, 또 '진의정振衣亭'이라는 세 글자를 석면石面에 새겼는데 닳아 없어졌다. 바위 사이에 옛날에는 조그만 정자가 있었으나, 지금은 허물어졌다고 한다.[4]

앞에서 언급한 것처럼 자신의 해석을 넣지 않고 비교적 담담하게 문물을 소개하는 점은 18세기 초기 연행록 작가들의 특징으로 볼 수 있을 것이다. 그러나 자신의 생각이나 주장을 개입시키지 않는 것은 적어도 정녀묘 관련 기록에 있어서는 18세기뿐 아니라 16세기, 17세기의 연행록에 모두 보인다. 다만 18세기에 들어오면 이전에 간단하게 소개하고 지나가던 것과 달리 관련 상황들을 자세하게 설명하는 변화가 나타난다. 이의현도 강녀의 두 아들을 묘사하면서 왼쪽에 있는 아들은 일산을 들었고, 오른쪽에 있는 아들은 띠를 둘렀는데, 일산은 여행할 때 쓰는 물건과 차림인 행장을 상징하고, 띠는 그 남편이 평상시에 입던 옷을 상징한다고 자세한 설명도 덧붙인다.

고증을 추구하다

18세기 중반을 넘어서면 정녀묘 관련 묘사에서 약간의 변화가 생긴다. 18세기 초중반 작가들이 정녀묘를 담담하게 묘사하는 것에 치중했다면, 18세기 중후반 작가들은 맹강녀 관련 사적들이 사실인지 아닌지를 밝히는 데 집중했다.

1777년 부사로 연행을 떠난 이갑의 『연행기사』를 보면 다음과 같은 내용이 나온다.

또 이르기를, "맹강은 마침내 바다에 이르러 죽었는데, 수일 뒤에 돌이

망부석. 중간의 파인 자국이 맹강녀의 발자국이라 한다. ⓒ김민호

바다 속에서 솟아나와 조수가 들어와도 묻히지 않았다. 아직도 정남쪽 바다로 들어가면 1리쯤에 그 돌이 있다" 하였다. 또 사벽四壁에 그가 왕래 신고辛苦하던 모양을 그리고, 심지어는 맹강이 상제에게 올라가 호소하여, 진시황의 죽음과 몽염蒙恬이 죽임을 당한 것이 모두 그 응보라고 한 것도 있다. 말이 허황하여 정상이 아닌 것이 많다. 맹강의 좌우에 시립하고 있는 동남동녀는 속설에 전하기를 맹강의 아들딸이라고 한다. 그리고 동녀가 띠(帶)를 가지고 따르는 것은 칠랑七郞의 유물이고, 동남이 우산을 잡고 따르는 것은 그 어미가 풍우를 무릅쓰고 돌아다니기 때문에 장차 비를 가리기 위한 것이라고 한다. 그러나 역시 사실인지 아닌지 알 수 없다. 사당 가운데에는 일구一句를 적은 게시판이 있는데 이르기를,

진황은 어디 있는지,	秦皇安在哉
만리장성이 원망을 묻었네.	萬里長城埋怨
강녀는 죽지 않아,	姜女未亡也
천년토록 한 조각 돌이 절개를 지킨다.	千年片石猶貞

하였다. 송나라 문천상文天祥이 시를 짓고 명나라 전당錢塘 송기宋紀가 글
씨를 썼다. 문천상의 발자취가 일찍이 여기에 이른 일이 없는데 어떻게
이 제시題詩가 있을 수 있는가. 혹시 연옥燕獄에 있을 때에 호사자가 그
제시를 받아서 게시한 것인지도 모르겠다. (…) 바위틈 층층에 오목하
게 패인 것이 있어 마치 사람의 발자국 같은데 이르기를, 절굿공이 자
국과 부인의 발자국이라고 한다. 더욱 괴탄한 일이다 (…) 왕건王建의 시
에 있는 망부석이라는 것은, "정부征婦가 산에 올라 남편을 기다리다 드
디어 돌로 화하였기 때문에 그 돌 모양이 사람이 선 것 같다" 하였으나,
『지지地志』를 상고하면 그 땅이 하나는 태평에 있고 하나는 무창에 있다
하였으니, 이것과는 관계가 없다. 하물며 맹강은 유골을 지고 돌아가는
길에 잠깐 여기에서 쉬었을 뿐 실로 망부의 일은 없었으니, 그렇다고
어떻게 말할 수 있겠는가?[5]

이갑은 강녀묘 전설을 소개하면서 맹강녀가 하늘에 올라가 상제에
게 호소해 그 응보로 진시황과 몽염이 죽임을 당하게 된 것이라는 말 등
허황한 것이 많다며 합리적인 해석을 시도하고 있다. 강녀묘는 이념적
인 장소이지 어떤 사실 관계를 밝히는 장소가 아니다. 이곳에서 대다수
연행록 작가는 맹강녀의 절의에 감동하고, 또 이를 기릴 뿐 사실 여부를
가린 건 아니었다. 그러나 18세기 중엽을 넘어서면서 이갑처럼 이 이야

기가 실제 가능한 일인지를 밝히려는 기록들이 나타나기 시작한다. 이 갑은 이어서 문천상의 시라고 알려진 유명한 강녀묘 관련 시에 대해 "문천상의 발자취가 일찍이 여기에 이른 일이 없는데 어떻게 이 제시가 있을 수 있는가"라며 기본적으로 회의적인 태도를 취한다. 문천상文天祥, 1236~1282은 남송의 유명한 정치가로 원나라가 남송을 침략하자 이에 맞서 싸우다 체포돼 당시 원의 수도인 대도大都, 즉 지금의 북경에 송치됐다가 사형됐다. 중국에서는 우리나라의 삼학사와 같은 위상을 차지하는 국민 영웅으로 역대에 걸쳐 존숭됐다. 이에 이갑 역시 문천상이 이곳에 온 적은 없지만 혹시 "연옥" 즉, 북경에 잡혀 와 감옥에 있을 때 누군가가 그가 쓴 시를 받아서 이곳에 적었는지도 모르겠다고 한다. 이 역시 확실한 사실 관계를 확인하고자 하는 그의 의지가 보이는 부분이다. 더불어 "바위틈 층층에 오목하게 패인 것이 있어 마치 사람의 발자국 같은데 이르기를, 절굿공이 자국과 부인의 발자국이라고 한다"며 "더욱 괴탄한 일이"라고 이미 신화화된, 그래서 구복의 대상이 된 맹강녀의 사적들을 의심한다. 더불어 "망부석" 관련 사항도 그녀가 "(남편의) 유골을 지고 돌아가는 길에 잠깐 여기에서 쉬었을 뿐" 실제 '망부望夫', 즉 '지아비를 만나러 온' 적은 없었다며 나름의 주장을 펼친다.

이러한 합리적인 의심은 박지원의 『열하일기』에도 보인다. 박지원은 "뜰 가운데 비석 셋이 있는데 거기 기록된 것이 모두 같지 않고, 또 허황한 말이 많다"고 하고, 또 이갑처럼 『지지』를 인용해 그 분명하지 않음을 지적한다. 더불어 "진나라 때엔 아직 섬陝이란 땅 이름이 없었을 뿐더러 강姜도 제녀齊女를 일컫은 것인즉, 허씨를 섬서 동관 사람이라 함은 더욱 터무니없는 말"이라며 비판한다.[6] 이들 모두 강녀묘에 대한 자세한 묘사와 함께 그 역사적인 진실에 대해 나름대로 비판하나 정작 맹강녀의 절의에 대해 자신의 감회를 서술하지는 않는다.

1790년 서호수의 『연행기』1790년 9월 14일자에도 강녀묘 관련 언급이 나온다. 여기서는 다시 18세기 초중반의 연행록 작가들처럼 담담하게 객관적인 묘사만을 자세하게 하고 있다. 그런데 또 1791년 연행을 간 김정중의 『연행록』에는 정녀묘에 대한 자세한 소개 및 묘사와 함께 다음과 같은 내용이 나온다.

사당 뜰 남쪽에 서 있는 두 비석에는 문천상이 여기를 지날 적에 읊은 시가 있는데, 마멸된 글자가 많아서 읽을 수 없다.

아아, 허맹강은 한낱 여염의 천한 여자요, 남편 범랑 또한 성 쌓는 군졸로 장성의 역사役事에 가서 해가 지나도록 돌아오지 않으니, 강씨가 아들 하나 딸 하나를 데리고 날마다 이 돌에 올라 서쪽으로 장성을 바라보다가 드디어 망부석이 되어 여기서 움직이지 않았는데, 이제껏 돌 위에 밟은 자국이 있어 없어지지 않으니 기이하다. 만승의 임금으로서 때로 거둥하여 친히 그 사당에 제향하니, 풍속을 격려하고 착한 것을 권장하는 방법이 지극하고 극진하다. 또 중국에서 관세음보살을 반드시 여성女聖이라 일컫는데 사당 곁에 절을 지었으니, 이는 맹강을 배향하려는 것인가? 내가 망부석 위에서 시를 지었다.

장성을 바라보니 한을 견디기 어려운데,　　　秦城西望恨難裁
부역 나간 낭군은 다시 오지 않네.　　　　　抱杵郎君不復來
고된 자취 완연히 돌에 남아 있고,　　　　　勞跡宛然留石山
조석으로 오르기 몇 천 번이뇨.　　　　　　朝登暮下幾千回[7]

우선 김정중은 이갑이 문천상의 글일 가능성이 낮다고 비판했던 시가 적힌 비석이 거의 마멸돼 그 내용을 읽을 수 없다고 한다. 1777년과 1791년, 10년이 조금 넘은 기간에 이렇게 비석이 마멸될 수 있는 건지는 모르겠지만 김정중은 문천상의 시로 믿어 의심치 않는다. 더불어 "이제껏 돌 위에 밟은 자국이 있어 없어지지 않으니 기이하다"고 감탄한다. 이갑은 이 설명에 대해 "더욱 괴탄한 일이다"라며 비판하는데 말이다. 그러나 김정중이 중시했던 것은 "풍속을 격려하고 착한 것을 권장하는" 것이다. 이에 신화적인 색채가 농후한 강녀묘에 대해서도 비판적인 해석을 내리지 않았던 것으로 보인다.

19세기 들어서도 연행록 작가들은 계속 강녀묘를 들렀다. 그러나 그들의 기록은 전대 연행록 작가들의 범위를 벗어나지 못하고 있다. 자세하게 묘사는 하고 있으나 분석 대상인 연행록 작가 중 자기 감정을 술회한 작가는 보이지 않는다. 더불어 1832년 김경선의 경우 그의 『연원직지』1832년 12월 11일자에 「강녀묘기」를 따로 두고 자세하게 그곳에 있는 시 및 문장들을 소개하고, 또 『열하일기』 등 선배 연행록 작가들의 기록까지 소개하나 특별한 내용은 보이지 않고 그 자신의 감회 역시 보이지 않는다.

강녀묘는 대부분의 조선 사신이 연행에서 꼭 들르던 곳이었다. 이념적 상징성이 있는 곳이기에 시대가 변함에 따라 맹강녀에 대한 평가에도 변화가 있을지 유심히 살펴봤지만 의미 있는 변화는 발견할 수 없었다. 아니 이를 평가하는 연행록 작가 자체가 무척 드물었다. 아마도 맹강녀는 이미 군이 평가할 필요도 없는 부절婦節의 상징이 됐기에 나타난 현상이 아닌가 싶다.

다만 명대 혹은 청 초 연행록에서는 강녀묘를 방문했다는 간단한 언급만 되다 18세기 들어서면서 강녀묘에 대한 묘사가 자세해진다. 18세기 중반이 넘어서면 강녀묘 사적事蹟에 대한 진실 여부를 가리는 연행록들이 등장한다는 사실을 통해 강녀묘 기록 양식의 변화를 살펴볼 수 있었던 것은 조금의 수확이라고 생각한다.

백이숙제라는 아이콘

인을 구하여 인을 얻었으니,　　　　　　　　　　求仁得仁

만고의 맑은 바람 고죽국이요,　　　　　　　　萬古淸風孤竹國

포악함으로써 포악함을 바꿨다 하니,　　　　　以暴易暴

천추의 외론 절개 수양산이로다!　　　　　　千秋孤高節首陽山

—박지원, 『열하일기』

백이 고사의 발원지, 『사기』「백이열전」

『사기』「백이열전」을 읽으면서 항상 드는 의문점이 있었다. '아니 왜 백이숙제가 그렇게 칭송을 받아야 하는 거지? 폭군인 주紂를 치러 가는데 한임금만을 섬겨야 한다며 주周 무왕武王을 막는다면 이는 오히려 비난받아야 하는 일 아닌가?' 하는 의문 말이다. 그러다가 청 초 애납거사艾衲居士가

108

쓴『두붕한화豆棚閑話』라는 소설을 접하게 됐다. 이전부터 내려오던 이야기들을 새로운 시각으로 조망한 특이한 작품이어서 재미있게 읽어내려가던 중 일곱번째 이야기인「수양산숙제변절首陽山叔齊變節」이란 작품을 접했다. 우선 제목부터가 자극적이었다.「백이열전」에서 그렇게 칭송받던, 지금까지 충신과 절개의 상징으로 받들어지는 숙제가 변절을 하다니? 흥미를 갖고 읽어내려갔다. 작품을 읽어내려가다보니 숙제가 변절하게 된 상황이 그다지 어색하지 않고 설득력 있게 다가왔다. 그 순간 여러 생각이 스쳐지나갔다. '내가 알고 있는 백이숙제는 과연 진실로 존재했을까?' '아니면 누군가가 조작해놓은 모습을 진실이라 믿고 있었던 건 아니었을까?' 다시 생각해보니 주 무왕에 대해서는 긍정적인 평가가 주류를 이뤘던 것 같다. 그렇다면 '중국 역사에서 긍정적으로 평가받는 주 무왕을 비난한 백이숙제를 높이는 이유는 무엇일까? 주 무왕이 혹시 비난받을 만한 사람은 아니었을까?' 등 생각이 꼬리에 꼬리를 물고 이어졌다.

그러던 중 루쉰의『고사신편故事新編』을 읽게 됐다. 제목 그대로 옛 이야기를 새로 펴낸『고사신편』을 재미있게 읽어내려가다「채미采薇」편을 접했다. 나는 여기서 또 한 번 백이숙제를 만났다. 그야말로 철저하게 조롱당하는 철없는 늙은이로 묘사되는 백이숙제를 말이다. 그 작품을 읽으면서 나는 비로소 내가 가졌던 의문점들에 대한 해답이 서서히 윤곽을 잡아가는 것을 느꼈다. 그리고 그 해답은 '충의와 절개로 대표되는, 백이와 숙제라는 실체가 과연 있었을까?' '백이와 숙제라는 아이콘을 당시의 정치 상황과 작가의 이데올로기에 맞춰 편리하게 이용한 건 아니었을까?'라는 질문을 통해 찾아나갈 수 있었다.

연행록을 읽으면서 또 백이숙제를 만났다. 여기서 만난 백이숙제는

『사기』「백이열전」에 나온 모습과 크게 다를 바가 없었다. 그러나 시대가 변함에 따라, 또 작가의 개성에 따라 백이숙제를 모신 이제묘를 둘러싼 기록에 나타난 변화를 볼 수 있었다. 여기서는 바로 각각의 연행록에 보이는 이제묘에 대해 언급하려 한다.

백이숙제를 보기 위해서는 『사기』「백이열전」을 보지 않을 수 없다. 간단하게 그 줄거리를 요약하자면 다음과 같다.

백이와 숙제는 고죽국 국왕의 두 아들이었다. 아버지는 셋째 숙제를 다음 왕으로 삼으려고 하였다. 그런데 아버지가 죽은 뒤 숙제는 왕위를 형 백이에게 넘겨주었다. 그러자 백이는 "아버지의 명령이었다"라고 말하면서 마침내 떠나가버렸고, 숙제도 왕위에 오르려 하지 않고 떠나가버렸다. 이에 나라 사람들은 둘째 아들을 왕으로 옹립하였다. 이때 백이와 숙제는 서백西伯 창昌이 늙은이를 잘 봉양한다는 소문을 듣고 그를 찾아가서 의지하고자 하였다. 가서 보니 서백은 이미 죽고, 그의 아들 무왕武王이 시호를 문왕文王이라고 추존한 아버지의 나무 위패를 수레에다 받들어 싣고 동쪽으로 은나라 주왕紂王을 정벌하려 하고 있었다. 이에 백이와 숙제는 무왕의 말고삐를 잡고 간하기를 "부친이 돌아가셨는데 장례는 치르지 않고 바로 전쟁을 일으키다니 이를 효孝라고 말할 수 있습니까? 신하된 자로써 군주를 시해하려 하다니 이를 인仁이라고 말할 수 있습니까?"라고 하였다. 그러자 무왕 좌우에 있던 시위侍衛들이 그들의 목을 치려고 하였다. 이때 태공망太公望이 "이들은 의인들이다"라고 하며, 그들을 보호하여 돌려보내주었다. 그후 무왕이 은란殷亂을 평정한 뒤, 천하는 주周 왕실을 종주로 섬겼지만 백이와 숙제는 주나라의 백성이 되는 것을 치욕으로 여기고, 지조를 지켜 주나라의 양식을 먹으려 하지 않고, 수양산에 은거하여 고사리를 꺾어 이것으로 배를 채웠으나 결국 굶어죽고 말았다.

사마천은 유교의 핵심인 효와 인을 내세워, 폭군인 은나라 주왕을 치러가는 주 무왕을 막아서는 백이숙제의 형상을 그려내고 있다. 이에 대해 박지원은 "백이가 무왕에게 충고한 사실은 경서經書에 나타나 있지 않다. 이것은 제나라 동쪽 시골 사람들의 말인데 사마천이 취하여 역사적인 사실로 만들었으니 이는 믿을 것이 못 된다"[1]고 말한다. 다시 말해 박지원은 사마천의 기록을 그다지 신뢰하지 않았던 것이다.

중국의 경우 백이에 관해 사마천 「백이열전」의 영향력이 크긴 하지만 여불위가 편찬한 『여씨춘추呂氏春秋』나 송대 왕안석의 「백이론伯夷論」 등은 「백이열전」과 맥락을 달리하는 해석을 시도하고 있기도 하다. 뿐만 아니라 청 초 애납거사의 『두붕한화』 제7칙 「수양산숙제변절」에서는 절의의 상징인 숙제가 변절해 수양산을 내려오기도 한다. 또 루쉰의 『고사신편』 「채미」에서는 백이와 숙제를 세상 물정 모르는 고루한 늙은이로 철저하게 조롱하는 등 사마천의 「백이열전」과 궤를 달리하는 흐름이 나오기도 한다.[2] 그러나 조선의 경우 박지원 정도를 제외하고는 「백이열전」의 흐름을 거스르는 백이 형상은 잘 보이지 않는다.

이제묘를 방문하고 개탄하다

연행록에 보이는 백이숙제 이미지도 기본적으로 큰 차이를 보이지 않는다. 바로 『사기』에 보이는 불사이군不事二君, 절의를 지킨 이미지에서 벗어나지 않는 것이다. 1594년 연행을 갔던 허봉은 『조천기』 1574년 9월 13일자에서 이제묘에 대해 자세히 설명한다. 그는 "강 가운데 섬이 엉켜

있고, 파도가 맑아서 아득하고 심원한 기상이 있었으니 정말 관내關內에
서는 기절奇絶한 지역"이라며 "묘문에 이르러 조금 쉬었다가 정당正堂에
올라가 재배의 예를 행하고 우러르면서 돌이켜 생각해보니 심신이 상쾌
하였다"면서 백이숙제를 높인다.

1624년 인조 즉위에 대한 고명誥命과 면복을 주청하려고 북경에 갔던
홍익한은 당시 후금이 점령하던 요동 지역을 피하느라 바다를 통해 산
동山東 등주登州에 상륙한다. 그가 저술한 『화포항해조천록花浦朝天航海錄』
1624년 9월 19일자에는 다음과 같은 내용이 나온다.

청성淸聖의 남은 자취를 지나게 되니 이런 생각이 든다. '어찌 돌아가지
않으리요' 하고는 은殷의 주왕紂王을 피하여 숨어 있다가 주周 문왕文王
이 죽고 주 무왕이 은나라를 치매 말 머리를 두드리며 간한 절개는 천
추에 늠름한데, 외로운 산은 말이 없고 향화香火조차 끊어졌으니, 아, 슬
프도다!3

동북 지역이 아니라 산동 지역을 거쳐 북경에 감에도 그는 "청성", 즉
백이와 연관된 곳을 지나게 되자 자신이 느낀 슬픔을 술회한다.

청 초에 이르면 당시 조선과 중국의 상황과 연관지어 이제묘를 서술
하는 기록이 나온다. 1656년 북경을 방문한 인평대군의 『연도기행』 중
「일록」 1656년 9월 16일자에는 다음과 같은 내용이 나온다.

남쪽 기둥 동쪽에 또 비석 하나가 있는데, 이는 곧 중수기重修記로서 위
에 '만고유방萬古流芳'이라 썼으니, 순치 때 세운 것이다. 정전正殿 패루 가
두 정자에 제영한 것은 이루 다 기록할 수가 없다. 묘를 지키던 수재秀才

가 옛날에는 있더니 지금은 없어서 오랫동안 수리하지 않았다. 전무殿廡 주변과 집 뒤 정자와 비각은 거의 모두 무너져서 소나무와 삼목만이 적막하고, 옛길에는 이끼만 나고 있었다. 백이숙제의 고향이 만일 몇 해만 그대로 지나면 장차 황무지가 될 지경이었다. 그러나 유독 지주정砥柱亭만은 풍경이 몹시 좋아서 유람하는 자가 많았다. 그래서 능히 새롭게 손질될 수가 있었다.

그 형승으로 말하면, 장성이 북으로 감고 있어 형세가 마치 구름과 연한 것 같고, 난수灤水는 남으로 흘러 사당 뒤로 돈다. 물 맑고 모래 흰데 물오리와 기러기떼 우짖고, 산봉우리는 수려한데 단풍이 무르익고 있으니, 이는 필시 기성畿城 동쪽의 제일강산이렷다. 이미 청성묘를 참배하고 또 좋은 경치를 보니, 세상 걱정이 갑자기 없어지고 만사가 구름과 같았다. 맹자가 이른바, '나약한 자가 뜻을 세우고 완악한 자가 청렴해진다〔懦夫立頑夫廉〕'는 말을 참으로 증험할 수 있었다. (⋯)

못나고 어리석은 백성은 말할 것도 없거니와, 일찍이 황도皇都의 금원禁苑을 구경했을 때, 불우佛宇와 도관道觀이 여기저기 많이 늘어 있었다. 옛사람이 이른바, '위에 좋아하는 자가 있으면 아래 반드시 보다 더 심한 자가 있다〔上有好者下必有甚焉者〕'는 말이 참으로 나를 속인 것이 아니었도다. 큰 성이나 큰 부府에는 곳곳에 모두 불사佛祠를 세웠고, 비록 황폐한 마을이나 외딴 마을에도 모두 절을 세웠다. 그 때문에 종일 가는 먼 길에 계속 눈에 띄어, 없는 곳이 없으니, 대명大明이 망한 것이 어찌 여기에 원인이 없다고 할 수 있으랴?[4]

인평대군은 위 인용문 앞부분에서 청성묘에 대해 아주 자세하게 묘사한다. 이러한 상황은 명대 이곳을 지나쳤던 최부, 허봉, 권협 등과 다른 상황이다. 명의 멸망과 청의 건국, 그리고 칭신을 해야 하는 조선의 입장 등을 생각하면 은나라 주왕을 치러 가는 주 무왕을 막아섰다 결국 수양산에 들어가 굶어 죽은 백이와 숙제에 대해 여러 생각이 들었을 것이다. 그는 "백이숙제의 고향이 만일 몇 해만 그대로 지나면 장차 황무지가 될 지경이었다"며 백이숙제의 고향이 관리되고 있지 않음을 한탄한다. 청나라에 대한 무의식적인 반감이 이 글귀에 담겨 있다. 정권을 찬탈한 청이 백이숙제를 떠받들 리 없기에 그들의 고향이 제대로 관리도 안 되고 있고, 또 몇 년이 지나면 이곳은 황무지가 되어버릴 것이라며 간접적으로 청을 비판하는 것이다. 다만 지주정은 경치가 좋은 곳이기에 유람하는 자가 많아 손질될 수 있었다고 하면서 이곳이 가꿔진 이유는 청조가 백이숙제를 존숭해서가 아니라 경치가 좋아서라며 간접적으로 청을 비난한다.

한편 인평대군은 여러 가지로 마음이 복잡했지만 '청성묘'에 참배하고서 세상 걱정이 사라짐을 느낀다. 게다가 좋은 경치를 보니 금상첨화였던 것이다. 인평대군은 "맹자가 이른바, '나약한 자가 뜻을 세우고 완악한 자가 청렴해진다'는 말을 참으로 증험할 수 있었다"며 이제묘 참배에 큰 의미를 둔다. 즉, 자신은 비록 겉으로 청에 어쩔 수 없이 고개를 숙이지만 마음만은 여전히 명을 따른다는 뜻을 밝혔던 것이다.

마지막으로 그는 망해버린 명조에 대한 아쉬움을 근처에 보이는 불교 사찰과 연결시킨다. 인평대군은 "큰 성이나 큰 부에는 곳곳에 모두 불사를 세웠고, 비록 황폐한 마을이나 외딴 마을에도 모두 절을 세웠다. 그 때문에 종일 가는 먼 길에 계속 눈에 띄어, 없는 곳이 없으니, 대명이 망한 것이 어찌 여기에 원인이 없다고 할 수 있으랴?"라고 한탄한다. 조선에 있어 명조의 멸망은 하늘이 무너지는 것과 같은 충격이었던 것이다.

이에 명조의 멸망은 어떻게든 합리화돼야 했고, 그 합리화에 이용된 것이 바로 불교 사찰이다. 성리학을 국가 이데올로기로 삼았던 조선 입장에서 불교는 이단이었고, 중국에서 이단인 불교가 성행하는 건 이해가 되지 않았다. 이에 명조 멸망의 한 원인으로 불교 사찰의 번성을 들었던 것이다. 그러나 여기에는 논리적인 모순이 따른다. 그렇다면 멸망한 명에 이어 자리잡은 청은 불교를 억압하고, 또 불교 사찰도 없애야 하는데 사찰은 "종일 가는 먼 길에 계속 눈에 띄어, 없는 곳이 없"었기 때문이다.

18세기 초의 담담한 이제묘 서술

18세기에 이르러서도 조선 사신들의 이제묘 참관과 배례는 계속 이어진다. 다만 약간의 변화는 인평대군처럼 자기 감정을 풀어내지 않는다는 것이다. 1712년 연경을 방문한 최덕중과 김창업의 『연행록』과 『연행일기』를 보면 이제묘와 관련해 상세하게 묘사하고 있는 것을 볼 수 있다. 그러나 최덕중만이 그의 『연행록』 1712년 12월 21일자에서 "섬 안에 사당 하나가 있는데, 여기에는 고죽군孤竹君의 소상이 있었다. 흰 수염에 아름다운 모습인데, 반은 벌써 퇴락되어 새 발자국이 어지러웠으며, 역시 면류관 차림이었으나 극히 비창悲愴하였다"며 자신의 심회를 간략하게 서술할 뿐이다.

김창업은 이제묘와 관련된 비석, 시, 대련 등만을 소개할 뿐 자신의 감정을 드러내지 않고 있다. 김창업 역시 그의 『연행일기』 1712년 12월 21일자에서 "고죽묘孤竹廟에 이르니, 사당은 황폐하여 문은 기울어 넘어졌고 담도 무너졌는데, 고죽군의 소상만이 엄연히 앉아 있고 탁자 위에는 박쥐 똥이 수북하였다"며 최덕중과 비슷하게 묘사를 한다. 김창업은 충절과 관련하여 자신의 감정을 전혀 드러내지 않는다. 그러나 이제묘에서

강세황, 〈이제묘도〉, 통도사 성보박물관.

고사리 국을 끓이는 행위에는 논평을 한다. 그는 "이곳에 오면 주방에서 마른 고사리로 국을 끓이는 것이 상례인데 이날도 역시 예외가 아니어서 우스웠다"며 고사리 국 끓여먹는 행위를 우스운 행위라고 보고 있다. 이것이 김창업이 이제묘에 와서 드러낸 유일한 감정 표현이다.

하산하는 백이숙제를 언급하는 18세기 중엽의 기록

18세기 중엽의 연행록에도 이제묘 관련 기록들이 나온다. 그중 홍대용은 이제묘에 대해 비교적 자세하게 묘사한다. 여기서 그는 몇 가지 소식을 알려주는데 "최근 황제가 관동으로 행차"를 하여 이제묘를 새롭게 꾸미며 "전에 비하면 훨씬 더 엄숙하고 정돈되어 있다"고 말한다. 더불어 "강희 때부터 애써 옛것을 찾고 문을 숭상하며 스스로 그걸로 가풍을 삼으려고 하던 노력이 엿보"인다며 청조가 이제묘를 중수하고 문을 숭상하는 점을 높이 산다. 더불어 "지금 세상에 이 같은 문화를 가지고도 국내가 태평한 걸 보면 그의 재주와 역량이 남달리 뛰어난 것으로 여겨진다"며 청조가 문화를 갖춘 왕조라는 것을 인정한다. 그러나 그 역시 이제묘에 도착해 백이숙제에 대한 자신의 감상을 드러내지는 않는다. 다만 "사당 앞에 두어 길 높이의 조그만 언덕이 있는데, 우리나라 사람들은 망령되이 그걸 수양산"으로 부른다며 조선 사행단들이 "조그만 언덕"을 "수양산"이라고 부르는 것을 부정적으로 평가한다. 그리고 일 벌이기 좋아하는 사람들이 마른 고사리를 가지고 가 삶아내어 일행에게 바치는 것을 상례로 한다고 설명할 뿐이다.[5]

또 1777년 북경을 방문했던 이갑은 백이숙제와 관련해 흥미로운 내용과 시를 소개한다.

전쟁이 나면 한군漢軍을 선봉에 몰아 반드시 죽을 땅에 두고, 싸움에 이기면 한군의 상賞은 가장 박하다. 기타 모든 일에 있어서 그렇지 않은 것이 없으니 한인이 어떻게 그들에게 심복하겠는가? 들으니, 순치 초년에 한인이 머리 깎는 일을 싫어하여, 온 집안이 의義를 따라 거절하거나 문을 막고 종신토록 가까운 친척도 보지 않았으며, 혹은 바다로 도망하고, 혹은 산으로 숨어, 슬프고 애절한 일이 많았다 한다. 생각건대, 당시에 청 세조에게 귀복歸復하는 자를 사람들은 반드시 준엄하게 배척하였을 것이다.

그러나 시간이 지나가니, 당초 의리를 지키던 선비도 혹 처음엔 깨끗했지만 뒤에는 더러워진 자가 많았었다. 그래서, "서산 고사리를 다 먹어 치우더니만, 하루아침에 이제가 산을 내려왔네〔西山薇蕨喫精光 一朝夷齊下山來〕"라는 시를 지어 조롱한 이가 있었는데, 우통尤侗은 또 '서산이문西山移文'을 지었었다. 우통은 본래 명나라 말년의 명사인데, 여러 번 응시하여 합격하지 못하다가 순치가 강남에 내려오던 초년에 곧 과거에 응했던 사람이다. 따라서 이 때문에 당시 배척을 당하였기 때문에 이것을 지어 헐뜯은 것이 아닌가 싶다. 또 들으니, 갑신 이후에 조정에서 벼슬한 자로서 구차하게 남아 있는 자들은 일체 '실절'로 논하였는데, 다만 부모 때문에 굴한 자는 혹 용서했다고 한다. 그러나 문자로 쓴 문장 중에는 가끔 명나라 때의 일을 헐뜯은 것이 또한 많았다. 시대의 변화와 문물이 바뀌어짐에 있어서는 아닌 게 아니라 과거를 돌이켜보며, 하늘을 우러러 감개 비탄하지 않을 수 없어, 보는 자로 하여금 눈물이 나게 한다. 강남의 경물은 비록 예와 같지만 어떻게 지난날의 일을 볼 수가 있겠는가. 우통 같은 자는 제일 먼저 청인에게 붙고 강희에게 인정을 받아 영광과 총애가 지극하였었다. 그래서 그 문집에는 청인을 찬양

한 말이 많으나, 명나라 말년 사람의 비문碑文을 짓는 데는 청나라 조정
에서 추증한 것을 영광으로 여기지 않았다. (…)
강희가 명나라 사기를 편수하기 위해 산림에서 강학하는 선비를 초빙
하여 함께 이를 편집하게 하였을 때도 강남의 선비들은 또한 즐겨 나오
지 않았었다 한다. 이것으로 본다면 선비들의 사론士論은 아직도 다 죽
지 않은 것인가?"[6]

이갑은 여기서 청 초에 한족들이 명을 배신하고 조정에 나아간 상황
에 대해 설명한다. 특히 "서산 고사리를 다 먹어치우더니만, 하루아침에
이제가 산을 내려왔네"라고 한 구절은 백이숙제처럼 고상한 척하다가
배고프고, 형편이 어렵게 되자 하루아침에 명을 배신하고 수양산에서 내
려와 청에 가담한 자들을 풍자한 것이다. 이러한 상황은 청 초 애납거사
의 소설『두붕한화』제7칙「수양산숙제변절」에도 보인다. 이 소설은 수
양산에 들어간 숙제가 변절해 하산하는 줄거리로 구성돼 있지만 숙제의
변절을 변호하는 측면도 있다.[7] 더불어 "강희가 명나라 사기를 편수하기
위해 산림에서 강학하는 선비를 초빙하여 함께 이를 편집하게 하였을
때"란 바로 강희제 때의 박학홍사과博學鴻詞科 실시를 의미한다. 박학홍사
과란 박학굉사博學宏辭·사학겸무詞學兼茂, 줄여서 박홍이라고도 한다. 기
원은 북송의 굉사과宏詞科, 남송의 박학굉사과博學宏詞科이며, 박학홍사란
학문에 박식하고 문장에도 웅대하다는 뜻이다. 청나라는 건국 초에 명나
라의 유신 및 청의 중국 지배를 지지하지 않는 한인 학자들을 회유하려
고 강희 18년1679과 건륭 1년1736 2회에 걸쳐 이를 성대히 실시했다. 이
덕무의『청장관전서靑莊館全書』를 보면 다음과 같이 내용이 나온다.

청나라가 이미 외국의 처지로서 중국에 들어갔으므로 명나라의 유민들은 혹 마음속으로 복종하지 않는 자가 있었다. 그러자 강희는 그들의 어지러운 의논이 인심을 선동하거나 또는 글을 저술하여 조롱할까 염려하게 되었다. 그리하여 박학홍사과를 설치하고 천하의 숙유들을 억지로 모아 50인을 선발하여 모두다 한림원 검토翰林院檢討 벼슬에 제배시킴으로써 비방을 막았고, 따라서 천하를 다스려나갈 방법을 얻을 수 있었다. (…) 상이 교지를 내려 합격된 사람을 모두 한림관翰林官으로 삼았다. 그중에서 두월杜越과 부산傅山·왕방곡王方穀 등은 문학이 본디 뛰어났으며, 나이도 많음을 생각하여 우대하는 예를 따라 직함을 더해주어서 은혜를 입은 영광을 보여주기도 하였다.

그리고 이미 벼슬한 자는 강독궁방편수講讀宮坊編修 등에 제수하였고, 벼슬하지 못한 자는 대개 검토에 제수하여 모두 사관관史館官으로 보충해서『명사明史』를 찬수하게 하였다.**8**

명나라 유신遺臣들 입장에서 '오랑캐'의 왕조인 청에 입사入仕하는 것은 변절에 해당했다. 이에 강희 황제는 명의 유신들을 청조에 끌어들이고자 박학홍사과를 설치했다. 이를 통해 명 말 유신들이 인심을 선동하거나 비방하는 일을 막으려 했던 것이다. 명 말 유신들의 경우 제대로 된『명사』를 편찬하고자 지조를 굽히고 고민 끝에 박학홍사과에 참여했다고도 한다. 앞에서 본 인용문에서 이갑은 "강희가 명나라 사기를 편수하기 위해 산림에서 강학하는 선비를 초빙하여 함께 이를 편집하게 하였을 때도 강남의 선비들은 또한 즐겨 나오지 않았다 한다"고 기록했다. 대부분의 조선 사대부처럼 이갑은 청의 중국 지배를 부정적으로 여겼다. 그러나 북경 등지에서 만난 중국 지식인 중 청을 부정적으로 언급하는 자는 많지 않았다. 이갑은 근거도 없이 강남의 선비들이 지조를 지키며 청의 입사를 거부했을 것이라며 자신의 바람을 연행록에 남겼던 것이다. 이갑은 또 북방의 풍속이 전통 주자학적 예절을 따르지 않음을 한탄하며, 강남에는 주문공의 가례家禮를 행하는 자가 많다고 들었다면서 상상 속의 강남 이미지를 만들어내기도 한다.9 그러나 현실은 이와 정반대였다. 박학홍사과는 사실 강남의 학자들을 회유하려는 게 주요 목적이었다. 두 차례에 걸쳐 시행된 박학홍사과에 합격한 이들을 출신 지역별로 종합하면, 강남 출신이 32명, 절강 출신이 21명, 순천부와 직례부가 6명, 강서 출신이 3명, 산동 출신이 2명이었다고 한다. 비록 이 통계가 아주 정확하지는 않지만 강남, 절강 출신을 합쳐 대부분이 강남 지역 출신이라는 것을 알 수 있다.10

백이 고사를 희화화하는 『열하일기』 속 기록

박지원도 『열하일기』「관내정사關內程史」편에 「이제묘기」를 수록하고 있는데 수양산과 이제묘를 간단하게 묘사한 뒤 그곳에 있는 주련柱聯의 글귀 등을 소개하고 있다. 더불어 수양산의 위치가 어디인지 고증을 시도하고, 수양산이 조선에 있었을 가능성도 제기한다.

박지원은 또 「관내정사」 7월 27일자에서 이제묘와 관련한 재미있는 일화를 소개한다.

어제 이제묘 안에서 점심 먹을 때 고사리 넣은 닭찜이 나왔는데, 맛이 매우 좋고 또 길에서 변변한 음식을 먹지 못한 끝이라 별안간 입맛이 당기는 대로 달게 먹었으나, 그것이 구례舊例인 줄은 몰랐다. 오후에 길에서 소나기를 만나서 겉은 춥고 속은 막히어 먹은 것이 내려가지 않고 가슴에 그득히 체하여, 한번 트림을 하면 고사리 냄새가 목을 찌르는 듯하여 생강차를 마셔도 속이 오히려 편하지 않았다.

"이 한창 가을에 철 아닌 고사리를 주방은 어디서 구해 왔는고" 하고 물었더니, 옆에 사람이 말하기를, "이제묘에서 점심 참을 대는 것이 준례가 되어 있사오며, 또 사시를 막론하고 여기서는 반드시 고사리를 먹는 법이옵기에 주방이 우리나라에서 마른 고사리를 미리 준비해 가져와 여기에서 국을 끓여서 일행을 먹이는 것이 이젠 벌써 하나의 고사로되었답니다. 10여 년 전에 건량청乾糧廳이 이를 잊어버리고는 갖고 오지 않아서 이곳에 이르자 궐공闕供되었으므로, 건량관乾糧官이 서장관에게 매를 맞고 물가에 앉아서 통곡하면서 푸념하기를, '백이숙제, 백이숙제야. 나하고 무슨 원수냐. 나하고 무슨 원수냐'라고 하였답니다. 소인의 소견으로는 고사리가 고기만 못하며, 또 듣자온즉 백이 등은 고사리를 뜯어먹고 굶어죽었다 하오니, 고사리는 참 사람 죽이는 독물인가하옵니다" 하니, 여러 사람들이 모두 허리를 잡았다. 태휘太輝란 자는 노참봉의 마두인데 초행일뿐더러 위인이 경망해서, 조장棗庄을 지나다가 대추나무가 비바람에 꺾이어 담 밖에 넘어진 것을 보고는, 그 풋열매를 따먹고 배앓이로 설사가 멎지 않아서, 한창 속이 허하고 몸이 달고 마음이 답답하고 목이 타는 듯하다가, 급기야 고사리 독이 사람 죽인다는 말을 듣고 큰 소리로 몸부림치면서, "아이고, 백이숙채가 사람 죽이네. 백이숙채가 사람 죽인다" 하니, 숙제叔齊와 숙채熟菜, 삶은 나물가 음이 서로 비슷한지라, 또한 당에 가득한 사람들이 깔깔거리고 웃었다.[11]

위 인용문을 보면 백이숙제의 절의를 강조하는 것이 아니라 이제묘에 가면 항상 백이숙제를 기려 고사리 넣은 음식 하는 관례를 교묘하게 비꼬고 있다. 또 이런 관례가 있는데 고사리를 준비해 오지 않은 건량관이 매를 맞고는 "백이숙제, 백이숙제야. 나하고 무슨 원수냐. 나하고 무슨 원수냐"라 했다는 일화를 들어 좌중 사람들이 모두 웃었다. 이를 잘못 들은 마두 한 명이 고사리 독이 사람 죽인다는 말을 듣고 큰 소리로 몸부림치면서, "아이고, 백이숙채가 사람 죽이네. 백이숙채가 사람 죽인다"고 했다면서 백이숙제가 누군지도 잘 모르는 하인 한 명을 등장시켜 "당에 가득한 사람들"을 웃게 만들고 있다. 신성한 이제묘에서 고사리와 숙제를 화제에 올려 웃음거리로 만들었으니 불경스러운 짓이 아닐 수 없다.

논리적 추론을 시도하는 19세기 연행록

19세기 들어와서도 조선 사신들은 계속해서 이제묘를 참관한다. 대부분의 연행록에서 이제묘에 대해 자세히 서술하고 있지만 작가가 자기 감정을 드러내는 경우는 그다지 많지 않다. 그중 1803년 연행을 갔던 이해응의 『계산기정』에 흥미로운 단락이 있어 소개한다.

두 소상塑像이 어깨를 나란히 하여 앉아 있어 동쪽 것은 백이이고 서쪽 것은 숙제인데 그 형상이 너무도 같으나 다만 백이의 형상이 조금 여위고 굳세다. 다 같이 면류관冕에 곤룡포를 입고 홀笏을 꽂아 모두 왕자의 형상이다.
대개 은나라의 관은 '후冔'라 하고 주나라의 관은 '면冕'이라 하는데, 백이숙제가 후를 쓰지 아니하고 면을 썼으니 참으로 그 까닭을 알 수 없는 일이다. (…)
대개 사당 남쪽을 '수양산'이라고 이름한 것이 꼭 믿을 수 없으므로 포좌蒲左니 농서隴西니 하는 어구가 있는 것이나, 세상에서 고죽성孤竹城은 곧 고죽 나라의 도읍을 세웠던 땅이라고 전해져온다.

백이숙제가 의리로 주나라 곡식을 먹지 않고 굶주려 죽는 것을 스스로
편안한 도리로 여겼다면, 몸을 이끌고 도망하여 숨기를 오히려 깊이 하
지 못할까 두려워하였을 것인데, 하필이면 도로 이미 사양했던 나라 도
성으로 돌아왔겠는가? 또한 더구나 막내가 나라 임금이 되었는데 앉아
서 두 형이 굶주려 죽는 것 보기를 그와 같이 태연히 하였겠는가? 이 산
이 수양산이 아님은, 분별하여 설명하기를 기다리지 않고도 분명한 것
이다.[12]

이해응은 위 글에서 우선 은나라를 섬기기 위해 주나라를 떠나 수양
산에 들어가 굶어 죽은 백이숙제가 주나라의 면류관을 쓰고 있다는 아
이러니한 상황을 지적한다. 백이숙제를 높인다면 당연히 은나라의 '후'
를 씌워야지 싫다고 떠난 주나라의 '면'을 씌우냐는 비판이다. 그리고 우
리 사신들이 방문하던 수양산이 백이숙제가 있던 수양산이 아닐 가능성
을 제기한다. 나름 합리적인 추론과 함께 말이다. 『사기』 「백이열전」에
의하면 백이와 숙제가 서로 양보하다 떠난 고죽국에서 왕이 '둘째'를 세
운다고 돼 있다. 그런데 이해응은 착각을 했는지 막내가 물려받았다고
한다. 둘째가 됐든 막내가 됐든 형제가 왕으로 있는 나라에서 그 둘을 굶
어 죽게 내버려둘 수 없었을 것이라는 나름의 논리를 펴면서 말이다.

성인에서 고증의 대상으로

백이숙제는 전통 왕조 사회에서 성인으로 추앙받는 인물들이었다. 폭
군인 주왕을 치러 가는 주 무왕에게조차 "신하된 자로써 군주를 시해하
려 하다니 이를 인이라고 말할 수 있습니까?"라고 한 『사기』 「백이열전」

의 구절은 봉건 통치자들에게 큰 도움이 되는 구절이었다. 통치자가 조금 잘못했다 하더라도 폭군인 주왕 보다 못하지는 않았을 것이고, 누군가가 쿠데타를 시도한다 하더라도 '주 무왕'보다 훌륭하지는 못했을 것이다. 아무리 못난 통치자가 지배하는 세상이라 하더라도, 또 아무리 훌륭한 명분을 가진 혁명 상황이라 하더라도 신하는 임금을 시해할 수 없다는 이데올로기를 「백이열전」속 백이숙제가 강조하고 있던 것이다. 다시 말해 자신의 정권과 왕권을 유지하고자 『사기』 「백이열전」에 나오는 백이숙제를 선전하고 홍보하는 일은 당시 통치자들 입장에서 당연했고, 또 필요한 일이었다. 그러나 『여씨춘추』에 보이는 백이숙제는 주 무왕이 "어지러움으로써 폭력을 바꾸었기에以亂易暴" 수양산으로 간 것이다. 과연 무엇이 진짜 백이숙제의 모습인지 모르지만 결국 살아남은 백이숙제 이미지는 『사기』에 보이는 이미지다. 그것이 힘을 가진 통치자에게 유리한 이미지였기 때문이다.

2부

북경 이미지

중국 사람이 생각한 북경과
조선 기록 속 북경 이미지

/

비분강개에서 여유로, 북경 이미지의 변화

현대에는 '북경'하면 떠오르는 이미지로 '경유자京油子'를 들 수 있을 것이다. 말 그대로 기름을 친 듯 유들유들하다 하여 '북경 유들이', 혹은 '북경 뺀질이' 정도로 해석할 수 있다. 이와 더불어 '감대산砍大山', 즉 '큰 산을 쪼갤' 만큼 오랜 시간 동안 잡담이나 하며 시간을 보낸다는 이미지도 있고, '마대합馬大哈', 즉 '마마호호馬馬虎虎, 대충대충', '대대열렬大大咧咧, 건성건성', '희희합합嘻嘻哈哈, 히죽히죽' 역시 북경을 대표하는 이미지다. 수백 년 동안 수도의 지위를 차지했던 북경이기에 생활에 여유가 넘쳐 이러한 이미지가 형성된 것으로 보인다. 그러나 북경 지역이 원래부터 이런 이미지를 지녔던 건 아니다. 춘추전국 시기 연나라의 이미지는 이와 달랐다. '비분강개' '강인한 기상' '불굴의 의지' 등 현대의 여유로운 이미지와는 다른 이미지였다. 아무래도 고대에는 중심이 아닌 변방이었기에 이런 강한 이미지가 자리잡았던 것으로 여겨진다. 그리고 이러한 이미지들은 『사기』 등에 언급된 연나라 태자 단丹과 관련된 작품들로 인해 더 굳어진다. 형가荊軻는 단의 부탁을 받고 역수를 건너 진시황을 암살하러 떠난다. 이를 묘사한 것이 「도역수가渡易水歌」다.

바람이 소슬 부니 역수는 차갑고,　　　　　　　　風蕭蕭兮易水寒
장사 한번 떠나면 돌아오지 않네.　　　　　　　　壯士一去兮不復還

사마천은 「도역수가」를 일러 "우성강개羽聲慷慨"라 칭했다. '우성'은 중국의 전통 음계 오음 중 가장 높은 음이기에 우성강개란 가장 강한 톤의 비장함을 가리킨다. 이처럼 연나라, 즉 북경 지역의 이미지는 예로부터 비분강개로 대변됐다. 이러한 이미지는 당대唐代에 이르러서도 변하지 않았다. 당 낙빈왕駱賓王의 시 「우역수송인于易水送人」에는 다음과 같은 내용이 있다.

이곳은 연단자와 이별한 곳,　　　　　　　　　　此地別燕丹
장사의 머리 관을 뚫었다네.　　　　　　　　　　壯士髮衝冠
옛 사람 이미 사라졌지만,　　　　　　　　　　　昔時人已沒
오늘날에도 물은 여전히 차갑다네.　　　　　　　今日水猶寒

이 시 역시 연 지역을 '장사' '머리가 관을 뚫다(髮衝冠)' '차가운 물(水寒)' 등의 이미지로 그리고 있다. 이는 당시 주변부에 머물러 있던 연나라의 변방 이미지를 충실하게 반영한 것이다.

그러나 실제 연나라의 경우 역사 기록에서는 강한 측면보다 약한 부분이 더 많이 언급된다. 『한비자』「오두五蠹」편을 보면 다음과 같은 내용이 나온다.

국가가 강해지는 것을 밖에서 구해서는 안 되고, 안의 정치가 잘 다스려져야 한다. 안에서 법술이 잘 시행되고 있지 않으면서 외교적인 수단만을 활용한다면 강해질 수 없는 것이다. 속담에 "소매가 길면 춤을 잘 추는 것처럼 보이고, 돈이 많으면 장사를 잘한다"라는 말이 있다. 이는 자본이 많으면 일을 쉽게 할 수 있다는 의미이다. 때문에 강성한 나라에서는 일을 도모하기 쉽고, 혼란하고 약한 나라에서는 일을 도모하기 어렵다. 이에 강력한 진나라에서 일을 하는 자는 열 번씩이나 계획을 바꾸어 일을 도모해도 실패하는 경우가 적음에 반해, 약한 연나라에서는 한 번만 계획을 바꾸어도 성공하기가 힘든 것이다. 이는 진나라에서 일하는 사람이 지혜로워서도 아니고, 연나라에서 일하는 사람이 반드시 어리석어서 그런 것도 아니다. 대저 다스려지고 어지러운 차이로 이러한 현상이 나타나는 것이다.[1]

당시 연나라가 비록 전국칠웅 중 한 나라이긴 했으나 위의 인용문에서처럼 상대적으로 약한 나라로 묘사되는 상황이 자주 나온다. 그런데 어떻게 조선 사람의 뇌리에는 강하고 기상 높은 연나라라는 이미지가 박힐 수 있었는지 흥미롭다. 아무래도 연 태자 단과 형가 이야기가 이러한 이미지를 만드는 데 일조한 것 같다. 이런 이미지는 조선 사신의 연행록에서도 쉽게 발견할 수 있다.

연 땅은 형세 좋고 기름져 주周·한漢 이래로 다른 주州들과는 다르며,

또 그 풍속이 비가강개하고 추매격자椎埋擊刺하되 신의를 숭상하고 승낙한 일을 실천하기를 귀중히 여겼으며, 또 발해渤海·갈석碣石 사이의 한 도회都會인 까닭에 포부가 큰 선비가 흔히 여기에 여행하기를 바랐습니다.²

위 인용문을 통해 슬픈 노래를 부르며 개탄하는〔悲歌慷慨〕연의 격정적 이미지와 몽둥이로 사람을 때려 파묻어버리거나 창과 칼로 치고 찌를 정도로〔椎埋擊刺〕난폭한 이미지가 조선에까지 퍼져 있었음을 알 수 있다. 그러나 이런 거칠고 난폭한 이미지는 원나라의 수도가 되면서 달라진다. 우리가 알고 있는 마르코 폴로의 『동방견문록』에 묘사된 기록 외에도 원대 황중문黃仲文은 다음과 같이 대도大都, 즉 북경을 묘사한다.

이곳에는 비단옷 입은 자들뿐, 세상의 진기한 보물들 다 모여 있고, 노래 부르는 공연장과 춤추는 정자에 천하의 아리따운 아가씨들 선발해 왔지.³

위의 인용문처럼 그는 대도의 화려함을 찬양한다. 원대 살천석薩天錫의「연희곡燕姬曲」등을 보더라도 연 지역이 삭막하고 힘든 지역이라는 이미지와 거리가 있음을 알 수 있다. 결국 수도의 권력을 갖게 되자 그 이미지 역시 화려하게 바뀌었음을 볼 수 있다.

북경은 원대 이후 수도가 되면서 변방에서 중심으로 자리잡게 됐다. 이로 인해 그 이미지에도 변화가 생긴다. 북경의 화려한 이미지는 중국 자체의 기록뿐 아니라 연행사들의 기록인 연행록에서도 쉽게 찾아볼 수 있다.

자금성

　연행사들이 두 달여의 노정을 거쳐 도착하는 최종 목적지는 북경이었다. 북경은 주 왕조 때 연나라로 칭해졌고, 도읍은 계성薊城이었다. 북경에서 멀지 않은 곳에 만리장성이 있었다는 사실이 상징하는 바처럼 북경은 전통적으로 중국의 북쪽 변방에 불과했다. 북경이 중국의 중심이 된 시점은 원나라가 북경을 수도로 삼아 대도라 부르면서부터다. 원나라의 쿠빌라이는 원래 금나라 도성의 옛터에 새 수도를 건립할 예정이었지만, 후에 지금의 중남해中南海 동쪽에 1267년부터 27년 동안 대도성大都城을 축조했다. 대도성은 배수 시설을 먼저 고려해 중국의 전통적인 도성 축조 방식에 따라 궁성, 황성, 외성으로 이루어진 3중 구조로 구축됐다.

　그러나 현재 우리가 볼 수 있는 북경성의 모습은 명나라 때 자리잡기 시작했다. 1368년 명을 세운 주원장은 북경이 아닌 남경에 수도를 세우고, 대도성을 '북쪽의 평안'이란 의미인 '북평北平'으로 개칭했다. 주원장은 그의 아들들을 곳곳에 분봉하는데, 그중 넷째 아들 주체朱棣, 1360~1424에게 북평을 분봉하고 연왕燕王이라 칭했다. 주원장 사망 후 장손인 주윤문朱允炆이 황위를 계승하게 되는데, 그가 명 혜제惠帝 건문제다. 건문제는 분봉된 삼촌들의 권력을 회수하기 시작했다. 이 과정에서 위협을 느낀 연왕 주체는 1399년 간신을 처벌한다는 명목으로 이른바 정난지역靖難之役을 일으켜 난징의 건문제를 선제공격하고 제위를 찬탈해 영락제로 즉위했다.

　쿠데타에 성공한 그는 자신의 근거지였던 북평으로 수도 이전을 감행하고, 영락 18년1420 황궁을 완성하고 자금성紫禁城이라 이름 붙인다. 자금성의 '자紫'는 별자리 자미원紫微垣에서 따온 말로,『송사·천문지宋史天文志』에는 다음과 같이 기록되어 있다. "자미원은 동쪽으로 여덟 개의 별이 늘어서 있고, 서쪽으로 일곱 개의 별이 늘어서 있다. 북두의 북쪽에서, 좌우로 둘러싸고 있으면서 돕고 보호하는 형상을 하고 있다. 또는 황제의 자리나 천자가 상주하는 곳을 일컫는다." 다시 말해 자미원은 하나의 별을 가리키는 것이 아니라 북극성을 중심으로 한 열다섯 개의 별로 이루어진 별자리를 의미한다. 북극성은 이동하지 않는 우주의 중심으로 여겨졌기에 하늘의 아들, 곧 천자이니 황제를 의미했다. 이 별들의 색깔이 '미자' 곧 자색을 띠었는데, 자색은 황제의 색이고 황제가 사는 곳은 '자궁紫宮' 또는 '자미궁紫微宮'으로 불렸던 것이다. 그래서 황궁의 담장 역시 붉은빛이 감도는 자색으로 칠했다.[4] 금禁은 일반인들은 출입할 수 없는 특별한 장소임을 나타내는 말이다. 즉 자금성은 황제가 머무는 금역禁域이란 의미다. 그리고 자금성의 북쪽에는 전 왕조의 기운을 억누르고자 인공산인 만세산萬歲山, 즉 현재의 경산景山을 축조했다.

청은 기본적으로 명의 북경성을 이어받았고, 강희제, 옹정제와 건륭제 때 북경성 서북쪽에 원명원圓明園, 창춘원暢春園, 이화원頤和園 등 대규모 정원을 조성했다.

대조적인 표해록과 연행록 속 북경 이미지

자금성 관련 기록은 연행록에 빠지지 않고 등장한다. 1488년 강남을 거쳐 북경에 도착한 최부는 일반적인 연행사와 달리 북경을 부정적으로 묘사한다.

북경은 곧 우虞나라 유주幽州의 땅인데, 주나라가 연燕·계薊의 분계로 삼았습니다. 후위後魏 북위北魏 이후로 오랑캐의 풍속이 이루어졌으며, 그후 요나라 때는 남경이 되고, 금나라 때는 중도中都가 되고, 원나라 때도 또한 대도가 되어, 이적의 군주가 서로 잇따라 도읍을 세웠으니, 그 민풍과 토속은 모두 오랑캐의 풍속을 물려받았던 것입니다.

지금 명나라가 옛날의 더러운 풍속을 깨끗이 씻어버리고 오랑캐 의복이 유행하던 지역으로 하여금 중화의 제도를 갖춘 의관을 입는 습속이 되도록 했으니, 조정 문물의 성대함에는 볼만한 점이 있었습니다.

그러나 그 여염의 사이에서는 도교와 불교를 숭상하고 유학은 숭상하지 않으며, 상고商賈만 직업으로 삼고 농사는 직업으로 삼지 않으며, 의복은 짧고 좁아 남녀 모두 제도가 같았으며, 음식은 누린내 나는 것을 먹고 존비가 그릇을 같이하여, 오랑캐의 남은 풍습이 없어지지 않았으니, 이것이 유감스러운 일이었습니다.

본 바에 의하면, 그 산은 초목이 아주 없고, 그 냇물은 더럽고, 그 땅은 모래 섞인 흙이 날려 일어나서 먼지가 하늘까지 가득 차고, 오곡은 풍성하지도 않으며, 그 사이에 인물의 많음과 누대의 웅장함과 시사市肆의 많은 것은 아마도 소주와 항주에 미치지 못할 듯하였으며, 그 성안의 수용품은 모두 남경과 소주, 항주로부터 왔습니다. 조정에서는 신등을 표류해 온 외국인으로 인정하여 문 지키는 관부館夫 유현劉顯 등을 시켜 신 등을 감시하게 하였는데, 상사上司의 명문 품첩明文稟帖, 사유를 밝힌 지령문서을 받들어 호환呼喚하는 것이 아니면 마음대로 객관에서 나가지 못하게 하고 또 놓아주기를 허가하지 않았습니다. 아행홍정꾼 및 호적戶籍 없는 무리들이 객관에 들어와서 친숙하게 교통하려는 까닭으로 유현은 엄중히 방제防制, 방호제지防護制止를 가하고, 또 역관이 없으므로 곧 장님과 귀머거리와 같았습니다. 그런 까닭으로 무릇 조정 일을 들어 알 길이 없었습니다.[5]

최부는 북경의 역사와 지역적 특성을 개략적으로 소개하면서, 북경에는 오랑캐의 유풍이 남아 있다고 비판한다. 북경은 원대 이전에 북쪽 '오랑캐'를 막는 최전선이었다. 더불어 남경을 세운 요나라나 대도를 세운 원나라 모두 이민족이었기에 이 지역 풍속이 오랑캐의 영향을 받아 더러웠다며 부정적으로 평가하고 있다. 비록 한족인 명이 이곳을 수도로 삼긴 했으나 민간에서는 도교와 불교를 숭상하고, 농업이 아닌 상업만을 직업으로 삼고, 존귀한 사람이나 비천한 사람이나 그릇을 같이 쓰는 점 등을 들어 비판하고 있다. 성리학의 나라 조선에서 온 최부의 입장에서는 도교와 불교가 흥성한 명나라의 수도가 이해되지 않았고, 또 아랫사람과 윗사람의 구별이 철저하지 않은 사회 분위기 역시 용납할 수 없었다. 자신이 우물 안 개구리였다는 것을 인정하기보다, 상대적으로 더 다양하고 평등한 명나라의 풍속을 '오랑캐의 풍속'이라며 비판했던 것이다.

도교와 불교가 성행한 중국을 비판하는 내용은 다른 연행록에서도 쉽게 찾아볼 수 있다. 그러나 북경에는 인물이 많지도 않고, 누대 등 건물도 웅장하지 않으며, 시장 역시 많지 않다고 하는 언급은 다른 연행록에서 쉽게 찾아 볼 수 없는 평가다. 이러한 평가가 나온 이유는 최부의 특별한 상황에 기인한 것이다. 북경을 방문한 대부분의 조선인은 동북 지역을 거쳐 북경에 입성한다. 대부분의 연행록을 보면 연행사들은 중국으로 들어서면서 중국이 다양한 방면에서 조선보다 화려하고 번화함에 감탄한다. 그리고 수도 북경에 도착해서는 풍부한 물산과 화려한 건물에 기가 질리는 경우가 대부분이다. 그러나 최부는 그러지 않았다. 왜일까? 이는 그가 표류로 인해 강남 지역을 거쳐왔기 때문이다. 북경이 비록 명의 수도로 정치적 중심이긴 했지만 물산의 풍부함과 문화의 흥성함은 강남 지역을 따를 수 없었다. 정조 때 중국으로 표류했다 강남 지역을 거쳐 조선으로 돌아온 이방익李邦翼 역시「표해가漂海歌」에서 북경이 강남의 화려함에 비하면 10분의 1도 되지 않는다고 한다. 이처럼 화려한 강남 지역을 경험한 조선인들은 북경의 번화함에 큰 감명을 받지 않는다.

　보통 조선 사신들은 요동벌, 산해관 등을 거쳐 북경에 도착했다. 조선 사신들은 조양문을 통해 북경에 들어오면서 북경의 번화함에 감탄했다. 강남을 거쳐왔던 사람과 강남에 가보지 못한 사람이 바라본 북경은 다를 수밖에 없었던 것이다.

조양문

북경에 들어서다

/

두 달여의 힘든 여정을 거쳐 조선 사신들은 드디어 북경성으로 들어왔다. 조선 사신들이 북경성을 들어올 때 이용하던 성문은 동쪽에 있던 조양문이었다. 이들은 조양문에 들어가기 전 동악묘東嶽廟에 들려 정식 관복으로 갈아입었다. 조양문으로 들어선다는 것은 일국의 사신이 정식으로 중국에 입성한다는 것을 의미하기에 정식 관복으로 갈아입고, 표문表文과 자문咨文을 받들고 행렬을 갖춰 들어갔던 것이다.

뇌물을 요구하던 명 말의 조양문 입성

일반적으로 중국에서는 각국의 외교 사절을 제대로 대우했다. 그러나 명 말 북경을 방문했던 김육金堉의 『조경일록朝京日錄』을 보면 어처구니없는 상황들이 발생함을 알 수 있다.

조양문에 이르니 환자宦者가 문을 지키고 있었는데 뇌물로 준 은이 적다는 이유로 들어갔다가 도로 쫓겨났다. 은 10냥을 써 보인 뒤에야 들어갈 수 있었다.[1]

외국의 정식 사신이 북경성으로 들어가는데도 환관이 조양문 앞에 지켜서서 뇌물을 받고 입성을 허락하고 있다. 오랜 여정을 거쳐 북경에 입성했으면, 상대 국가에서는 당연히 이들이 불편하지 않도록 배려해줘야 함에도 불구하고 그러기는커녕 입성료入城料를 요구한 것이다. 김육 일행은 이에 뇌물을 줬지만 뇌물이 부족하다며 성에 들어갔다 쫓겨나는 처지에 놓인다. 할 수 없이 은 10냥을 더 쓴 후에야 북경성 안으로 들어가게 된다. 어처구니없는 상황이 아닐 수 없다. 이는 명나라 말기의 부패한 사회와, 체계가 무너진 상황을 단적으로 보여준다. 김육 일행이 북경에 도착한 시기는 1636년 11월이다. 그리고 병자호란이 일어난 때는 1636년 12월이다. 당시 전통적인 동북 지역 사행로는 청이 장악하고 있어, 이들은 기존 사행로를 이용하지 못하고 배를 타고 중국 산동 등주를 거쳐 북경으로 향했다. 이 사행의 목적은 뚜렷하게 알려져 있지 않으나 군사적 도움을 요청하러 간 것으로 추정할 뿐이다. 이들은 병자호란이 발발하기 전인 1636년 6월 15일에 출발해 11월 5일에야 북경성에 도착했다. 보통 육로 사행으로는 두 달 정도가 걸렸는데 그 두 배 이상인 다섯 달 가까운 시간을 들여 북경에 도착한 것이다. 그런데 부패할 대로 부패한 명나라 관리들은 어디서나 뇌물을 요구했고, 위의 기록에서 알 수 있듯 북경성에 입성하는 정식 사신들마저도 뇌물이 적다고 김육 일행을 성밖으로 쫓아내기까지 했다.

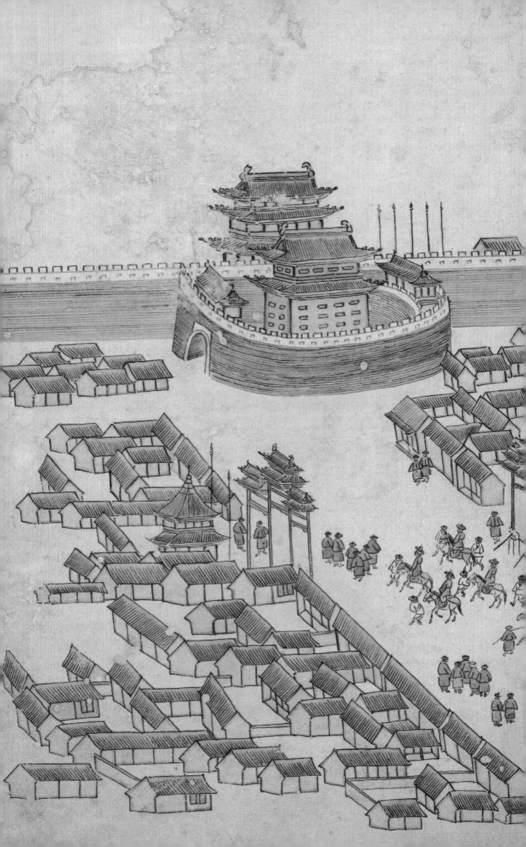

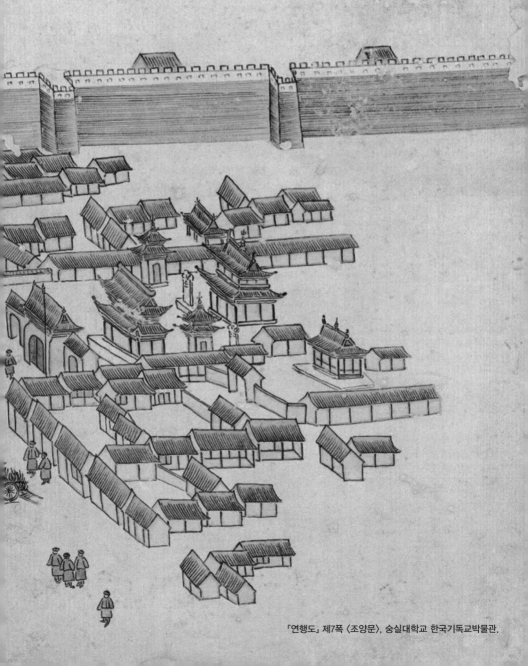

「연행도」 제7폭 〈조양문〉, 숭실대학교 한국기독교박물관.

제대로 된 의전을 행하는 청 초 입성

부패한 명은 결국 얼마 지나지 않아 1644년에 망하고, 뒤이어 청이 들어서게 됐다. 청이 들어서고 얼마 지나지 않아 인평대군은 북경을 방문했다.

그전에는 모두 제화문齊華門 정로正路로 해서 다녔는데, 이는 경사京師의 정동문正東門으로서, 일명은 '조양朝陽'이라 한다. 그러나 지금은, 청주淸主의 아우 상구喪柩를 조양문 밖 아문에서 완렴完斂하기 때문에, 이번에는 해대문海岱門으로 해서 들어가게 하였다. 이리하여 팔리교八里橋에 이르러 남쪽 가 먼 길을 따라 돌아서 가야 했다.

길가에 비석이 있으니 곧 절부節婦 임씨林氏의 묘기墓記이다. 사시에 고국점高國店 묘옥廟屋에 도착하여 점심을 먹고 낮잠을 잤다. 이곳은 시방원十方院이라고 칭하는데 곧 학태감郝太監의 원찰이다. 그 제도가 몹시 사치스러워서 크고 작은 불상은 모두 황금이요, 그 수는 20여 개도 넘는다. 이것은 비단 불교를 숭상하는 것일 뿐 아니라, 명나라 말년의 폐속弊俗이 되는 것이니, 환시가 권력을 마음대로 휘두르고 풍성하고 사치스럽게 했다는 것을 역시 상상할 수가 있었다. (…)

길가 묘 안에 들어가서 관디를 정리하고 토성으로 들어가 황성 밖에 이르렀다. 예부상서 어응거扵應㤿는 대대大帶를 하고, 대통관大通官 한보룡韓寶龍 등은 길가 묘옥에 장막을 치고 기다리고 있었다. 들어가서 연례宴禮를 행했다. 이것은 곧 영위迎慰하는 잔치로서 비록 상신相臣 행차라도 베풀지 않는다고 한다.

잔치가 파하자 상복常服으로 바꾸어 입고 상서尙書라는 사람과 말고삐를 나란히 하고 천천히 나가 나성羅城 동문으로 해서 들어갔다. 대개 통주

通州의 노수潞水는, 하수를 파서 그 물을 성 밖으로 끌어 멀리 옥하玉河의 물과 나성 동쪽 해자와 통하게 했으므로, 돛대가 빽빽이 들어섰다. 자성子城 남쪽 호는 크고 넓은데, 버드나무는 그 언덕을 끼고 자랐으며, 시가는 번화하여 남이 보기에 광채가 나니, 그 널려 있는 위치가 웅장하고 화려하여 참으로 100년 황도皇都라고 하겠다. 해대문으로 해서 들어갔는데 이는 황성의 소남문小南門으로서 화려하고 웅장했다. 큰 거리로 해서 갔는데 북쪽을 향하다가 서쪽으로 꺾어지고 또 바로 북쪽을 향하여 가서 별관에 도착했다. 상서는 말 위에서 굽혀 작별인사를 하고 예부로 돌아갔다. (…)

아문에서부터는 기용器用과 잡물을 일일이 바쳐서 나누어 쓰기에 여유가 있었다. 양식·반찬·땔나무와 여러 가지 채소나 실과는 식구를 계산하여 내주기 때문에 행로에서 요량하여 용달하던 상태와는 비교할 수 없었다. (…)

경사 주변의 주부州府에서는 바야흐로 양가의 미녀들을 뽑아서 후정으로 충당하는데, 그 숫자는 3000명이요, 이것을 몫을 나누어 정하여 높다랗게 방문을 걸면 인민들은 수심에 싸인다고 하니, 청나라 임금의 황음함을 대개 미루어 생각할 수가 있다.[2]

청이 들어서고 10여년 후인 1656년 인평대군은 해대문을 통해 북경에 들어섰다. 조선 사신들은 보통 조양문을 통해 북경으로 들어갔다. 그러나 마침 그때 청 순치제의 아우가 세상을 뜨자 관을 조양문 밖 관아에 놓고, 신위를 마련해 경문을 외우며 제사를 지내는 완렴을 하고 있었다. 그래서 인평대군은 조양문으로 들어가지 못하고 동남쪽에 있는 해대문, 즉 숭문문崇文門을 통해 북경에 입성했던 것이다. 그는 숭문문으로 들어가는 상황에서, 명 말 학태감의 명복을 빌고자 건립된 시방원에서 점심을 먹고, 또 낮잠까지 잤다. 그는 시방원의 20여 개가 넘는 불상이 모두 황금으로 만들어진 것과 이 절이 권력을 휘두르던 환관의 원찰이었음을 들어 명이 멸망한 이유를 불교 숭상과 환관의 전횡으로 돌리며 안타까워했다.

그러나 조선 사신을 대하는 중국의 태도는 명 말과는 사뭇 달랐다. 청의 예부상서는 이미 숭문문 밖에서 장막을 치고 사절단을 기다렸을 뿐아니라 환영하는 연회도 베풀었다. 잔치가 파한 후에는 예부상서가 직접 숭문문 안으로 사절단을 안내해 들어가고, 또 인평대군이 묵는 별관으로까지 모신 후에야 상서는 예부로 돌아갔다. 인평대군이 조선 왕의 동생이라는 특별한 신분이기는 하지만 정식 사절단에 뇌물을 요구하는 환관무리가 횡행하던 명 말 분위기와는 180도 다르게 제대로 된 대접을 받았던 것이다. 뿐만 아니라 숙소에 도착한 후에는 해당 관청에서 사람 수를 계산해 양식·반찬·땔나무나 채소, 과일 등의 보급품을 넉넉하게 제공했기에 여유 있게 지낼 수 있었다.

인평대군은 북경 시내가 번화해 광채가 나고, 웅장하고 또 화려해 100년의 황도가 될 만하다 칭찬했지만 병자호란의 아픔을 직접 겪었기에 청을 충심으로 받아들일 수 없었다. 그는 청나라에서 지체 있는 집안의 미녀들을 뽑아 후정, 즉 궁중의 후비로 충당하는데 그 숫자가 3000명이나 되므로, 청 황제가 황음해 사람들이 수심에 싸인다고 비판한다.

동악묘에서 공복으로 갈아입다

1756년 중국을 방문한 이기경李基敬의 『음빙행정력飮氷行程曆』을 보면 조양문을 들어서기 전 동악묘의 상황을 비교적 자세하게 묘사하고 있다.

미륵원에 도착하니 먼저 간 두 명의 역관과 통관의 무리들이 모두 와서 기다리고 있었다. 삼사가 함께 동악묘의 삼문 안에서 쉬었다. 소위 동악묘는 바로 정통 13년1448에 중건한 것인데 그 가운데 정전의 편액에 "대악지전岱岳之殿"이라 쓰여 있었다.

곤룡포를 입고 면류관을 쓴 소상 태산의 신이 앉혀 놓여 있었다. 중문重門은 복루複樓로 되어 있고, 금벽은 옥처럼 화려하였다. 선관귀리가 좌우로 시위하고 깃발이 햇볕을 가려서 기상이 음삼하였으며, 갖가지 형태와 색깔이 이루 다 표현할 수 없었다. 정원이 아늑하고 넓어서 며칠 간 힘을 다 쓴 연후에야 대략 여유롭게 감상할 수 있다고 말한다. 갈 길이 바쁘기가 심하여서 두루 살펴볼 수가 없는데 바로 소위 "내가 여산에 들어갔으나 진면목을 보지 못하였다"고 한 것이다.

사은사 해운군海運君은 동지사 정사의 형제가 된다. 이때에 이르러 나와서 얘기하였다. 삼사가 모두 장복을 갖추어 입고 양산을 버리고 말을 탔다. 표문과 자문을 받들고 차례로 갔다.

조양문에 들어가서 북관에서 쉬었다. 해운군이 좇아 이르렀는데 사은사의 서장관 서명응徐命膺과 그 동생 시직侍直 서명선徐命善이 또한 남관에서 와서 보았다. 시직 서명선은 서장관의 군관으로 왔는데 바야흐로 궁함宮啣, 궁중의 직함을 띠고 있어서 사람들이 때때로 그것에 대해서 수근거렸다.[3]

이 연행록은 1755년 이기경이 동지사 서장관 직책으로 북경을 다녀오면서 쓴 일기체 여행기다. 당시 사은사로 와 있던 해운군 이련李㮟은 동지사 정사인 해봉군海蓬君 이린李橉의 형제였다. 형제가 북경에서 만나는 쉽지 않은 상황이 연출됐던 것이다.

동악묘에서 관리의 공식 복장인 장복으로 갈아입은 사신들은 말을 타고 표문과 자문을 받들고 차례로 조양문 안으로 들어선다. 동악묘는 며칠을 봐야 할 정도로 컸지만 이들은 옷을 갈아입고, 정식 사신의 행차를 갖추느라 바빠서 제대로 동악묘 구경도 못하고 조양문 안으로 들어서게 된다. 이때 명 말처럼 성문을 들어설 때 뇌물을 요구하는 상황은 전혀 보이지 않는다. 결국 이들은 통상적으로 묵던 남관南館이 아닌 북관北館으로 숙소를 정하게 된다. 이미 와 있던 사은사 일행이 남관에 묵고 있었기 때문이다.

북경의 번화함에 감탄하는 19세기 중엽의 입성

19세기 중엽에 이르러 박사호는 그의 『심전고』에서 조양문에 대해 묘사한다.

> 동악묘는 웅장 화려함을 극도로 하였고, 조양문 밖에 있으니 이것이 황성의 동문인데, 일명 제화문이다. 세 사신은 표를 받들고 반을 지어 들어가는데, 사람들의 어깨가 맞닿고 수레의 바퀴가 부딪쳐서 상점가 성궐城闕의 번화하고 크고 화려하기가 심양, 산해관에 비할 바가 아니니 과연 서울의 대도회지이다. 당시唐詩에, "황성의 웅장함을 보지 않고／어찌 천자의 존엄함을 알리요不覩皇城壯 安知天子尊" 하였으니, 옛날의 낙양, 장안도 일반이었을 것이다.[4]

북경성에 들어선 박사호는 북경의 번화한 모습에 감탄한다. 조선 사신들은 동북 지역을 거쳐오면서 심양과 산해관 지역의 화려함에도 감탄했으나 청의 수도 북경의 화려함과는 비교할 수 없었던 것이다. 박사호

146

일행 역시 동악묘에서 공복으로 갈아입고 사절단의 행렬을 갖춰 조양문을 들어선다. 조양문을 들어서자 어깨가 서로 맞닿을 정도로 많은 인파와 바퀴가 서로 부딪칠 정도로 많은 수레를 보게 된다. 조양문을 들어서면서, 심양이나 산해관과는 비교가 되지 않을 정도로 번화하고 화려한 청의 수도 북경을 만났던 것이다.

삼궤구고두 연습

삼궤구고두례

1637년 1월 30일 남한산성에서 버티던 인조는 결국 삼전도로 내려와 청 태종에게 치욕적인 삼궤구고두례三跪九叩頭禮를 올리고, 이로부터 조선과 청은 군왕과 신하의 관계가 됐다. 삼궤구고두례란 세 번 무릎을 꿇고三跪 아홉 번 머리를 땅에 대는 의식을 말한다. 즉 한 번 무릎을 꿇을 때 세 번 머리를 땅에 대는九叩頭 의식을 세 번 반복하는 것이 삼궤구고두례다. 삼 궤구고두례는 신하가 천자에게 행하는 의식으로, 조선이 이전까지는 형 제 관계였던 청과 군신 관계를 맺는다는 것을 의미했다. 오랑캐라 무시 하던 청에 신하의 예를 올려야 했던 조선 국왕 인조. 이후 이 풍경은 소 설, 영화 등에서 다양하게 변주된다.

명이 망하고 청이 중원의 주인이 되고 나서 조선은 청에 정기적으로 사절단을 보냈다. 그리고 청 황제를 만난 조선 사신들은 천자에게 올리는 의식을 거행해야 했다. 조선 사신들은 삼궤구고두례 의식을 해본 적이 없었기에 북경에 가 천자를 만나기 전 홍려시 관리의 지도하에 삼궤구고두를 올리는 연습을 해야만 했다. 그 연습을 했던 장소가 바로 습례정習禮亭이다. 현재 습례정은 북경 자금성 동남쪽에 있는 중산공원中山公園 안에 있다. 그러나 원래 습례정이 있던 곳은 중산공원이 아닌 정양문正陽門 안쪽 병부가兵部街 홍려시 아문 안이었다. 이곳은 명청 시기 북경에 처음 온 문무 관원이나 외국 사절이 황제를 알현할 때 지켜야 하는 예절을 배우는 장소였기에 '예를 배우는 정자'라 이름 붙였던 것이다. 이 정자는 연례정演禮亭이라고도 불렸는데 광서 26년1900 팔국연합군이 북경을 침입했을 때 홍려시는 불에 탔지만 이 정자는 다행히 살아남았다. 그뒤 얼마 지나지 않아 영국군이 홍려시를 연병장으로 삼자 청 정부는 습례정을 호부가戶部街 예부 아문으로 이전했다. 청 말 예부가 전례원典禮院으로 바뀌었고, 1915년 4월 이 정자를 현재의 위치로 이전하게 된다.

간접적으로 만주족을 비판하는 이기경

1755년 동지사 서장관으로 다녀온 이기경의 『음빙행정력』에는 삼궤구고두례 연습 관련 내용이 상세하게 나와 있다.

1755년 12월 29일
북경에 머물렀다.
통관 배들이 표문과 자문을 올리는 일로 날이 밝기 전에 모여서 길을 재촉하였다. 날이 밝아서 삼사 이하가 원역員役 27명과 함께 모두 관복을 입고 표문을 받들고 예부에 나아가서 예부의 사무청司務廳에 들어가서 쉬었다.

습례정 ©김민호

사시巳時, 오전 9~11시에 예부상서 양석불楊錫紱이 비로소 조회에서 물러
나와 이르렀다. 얼마 뒤에 통관이 사신 일행을 인도하여 정당의 회랑에
이르러서 북향하여 섰다. 부사와 서장관이 정사의 좌우로 나누어서 서
고, 상서는 남향하여 탁자 앞에 섰다. 명찬鳴贊 2명이 좌우로 서서 중국
말로 "궤跪" 하고 칭하자 수역과 상통사上通事가 표문 상자를 받들어 차
례로 정사와 부사에게 바치고, 정사와 부사가 받들어 도로 상통사 등에
게 주고 통사 등은 받들어서 탁자 위에 놓았다. 자문은 통관에게 주고,
통관은 나아가서 탁자 위에 놓았다.

명찬이 또 한 번 무릎을 꿇고 세 번 이마를 조아리라는 구령을 불렀으
므로, 식순대로 하고 물러갔다. 듣건대, 왕안국王安國이 오랫동안 예부에
있었다가 최근에 이부吏部로 옮기고 석불이 그를 대신하였다. 보건대

석불의 용모는 단정하고 수려하나 체발薙髮, 변발한 것이 애석하였다. 역관의 무리들이 말하기를 오히려 왕안국만 못하다고 하였다. 입은 것은 소위 보복補服 위에다 초구貂裘를 걸치고, 그 털을 겉으로 내었으니, 저들의 풍속이 대개 본래 이와 같았다. 홍려시로 옮겨가서 행각에서 쉬었다.

오후에 소경 두 사람이 비로소 오자 안으로 들어가 동지 하례의 의식을 연습하였다. 통관이 삼사신을 인솔하여 홍려시의 뜰 서쪽에 들어가 북향하여 서고, 대통관 이하는 차례대로 줄을 섰다. 소경 두 사람이 정당의 회랑 좌우에 나누어 서니, 여창臚唱, 구령하는 사람 2인이 정당의 가운데서 좌우로 섰다. 만주어는 알아들을 수 없었으나 통관이 꿇어앉으라고 하면 꿇어앉고 일어나라고 하면 일어났다.

이에 삼궤구고두를 행하였다. 소경이 통관에게 "사신은 잘 하였는데, 수행원 이하는 조금 들쑥날쑥하다" 하고, 다시 명하여 삼궤구고두를 연습하게 하니 순종할 수밖에 어찌할 수가 없었다.

들으니 진하사 일행이 연습할 때는 의식대로 하지 못하여 소경 무리들이 윽박질러 이날 동지사 일행과 함께 다시 연습을 하게 하였는데, 담당 역관들이 다방면으로 힘을 써서 겨우 면제하였다고 한다. 그러나 다시 담당 역관들을 불러 동지사의 의식 연습을 보고 가서 고하게 하였다고 하니, 크게 웃을 만한 일이었다.[1]

위의 인용문을 보면 정사, 부사, 서장관의 삼사와 수행원 27명으로 구성된 조선의 정식 사신단 30명이 모두 관복을 갖춰 입고 예부에 표문과 자문을 올리러 가는 모습을 볼 수 있다. 이들은 조회를 마치고 온 예부상서 양석불에게 정식으로 표문과 자문을 주는 의식을 행한다. 서장관 신분의 이기경은 이 상황을 자세하게 묘사하면서 예부상서 양석불의 용모에 대해 논평한다. 그는 양석불의 용모가 단정하고 수려하다고 긍정적인 평가를 내리나 만주족이 하는 변발을 한 것을 마음에 들어하지 않는다. 만주족이 중원을 차지한 지 100년도 더 지났음에도 만주족에 대한 멸시는 뿌리깊었다. 이어서 그는 양석불의 옷차림을 설명하면서 그가 겉옷으로 초구, 즉 비싼 담비 가죽옷을 걸쳤고, 그 털을 겉으로 드러냈다며 비판한다. 설령 비싼 옷을 입었다 하더라도 이를 겉으로 드러내지 말고 안으로 숨겨야 하는데, 야만적인 만주족이 비싼 옷을 자랑하려 드러내고 있다고 비판한 것이다. 이처럼 이기경은 속으로 만주족을 멸시한다. 이는 그의 성향과 밀접한 관련이 있다. 그는 노론계 정통 성리학자로서 숭명반청崇明反淸 의식이 뚜렷했다. 24세 때 노론 낙론의 거두로 대제학을 지낸 도암陶菴 이재李縡의 문하에 나아가 성리학을 익혔고, 거기서 홍계희洪啓禧 등과 교유했다. 이때 맺은 도암과 홍계희와의 사우師友 관계는 이후 그의 정치적 성장과 몰락에 큰 영향을 미친다. 이런 학연은 그가 조선 후기 숭명반청 운동을 주창했던 우암 송시열의 학문적 전통을 이었음을 보여준다.[2]

이렇게 숭명반청 성향을 지니던 그였지만 청 황제에게 올리는 삼궤구고두례에 관해서는 어떠한 비판적인 견해도 드러내지 않는다. 예부에서 홍려시로 옮긴 사신 일행은 오후에 홍려시의 뜰에서 삼궤구고두례 연습을 한다. 구령하는 사람 두 명이 만주어로 소리치면 이들은 중국 통관의 통역을 들으면서 꿇어앉고 일어서는 행동을 한다. 이렇게 연습을 하는 와중에 사신단이 일사불란하게 행동하지 못한다고 다시 연습하라고 하면 어쩔 수 없이 따를 수밖에 없었다. 재미있는 점은 이들보다 먼저 왔던 조선의 진하사 일행은 이 의식을 제대로 행하지 못해 다시 연습을 해야 하는 상황에 이르렀던 것이다. 조선의 또다른 사신 일행이 삼궤구고두 의식을 잘 행하지 못해 다시 연습을 해야 하는 난감한 상황에 처했지만 결국 역관들이 중간에 나서 겨우 무마했다는 에피소드를 이기경은 전하고 있다.

삼궤구고두례를 욕되다고 여긴 홍대용

삼궤구고두는 북경을 방문한 조선 사신이라면 황제에게 반드시 행해야 했던 의식이다. 그러나 상대적으로 자유로운 자제군관들은 꼭 이 예식을 행하지 않아도 됐다.

불을 켠 후에 부방에 갔더니, 부사께서 말씀하시기를, "내일 조참에 어찌하겠는가?" 하시기에, 내 아뢰길, "이미 이곳에 이르렀으니 조참하는 거동을 응당 보암직할 것이나, 『김가재일기』를 보니 가재는 아니 들어갔습니다. 저도 또한 안 들어가기로 정하였습니다"라 하였다. 부사께서 말씀하시기를, "조참은 큰 구경이요, 또 그대 삼촌이 이미 들어가니, 오랑캐의 조정에 한번 꿇기를 어이 홀로 면코자 하는가?" 하시니, 내가 아뢰기를, "삼촌은 벼슬이 있어 나라 명을 받자왔으니, 이보다 심한 일이라도 사양치 못할 것이거니와, 저는 벼슬이 없고 나라 명이 없으니, 일시 구경을 위하여 스스로 몸을 욕되게 하는 것이 제 본심이 아니요, 또 이곳에 이르러 비록 허물이 없으나 선비 몸으로 관대를 갖추는 것이 심히 편치 아니합니다" 하니, 부사께서 웃으셨다.[3]

홍대용은 사신들을 따라 홍려시에 가 삼궤구고두례를 연습하는 모습을 지켜봤다. 그리고 돌아와 부사 김선행金善行의 방을 방문한다. 김선행은 홍대용에게 1월 1일 태화전에서 행하는 조참 의식 참가 여부를 묻는다. 그러자 홍대용은 1712년 북경을 방문했던 김창업도 조참에는 참가하지 않았다며 자신도 참가하지 않겠다는 뜻을 밝힌다. 큰 구경거리인 조참에 참여하지 않으려는 이유는 그가 삼궤구고두의 예를 행하는게 스스로를 욕되게 하는 행동이라 여겨서였다. 삼궤구고두례는 부사 김선행도 오랑캐의 조정에 무릎을 꿇는 행위라 여겨 부정적으로 생각하고 있었다. 그러나 김선행은 홍대용의 삼촌인 서장관 홍억 역시 조참에 참가해 청 황제에게 무릎을 꿇는데 "오랑캐의 조정에 한번 꿇기를 어이 홀로 면코자 하는가?"라며 홍대용을 설득하고자 한다. 그러자 홍대용은 삼촌 홍억이 나라의 명을 받고 온 관리이기에 삼궤구고두례 보다 더 심한일이라도 나라를 위하는 일이라면 할 수밖에 없는 상황이지만 자신은벼슬이 없기에 굳이 조참 구경을 하려고 몸을 욕되게 하는 삼궤구고두례를 행할 생각이 없음을 밝힌다. 홍대용은 산해관을 들어서며 중국 방문을 평생의 소원이라고까지 했던, 그리고 청으로부터 많은 것을 배우고자 했던 상대적으로 열린 생각을 가진 인물이다. 그러나 그것과는 별개로 그 역시 삼궤구고두례는 자기 몸을 욕되게 하는 의식이라고 생각한것이다. 이를 통해 조선 사절단이 비록 공개적으로 드러내지는 못했지만 청 황제에게 삼궤구고두 예식을 올리는 일을 치욕으로 생각했음을 엿볼수 있다.

　흥미로운 점은 한문으로 쓰인 홍대용의 『연기』에는 오랑캐에게 무릎을 꿇는다거나, 잠깐의 구경을 위해 스스로 몸을 욕되게 하는 일은 하고 싶지 않다느니 하는 표현은 보이지 않는다는 것이다. 『을병연행록』은 『연기』와 달리 한글로 기록된 연행록이다. 혹시라도 중국에서 본다고 하더라도 한글로 기록된 『을병연행록』은 중국 사람들이 이해할 수 없기에 홍대용이 속마음을 자유롭게 서술한 것으로 보인다. 이렇게 황제에게 행하는 삼궤구고두 의식을 치욕으로 여겨 1월 1일 조참에 참가하지 않겠다고 말했던 홍대용은 결국 새벽 조참에 참여하고, 또 삼궤구고두 의식도 행한다.[4] 홍대용 표현대로라면 잠시 구경을 하고자 스스로의 몸을 욕되게 했던 것이다.

타국에서 온 사신들

삼궤구고두례 연습은 조선 사신들만 했던 일이 아니다. 이는 중국을 방문했던 모든 외국 사절이 해야 했던 연습이었다. 경우에 따라 이 연습은 타국의 사신들과 함께 진행되기도 했다.

뜰 가운데 좌우로 푸른 돌로 만든 패牌를 세우고, 또 4, 5칸을 물러 또 한두 패를 가로세웠으니, 이는 반열의 차례를 표함이러라. 통관이 세 사신을 인도하여 동편 앞으로 한 줄에 세우고 그 뒤에 27정관正官이 석 줄로 늘어섰으며, 섬라暹羅 사신이 또한 서편으로 반열을 정하여 세 사신이 섰으며 관은 한 사람도 없더라. 오른편에 선 명찬이 소리를 높여 이르되, '버레'라 하니, 우리나라의 '나오라'는 말이다. 이에 패를 좇아 반열을 정제히 한대, 왼편에 명찬이 또 부르되 '야쿠레'라 하니, 우리나라의 '꿇으라'는 말이라. 일제히 꿇어앉은 후에 좌우 명찬이 서로 번갈아 세 번을 부르되 '헌비례'라 하니 우리나라의 '절하라'는 말이더라. 대국절은 허리를 굽힘이 아니라 두 팔을 늘이고 머리를 땅에다 댐이니, 이같이 세 번을 시킨 후에 도로 일어섰다가 계속하여 창唱에 응대하여 세 번 꿇으며 아홉 번 머리를 땅에 대니, 이 일은 삼궤구고두라. 나중에 또 부르되 '버드례'라 하니 이는 우리나라의 '물러가라'는 말이니, 이에 이르러서 뒤로 두어 걸음 걸어 몸을 되돌려 차례로 나오니라.

창 소리가 높고 맑되 청나라 말이라, 통관이 좌편에 서서 우리나라 말로 그 소리를 따라 불러 알게 하며, 전에는 예식을 익히는 날 정제하지 못했다 하여 서너 번 넘게 시키더니, 이번은 매우 정제하다 하여 한 번을 시킨 후 곧 그만두니라.

이날 섬라 상사는 병들어 참여하지 못한다 하여 세 사신과 종인從人 네 명이 들어왔으되, 다 얼굴에 병색이 있어 보기에 매우 위태로운지라. 대개 그 나라가 남쪽의 맨 끝에 있어 겨울이 춥지 않아서 다 겹옷을 입고 솜과 가죽옷을 입지 않았으니, 북쪽 지방의 추위에 어찌 병이 없으리오. 사신도 용모가 보잘것없으며 종인은 지난번 밤에 보던 바와 달리 또한 병이 들었는지라, 얼핏 보기에 도깨비와 다름이 없더라.[5]

1798년 삼절연공겸사은사三節年貢兼謝恩使 사행에 서장관으로 북경을 방문했던 서유문은 습례정에서 삼궤구고두례를 연습하는 상황을 흥미진진하게 묘사한다. 우선 조선 사신들이 섬라, 즉 태국 사신들과 함께 삼궤구고두례 연습을 하고 있다. 이날 섬라 사신 중 상사는 병이 들어 참석하지 못했다고 한다. 따뜻한 아열대기후 지역에서 온 사신들이 북경의 차가운 겨울을 만났으니 병이 나지 않을 수 없었던 것이다. 그나마 연습에 참여했던 사신도 볼품없었고, 또 종인 역시 병이 들어 마치 도깨비 같았다고 서유문은 묘사한다.

그리고 위에 인용한 『무오연행록』은 다른 연행록과 달리 한글 연행록의 장점을 살려 '버레' '야쿠레' '헌비레' '버드레' 등 만주어 발음을 다 기록했다는 특색이 있다. 만주어를 알아듣지 못하는(사실 중국어도 대부분 못 알아듣지만) 조선 사신들은, 홍려시 소경이 만주어로 외친 것을 중국 통역관이 조선어로 통역하면 그 소리를 듣고 행동을 취한다. 이들은 이전에도 연습을 한 것으로 보이는데, 그때는 제대로 따라하지 못해 반복해서 연습했으나 이번에는 연습을 제대로 해내 한 번만에 통과한다. 여기서는 삼궤구고두 의식을 연습하면서 청을 비하하거나 싫어하는 표현이 전혀 나오지 않는다. 참고로 이때의 홍려시경鴻臚寺卿은 사고전서 편찬의 총책임자였던 기윤紀昀이었다. 그는 당시 예부상서를 겸했고, 직접 삼궤구고두례 연습을 하는 습례정으로 행차했다.

1803년 동지사로 북경을 방문한 이해응 역시 『계산기정』에서 홍려시 소경의 지도하에 배고례拜叩禮를 연습하는 상황을 기록했다. 그는 홍려시가 태의원太醫院과 공부工部 두 관아 사이에 위치해 있었고, 사신들이 연습했던 장소가 '습례정習禮亭'이란 편액을 붙인 팔면정八面亭이라 밝히고 있다. 그리고 습례정 안에는 '황제 만세 만만세皇帝萬歲萬萬歲'라 새겨져 있는 어탑이 설치돼 있다고 했다. 결국 그 습례정이 황제의 위치가 되어 그 앞뜰에 있는 품석에서 삼궤구고두례 연습을 했던 것이다. 이해응은 습례정에서 삼궤구고두례를 연습한 상황을 묘사한 뒤 칠언절구 시를 읊고 있다. 그 구절 중 "사신들은 오랑캐의 예절 익히지 못하여, 여창 소리 가운데 역관의 말 들을 뿐이네行人未習胡人禮, 臚唱聲中聽舌官"라며 삼궤구고두례를 오랑캐胡人의 의식이라 칭하고 있지만 이에 대한 반감을 드러내지는 않았다.[6]

판첸라마와 고두례

한편, 삼궤구고두례와 관련해 1780년 열하를 방문했던 박지원 일행은 아주 난처한 상황에 처한다. 1780년 건륭제의 70세 생일을 축하하고자 중국을 방문한 조선 사절단은 갑자기 예정에 없던 열하 방문을 하게 된다. 건륭제가 북경이 아닌 열하에 있었기에 갑자기 노정을 변경해야 했던 것이다. 그런데 당시 티베트의 지도자인 판첸라마 6세 역시 건륭제의 70세 탄생일을 축하하러 열하에 와 있었다. 건륭제는 조선 사신들에게 판첸라마 6세를 알현해 황제의 예를 올릴 것을 명했다. 성리학의 나라인 조선에서 온 사신들에게, '오랑캐' 지역의 이교도 수장에 불과한 판첸라마에게 황제의 예를 올리는 것은 도저히 받아들일 수 없는 일이었다. 만약 이들이 판첸라마에게 황제의 예를 올린다면 조선으로 돌아가서 큰 문제가 발생할 터였고, 그렇다고 황제의 명을 받들지 않으면 정치·외교적으로 더 큰 문제가 발생할 수 있었기 때문이다. 이 상황을 들은 박지원은 그의 『열하일기』에서 이를 흥미롭게 묘사한다.

이때 나는 마음속에 기발한 생각이 들며, "이건 정말 좋은 기회인데" 하기도 하고, 또 손가락을 뾰족하게 하여 허공에 동그라미를 그리며, "아주 재미있는 문제야. 지금 만약 사신이 황제의 말을 거부한다는 상소를 올린다면 의롭다는 명성이 천하에 울릴 것이고 나라를 크게 빛낼 터이지" 하고 나는 또 속으로 자문자답하기를, '황제가 군대를 내서 조선을 칠 것인가? 아니지. 이건 사신이 저지른 죈데, 어떻게 그 나라에 대고 화풀이를 하겠는가? 결국 사신들은 저 멀리 운남雲南과 귀주貴州 쪽으로 귀양 가는 것을 막을 수 없을 테지. 내가 의리상 혼자 조선으로 돌아갈 수는 없으니, 서촉西蜀이나 강남의 땅을 내 장차 밟게 되리라. 강남은 그리 멀지 않은 곳이나, 교주交州, 베트남와 광동 지방은 북경과 1만여 리나 되는 먼 길이니, 내가 놀러갈 일이 어찌 호화찬란하고 낭만적이지 않을 수 있겠나?' 나는 마음속으로 기뻐 어쩔 줄 몰라 곧바로 달려서 밖으로 나왔다. 동쪽 행랑채 아래에 서서 이동二同(건량마두—원주)을 불러, "속

히 가서 술을 사오너라. 쩨쩨하게 돈 아끼지 말고. 이제 너와도 작별이다"라고 하였다.[7]

위 인용문을 통해 우리는 박지원의 남다른 배포를 볼 수 있다. 정치·외교적으로 심각한 상황이 발생해 자신의 팔촌 형인 정사 박명원이 중국으로 귀양 갈 수도 있다면서도, 여태껏 조선 사람들이 방문해본 적 없는 운남과 귀주 지역 구경도 할 수 있을 거라 한다. 이 심각한 상황을 틀어 독자로 하여금 헛웃음 짓게 만드는 박지원의 순발력은 발군이라 아니할 수 없다.

박지원은 『열하일기』에서 정사 박명원이 판첸라마에게 결국 고두례를 올리지 않았다며 이 상황을 익살스럽게 서술한다.

사신은 아침 나절에 이미 예부에서 다투기를, "고두례는 천자의 뜰에서만 하는 예법이거늘, 어찌하여 천자를 공경하는 예법을 서번의 승려에게 시행하란 말인가?" 하고 항의하며 다투기를 그치지 않았더니 예부에서는, "황제도 그를 스승의 예로 대우하는 마당에, 지금 조선 사신이 황제의 조서를 받들었으니 예법을 같이하는 것이 마땅할 터입니다"라고 말하였다. 사신은 가고 싶지 않아서 꼼짝도 아니하고 완강하게 버텼다. 상서 벼슬의 덕보德保가 분노하여 모자를 벗어 땅바닥에 던지고, 캉 위에 몸을 던져 벌렁 누워서는 고래고래 소리를 지르며, "빨리 나가시오, 빨리 나가" 하고는 사신에게 나가라고 손으로 휘저은 일이 있었다. 지금 군기대신이 사신에게 뭐라고 말하는 것 같은데, 사신은 못 들은 척하였다. 제독提督이 사신을 인도하여 반선 앞에 이르자, 군기대신이 두 손으로 공손히 비단을 받들고 서서 사신에게 건네주었다. 사신은 비단을 받아서 머리를 꼿꼿이 들고 반선에게 비단을 주었다. 반선은 앉은 채로 비단을 받는데 조금도 몸을 움직이지 않았으며, 받은 비단을 무릎 앞에 두어서 비단이 탑상 아래로 드리워졌다. 차례대로 비단을 받아서 는 다시 군기대신에게 주니, 군기대신은 공손히 받들고 반선이 오른쪽 에 시립했다.

사신이 차례대로 다시 나가려고 하자, 군기대신이 오림포烏林哺에게 눈 짓을 하여 사신을 나가지 못하게 했다. 이는 사신에게 활불을 향해 머 리를 조아리고 절을 하는 예를 갖추라는 신호였으나 사신은 모르는 척 하였다. 그리고 멈칫멈칫 뒷걸음을 치며 물러나, 몽고의 왕이 앉은 수 놓은 흑공단 깔개에 앉았다. 앉을 때 약간 몸을 구부리고 소매를 들어 서는 이내 앉아버렸다. 군기대신이 당황한 기색을 띠었으나 사신은 이 미 앉고 말았으니, 그 역시 어찌할 수 없어서 마치 못 본 듯 행동했다.[8]

이처럼 그는 정사 박명원이 판첸라마에게 고두례를 올리지 않았다고 서술하나 박명원이 고두례를 올렸다고 적은 청 예부의 기록 역시 『열하 일기』에 수록하고 있다.

예부에서 황제에게 아뢴 문건

글을 올려 아뢰옵니다. 이달 12일 신들은 어명을 받들어 회동이번원의 관원들을 파견하여 조선의 사신 정사 박과 부사 정, 서장관 조 등을 데 리고 찰십륜포에 이르러 반선 액이덕니를 찾아뵙고 절을 하는 예식을 거행하였습니다. 예식을 치른 후에 반선은 그들을 앉게 하여 차를 마 시게 하고, 중국과 조선국의 거리 및 중국에 들어와 조공을 바치는 이 유 등을 하문하였는데, 조선국 사신은 황제의 칠순 경사를 맞아 하례를 드리는 국서를 올리고 아울러 황제의 은혜에 정중하게 사례하기 위함이라고 답을 했습니다. 액이덕니는 이 말을 듣고 매우 기뻐하시며 즉시 "영원히 공경하고 순종하면 복을 절로 얻게 될 것이니라"라는 분부의 말씀을 하시고, 이어서 사신에게 구리 불상, 서장의 향, 서역의 융단 등을 선물로 하사했고, 조선국 사신들은 즉시 땅에 머리를 조아려 절을 하고 사례를 하였습니다. 사신들에게 내린 구리 불상 등의 물품 목록을 문서로 작성하여 바치옵니다. 이 때문에 삼가 글을 갖추어 아뢰나이다.
건륭 45년 8월 12일 아룀.
황제께서 "잘 알았다"고 하신 뜻을 받들었다.

―사신이 반선을 만나본 일은 내가 「찰십륜포」편에서 이미 상세히 기록해놓았다. 이제 예부에서 황제에게 아뢴 글을 보면, 사신이 액이덕니에게 절을 하고 뵈었다거나, 사신들에게 물건을 하사했을 때 사신들이 즉각 땅에 머리를 조아리며 사례했다고 한 것들은 모두 허황한 거짓말이다. 그러나 황제에게 일을 보고해야 하는 처지에서는 그렇게 하지 않을 수 없을 것이다. 다만 내가 직접 목격한 것을 상세히 기록해서 연암 산중에 들어가 농사지으며 한번 보고 씩 웃을 소일거리로 삼을 것이니, 이 글을 보는 사람은 마땅히 살펴야 할 것이다.[9]

이처럼 청 예부의 '예부에서 황제에게 아뢴 문건'에 의하면 조선 사신들은 판첸라마(액이덕니)를 만나 "절을 하는 예식을 거행"했고, 판첸라마가 선물로 불상 등을 하사하자 즉시 땅에 머리를 조아려 절하고 사례를 했다고 기록돼 있다. 즉, 고두례를 올렸다고 황제에게 보고하는 것이다. 왜 박지원은 정사 박명원에게 불리할 수도 있는 이 기록을 남겼을까? 이 기록대로라면 정사 박명원은 판첸라마에게 고두례를 올렸고, 이 사실이 조선에 알려진다면 사신 일행은 '부처를 섬긴 사행(奉佛之使)'이라는 비난을 피해갈 수 없을 것이었다.

그런데 이는 박지원이 구사한 고도의 술책이었다. 어차피 중국 예부의 기록은 어떤 방식으로든 조선에 알려질 수밖에 없었을 것이다. 그래서 박지원은 선수를 쳐 그 기록을 밝히고 나서 바로 뒤에 지나가는 말처럼 "사신들이 즉각 땅에 머리를 조아리며 사례했다고 한 것들은 모두 허황한 거짓말이다"라고 덧붙인다. 그리고 청 예부에서 왜 하지도 않은 고두례를 했다고 거짓말을 했는지에 대해서도 "황제에게 일을 보고해야 하는 처지에서는 그렇게 하지 않을 수 없을 것이다"라며 그 이유를 찾는다.[10]

그러면 조선 사신들은 정말 판첸라마에게 천자에게나 행하는 고두례를 올렸을까? 『열하일기』 속 기록과 청 예부의 기록이 다르기에 그 진실을 알 수는 없다. 다만 필자가 티베트의 기록까지 찾아본 결과, 박명원은 결국 판첸라마에게 고두례를 올렸을 가능성이 높은 것으로 보인다.[11] 허득존許得存과 탁영강卓永强이 티베트 기록을 중국어로 번역한 『육세반선낙상파단익희전六世班禪洛桑巴丹益希傳』(1990)에 의하면 조선 사신들이 판첸라마에게 큰 문제없이 예를 올렸다고 되어 있다. 그러나 이 중국어 번역본의 문제를 지적하며 이 부분을 티베트어에서 영어로 직접 번역한 기록을 보면 작지만 의미 있는 차이를 찾아볼 수 있다.

그날 황제가 관할하는 속국인 고려라고 하는 동쪽에 있는 섬나라에서 세 명의 고위 사신과 그 수행원들이 황제의 축하연에 참가하였다. 판첸라마를 인도하였던 Torge 장군, 박 장군과 유 장군이 황제에게 불려 앞으로 나아가 황제의 명을 받았다. "조선 사신들이 판첸 액이덕니에게 절을 올리게 하여라!" 만약 대신들이 강제로 조선 사신들을 교육시켜 황제의 명령대로 무릎 꿇고 절하지 않게 하였다면, 그들 본래의 생각으로는 이러한 예절을 도저히 이해할 수 없었을 것이다.[12]

다시 말해 조선 사신들은 고두례를 올리긴 했지만 자발적으로 순조롭게 예를 올린 게 아니라 억지로 할 수 밖에 없었던 상황이었음을 이 티베트 기록이 보여주고 있는 것이다.

이처럼 삼궤구고두례는 조선인들을 다양한 상황에 처하게 한 의식이었다. 이 삼궤구고두를 연습하던 곳이 바로 홍려시의 습례정이다.

황제의 정전

기강이 무너진 명 말 황궁

일반적으로 조선의 동지사들은 음력 1월 1일 거행하는 조회에 참여하려
고 중국에 갔다. 이 행사가 거행되는 곳이 바로 태화전太和殿이었다. 태화
전은 금란전金鑾殿이라는 이름으로 더 잘 알려져 있으며, 황제가 관료들
을 접견하던 정전正殿으로 자금성의 중앙축 위에 자리잡고 있었다. 이곳
에서 매년 1월 1일 각국의 사신들이 모여 성대한 조회를 거행했다. 그러
나 혼란하던 명 말에는 황궁에 들어가는 데도 뇌물을 내야만 들어갈 수
있는 기막힌 상황이 벌어지기도 했다.

현조見朝하는 일로 일찍 일어나 대궐에 나아갔다. 현조라는 것은 우리
나라의 숙배와 같은 것이다.
동장안문東長安門에 이르니 아직 일러서, 앉아서 문 열기를 기다렸다가

밝아서 들어가려 했으나 화자火者가 문안에서 뇌물을 요구하고 들이지 않으므로 백첩선白貼扇 5자루와 유선油扇 6자루, 칼 10자루를 준 뒤에야 들어갈 수 있었다. (…)

승천문承天門과 단문端門에 들어가니 승천문 안에도 옥주가 있었다. 오문午門 앞에 이르러 반열에 섰다. 오문이란 바로 오봉루五鳳樓이니 문 위 좌우로 각각 두 누각이 있고 중앙의 문루와 아울러 다섯이 되는데, 다른 문은 모두 원형이나 유독 오문만은 방형으로 되어 있었다.

코끼리 6두를 끌어내어 지나간 뒤에 바로 여전臚傳하여 배례하고 일어나 사배하고 삼고두하였다. 술과 밥을 광록시에 차려 먹도록 하라는 명이 내리매, 뜰 가운데 탁자를 놓고 찬을 차려 놓았으며, 각사各司의 하인들이 둘러서서 기다리고 있었다. 채 10여 걸음을 떼기도 전에 어떤 사람이 한 탁자 위의 찬을 움켜쥐고 달아나매, 여러 사람들이 앞다투어 움켜 가니 삽시간에 없어졌다.

드디어 도로 문을 나와 오문 앞에 이르러 사은의 절 한 번과 고두 네 번을 하고 나왔으니, 은명恩命을 받지도 못하고 헛되이 사례만 하는 것이 지극히 우스웠다.[1]

황궁에 현배, 즉 신하가 황제에게 행하는 일종의 충성 서약 의식인 숙배를 하러 들어가는 상황에서도 환관들은 뇌물을 요구한다. 김육 일행은 어쩔 수 없이 뇌물로 칼과 부채 등을 준 후에야 겨우 황궁으로 들어갈 수 있었다. 김육 일행은 승천문, 즉 청대의 천안문과 단문을 지나 오문에 도착한다. 오문은 문 위 좌우로 누각이 두 개씩 있고, 중앙의 문루까지 합쳐 다섯이 되기에 오봉루라고도 불리는 문이다. 이 문들을 거쳐 김육 일행은 사배하고 삼고두를 한다. 청대의 경우 삼궤구고두이지만 명대는 황

165

「연행도」 제8폭 〈태화전〉, 숭실대학교 한국기독교박물관.

和
殿

제를 만나 올리는 의식이 약간 달랐다. 일반적으로 명대의 경우 황제에게 가장 큰 예를 차려야 하는 경우 오배삼고두, 즉 다섯 번 절하고 마지막 절에 세 번 머리를 땅에 닿게 하는 예를 올렸다고 한다. 그러나 황제에게도 상황에 따라 삼배, 혹은 사배 정도를 했는데, 관원들이 제사나 행사에 참여했을 때는 일반적으로 사배를 했다고 한다. 김육도 사배를 하고 삼고두했다고 기록했다.

황제는 광록시에 술과 밥을 차려 대접을 하라는 명을 내렸고, 이에 뜰 가운데 탁자를 놓고 찬을 차려놓았다. 그런데 하인들이 둘러서 있다가 순식간에 달려들어 음식을 갖고 달아나버리는 황당한 상황이 벌어진다. 김육의 기록을 통해 명 말의 기강이 해이해졌음을 알 수 있다.

황궁의 규모에 놀라면서도 오랑캐에게 넘어간 상황을 슬퍼하는 청 초 기록

김육이 명에 다녀오고서 그리 오래 지나지 않아, 1644년 결국 명은 멸망하고 청이 중원의 주인이 됐다. 1656년 인평대군은 정사의 신분으로 북경을 방문했다. 삼전도의 굴욕을 직접 겪었던 인평대군은, 황궁의 모습을 자세하게 묘사하면서 그 규모의 대단함에 감탄하면서도 명의 멸망을 슬퍼한다.

배고拜叩가 이미 끝난 뒤, 나는 몽왕을 따라 들어가 전각 서쪽에 앉았다. 청나라 임금의 상모狀貌를 자세히 살펴보니, 나이는 열아홉이건만 기상이 호준해서 이미 범용凡庸한 무리가 아니었으며, 눈동자가 사나워서 사람으로 하여금 두렵게 했다. 전각의 제도는 동서 11칸이요, 남북 5칸이다. 모두 화려한 털 탄자를 깔았으며, 네 추녀는 높이 들린데다가 처마는 층옥으로 되어 높다랗게 구름 밖에 솟아 있다. 부사 이하의 사람들도 모두 전각 위로 오르는 것이 허락되었다. 부사·서장관·중사는 나의 뒤에 앉게 하고 정관正官 열세 사람은 처마 밖에 앉게 했다. 연회를 베풀고 차를 돌렸다. 따로 양의 고기 한 소반을 나에게 내렸으니, 이는 융숭하게 대접하는 것이다. 이 연례에는 술을 돌리지 않았다. 금방 음식을 올렸다가 금방 물리는 등 어수선하고 기율이 없어서 화담계華擔契의 모임과 흡사했다. 소와 양의 뼈가 전우에 가득 쌓였다. 참으로 신기神器, 임금의 자리가 그릇 오랑캐에게 돌아간 것이 아까웠다.[2]

인평대군은 심양에서 직접 만주족들과 접촉하며 살았던 경험이 있었다. 그는 청이 중원을 차지하고 나서도 조선과 청 사이의 외교적 상황을 정리하러 여러 차례 청에 사신으로 간다. 청을 잘 파악하고 있던 그였기에 청에 대한 무조건적인 비판이나 멸시는 그의 기록에 보이지 않는다. 그는 오히려 청나라 황제인 순치제가 나이는 열아홉밖에 안 됐지만 그 기상이 일반인을 뛰어넘고, 눈동자가 날카로워 사람을 두렵게 하는 바가 있다고 긍정적으로 평가한다. 그러나 명이 망하고 청이 들어선 것에 대한 회한은 없을 수 없었다. 이에 인평대군은 황제의 자리가 오랑캐인 만주족에 잘못 간 것에 대한 안타까움을 토로한다. 더불어 명대 복장을 하고 있는 조선인들을 보고 눈물을 머금지 않는 중국 사람이 없다며 그 정경을 측은하고 비통하다고 기록했다. 이와 같이 인평대군은 명의 멸망을 슬퍼했으나 결코 청의 실력을 무시하지는 않았다. 조선이 작음을 인정하며 소국에서 보던 안목으로 대국에 와서 보니 천자의 위의가 실로 성대하다며 인정할 건 인정했다.

명의 멸망 후 청에 갔던 대부분의 사신은 '오랑캐' 청이 중원을 차지한 것에 대해 슬픔을 감추지 못했다. 1660년 동지사 서장관으로, 그리고

1670년 사은사 부사로 북경에 갔던 이원정李元禎은 그의 『연행록』과 『연행후록』에서 다음과 같이 묘사한다.

의장을 한 군사는 수놓은 붉은 옷을 입고 있고, 손에는 산선과 정모旌旄를 잡고서 동서로 마주하며 서 있는데, 그 수를 헤아릴 수 없다. 제왕諸王은 태화문 동쪽 협문을 따라 들어가서 곧바로 전안으로 오르고 그 나머지 천관은 뜰 좌우에 무수히 벌려 앉아 있다. 정전의 넓이는 오문의 뜰보다 배나 되고 동서 두 반은 우뚝 서 있는 자가 거의 수천 명이나 되었다. 앞머리를 깎고 뒷머리를 땋은 것은 지금 청인과 한인이 동일한 제도가 되어, 환패가 쟁그랑거리던 땅은 오랑캐 복장의 마당으로 변하고, 면류관을 쓰고 단정히 공수하던 자리는 도리어 오랑캐의 거처가 되었다. 하늘이 뜻이나 사람의 일이 감히 지사들의 눈물을 흘리게 할 만하다.[3]

1644년 명 멸망 후 얼마 지나지 않은 1660년과 1670년 북경을 방문했던 이원정은 우선 궁궐의 큰 규모와 헤아릴 수 없을 정도로 많은 참여 인원에 기가 죽는다. 화려한 복장을 하고 동서로 질서정연하게 서 있는 의장대 군사들, 뜰 좌우에 무수히 앉아 있는 관리, 오문의 뜰보다 배나 넓은 태화전, 수천 명에 이르는 무반과 문반. 그 위용에 기죽지 않을 수 없었을 것이다. 그러나 그는 이 행사의 주인공이 명이 아닌 '오랑캐' 만주족인 것에 슬픔을 감추지 못한다. 이처럼 청 초 태화전 행사에 참석했던 조선 사신들은 명의 부재와 청의 실재를 받아들일 수밖에 없는 현실을 슬퍼한다.

청을 인정하기 시작하는 18세기 초 연행록

18세기에 들어오면서 연행사로 간 사람들은 청의 상황을 자세하게 기록했다. 숙종 38년인 1712년 사은부사 윤지인尹趾仁을 수행한 군관 최덕중은 성곽 제도 등을 세밀하게 살폈고, 그 제도의 장단점을 우리나라 성곽과 비교해서 설명하기도 했다. 그 같은 기록을 남긴 것은 그가 무장 출신이었다는 데에도 한 원인이 있었겠지만 청나라가 또다시 침공해올 까봐 우려하는 조야의 분위기가 더 크게 작용했을 가능성도 무시할 수 없다.

생각건대, 명나라 때는 성을 쌓고 돈대를 쌓는 역사에 백성의 힘이 거의 다 빠졌었는데, 공경公卿 집의 사치함은 몹시 심하여 곳곳마다 돌을 다듬어 패루를 짓고 무덤마다 돌을 세워 재물이 닳아 없어졌고 이미 나라가 망했으니 어찌 통탄함을 견디겠는가? 지금 풍속은 비록 변해서 상하의 분별이 없으나, 부세賦稅에 정액定額이 있어 백성이 그 업을 편안하게 여기고 아전이 그 직을 즐거워하며, 출척黜陟이 분명하고 정령政令이 번거롭지 않다. 황제가 비록 황음해서 법도가 없더라도, 굳게 뭉친 백성의 마음은 깊다. 또 백성을 부리는 일이 없고 특별히 부과하는 일이 없으니, 백성이 모두 편안하게 여겨 그 임금을 잃을까 두려워한다. 그리고 궁궐을 보니 명나라 때 궁궐을 한결같이 그대로 두었고 별로 보탠 곳은 보이지 않는다. 태화전만 보더라도 단청의 영롱함이 사찰의 반만도 못하니, 그 백성을 편케 하고 군사를 훈련하는 데 전념하고 있음을 알 수 있다.[4]

최덕중은 명이 망한 이유를 백성들의 힘을 빼앗는 성곽 등의 수축과 고위 관리들의 사치에 두고 있다. 그러면서 세금을 정확하게 매겨 백성이 시달리지 않고, 관리 또한 자신의 일에 만족하고, 관이 민을 번거롭게 하지 않기에 백성들의 생활이 편안하다고 청의 정치를 칭찬한다. 그 근거로 자금성을 명나라 궁궐 그대로 이어받아 사용하고 있고, 새로 지은 건물도 없음을 들고 있다. 또 자금성의 중심 건물인 태화전에도 단청에 많은 공을 들이지 않는 이유가 백성을 편안하게 하고 군사훈련에 집중하기 위해서라고 해석한다. 이처럼 청의 정치를 긍정적으로 평가하는 현상은 18세기 들어오면서 두드러진다. 청이 중원을 차지한 지 꽤 오랜 시간이 흘렀음에도 계속 정치가 안정되고 발전하자 오랑캐라고 무시할 수만은 없는 분위기가 생겨나기 시작한 것이다. 본격적으로 청으로부터 배우자는 북학파는 18세기 중엽 이후에 나타나지만 18세기 초에도 청을 어느 정도 인정하고, 또 그들의 제도를 배워보려는 시도가 있었음을 위의 인용문을 통해 알 수 있다. 최덕중은 1월 1일의 조회 상황도 상세하게 기록했다.

여러 의장儀仗이 황제의 뒤를 따라 모두 오문으로 들어가더니 다시 태화문 안에 벌여 선다. 해가 돋자, 여러 관청 동반東班과 서반西班 관원들이 여창에 따라 오문 밖에서 먼저 '삼궤구고두'의 예를 한다. 괴이쩍어 물었더니, "황태후에게 먼저 하례를 거행하는데 그 궁이 동쪽에 있기 때문이다"라고 답했다. 예를 마치자 여러 반열이 먼저 들어가고, 우리 일행도 따라서 오문 서액西掖을 지나 들어갔다. 이른바 액문은 다섯 문 중에 제일 서쪽에 있는 문이다. 여러 관청 관원이 오문에 들어갈 때는 각자 방석을 가져가고 수종隨從하는 자는 하나도 없다. 태화문 밖 오문 안에 또 다섯 군데 다리가 있는데 모양이 천안문 밖의 것과 같다. 다리

밑 물 또한 서쪽에서 동쪽으로 흐르는데, 옥하에서 갈라진 가닥인 듯하다. 태화문에서 오문까지 또한 좌우 익랑이 있고 중간에 높은 누각이 있다. (…)

한 번 여창하자 여러 반열이 일시에 꿇어앉았더니, 전 위에서 한 사람이 높은 소리로 글을 읽는다. 필시 하례하는 표문이겠는데 말소리가 같지 않아 자세히 알 수는 없었다. 들어갈 때 오문 밖 좌우에 노란 보를 덮은 탁자가 있기에 물었더니, 각성各省에서 올린 표문이라 했다. 역시 그런 종류의 문자였는지 모르겠다. 읽기를 마치고 구고두하는 예를 하는데, 또한 대부분 어긋남이 없었다.

마치고 나오니 대통관 네 사람이 우리 일행을 인도해서 서쪽 뜰로 들어갔다. 9품 패 앞에 입정立定했다가 또 3보를 전진, 종 8품 패 앞에 가서, 부르는 대로 꿇어앉아 고두하기를 홍려시에서 의식을 연습하던 것과 똑같이 하였다.5

최덕중은 태화전에 각국의 사절이 와 조회하는 상황을 자세하게 묘사한다. 그는 조선 사신단 30명이 새벽에 공복을 입고 동장안문을 통해 성안으로 들어오는 상황과 천안문 밖에 있는 경천주擎天柱의 생김새, 태청문太淸門과 그밖에 있는 정양문까지 자세하게 설명한다. 그리고 단문 안에 있는 오문에서 날이 밝자 종을 수없이 치고, 그러자 궐 안 등불이 일시에 다 꺼지는 모습까지 자세히 묘사한다. 뿐만 아니라 황제의 가마와 그 의장 및 군악까지도 상세하게 기록했다. 그리고 태화전이 아닌 오문 밖에서 황태후에게도 삼궤구고두례를 올리고, 태화전에 와서는 홍려시에서 연습했던 것과 똑같이 여창에 따라 황제에게 삼궤구고두례를 올렸다고 기록했다.

체인각

태화전의 위용을 극찬하는 18세기 중엽의 기록

18세기 중엽 태화전 관련 내용을 서술한 기록으로 홍대용의 『을병연행록』과 『연기』를 들 수 있다. 홍대용은 1월 1일 조참에 참석해 관련 의식을 자세하게 기록한다.[6] 그날뿐 아니라 그는 방물을 공납할 때 다시 태화전을 방문할 기회를 갖는다. 방물은 태화전 바로 옆에 있는 체인각體仁閣에서 받았는데, 홍대용은 궁궐을 또 구경하려고 방물을 공납할 때 따라나섰던 것이다. 다음 인용문에 그때 보고 들은 바가 자세히 서술돼 있다.

세폐와 방물을 비로소 대내大內의 탕고帑庫에 납부하게 되었다. 여러 역관들이 (이들을) 거느리고 갔는데 나도 역시 대내 구경을 하기 위하여 따라갔다. 나귀를 타고 세팔世八을 데리고 여러 역관들의 뒤를 따랐다.

(…) 여기에서 서쪽으로 문 하나를 들어서니 태화전 마당이었다. 섬돌을 디디고 올라가 태화문에 이르니, 문밖에는 시렁에 활과 창을 죽 늘어놓고 갑옷 입은 병사가 열을 지어 지키고 있는데, 퍽 엄하였다. 그 남쪽에는 다섯 개의 돌다리가 가설되어 있는데, 돌난간이 은빛처럼 찬란하였고 다리 바깥은 바로 오문이었다. 다시 전각 섬돌을 디디고 올라가 북쪽으로 문 하나를 들어서니, 중화문 동쪽 마당이었다. 북쪽에는 만세산이 수백 보 안에 있는 것처럼 보였다. 대호지와 다른 방물 몇 종류를 동무東廡, 곁채 아래에 운반해 놓고 탕고문 열리기를 기다리고 있었다. (…) 다시 거기서 나와 체인각에 이르니 어떤 관인이 각閣을 열어놓고 문밖에 서 있고 태감太監 십여 명이 집안에 죽 늘어서서 각종 비단들을 반출하고 있었다. 각 위아래에 층층으로 시렁을 매었는데 비단과 재화가 가득히 들어차 있었다. 관인이 책을 들고 부르면 여러 환관들이 이에 응하여 수효를 계산하며 차례로 전해 내려가는데, 어느 한 사람도 감히 시끄럽게 하지 않았다. 비단은 모두 분지粉紙로 싸고 속은 누른 종이〔黃紙〕로 봉하였으며 위에는 표기가 있는데 모두 만주 글자였다. 역관들은 말하기를, "사행에게 주는 상단도 역시 여기서 나온다"고 하였다.7

홍대용은 역관들을 따라 동안문을 통해 궁궐로 들어서 태화전 마당에 도착한다. 조선 사람들이 공물을 납부하러 기다리면서 시끄럽게 떠들어대자, 중국 통관들이 바로 안에 황제가 계시다며 제발 조용히 해달라고 부탁하기도 한다. 결국 태화전 옆에 있는, 비단과 재화가 가득 차 있는 체인각에 공물을 납부하게 된다. 공물을 납부하는 상황에서 어느 한 사람도 시끄럽게 하지 않는 모습을 홍대용은 인상 깊게 기록한다. 그는 태화전을 방문하고 외집 9권 「태화전」 조에 태화전에 대해 자세히 서술한다.

태화전

태화전은 큰 조회를 보는 정전이다. (…) 이 공비工費만도 수만 금에 달
했을 것 같다. 내외 전각 마당에서부터 태청문에 이르기까지 안으로 전
부 벽돌을 깔았는데, 옆이 일정하여 고루 땅을 덮었으므로 흙 한 점 볼
수가 없었다. 군데군데, 물구멍을 통해 두고 아래는 지하 배수로가 있
어, 가물 때도 먼지가 나지 않고 비가 와도 질지 않다. 모든 전각들의 높
고 웅장함과 뜰과 난간들의 크고 화려함은 말로서도 전할 수가 없고 글
로서도 뭐라고 기록할 도리가 없다. 너무도 어마어마하고 황홀하니 참
으로 천왕의 궁전이라 하겠다.[8]

홍대용은 태화전이 큰 조회를 보는 정전이라 한 뒤 제왕諸王·패륵貝
勒·각신들이 조알하는 곳인 월대를 비롯해 돌화로, 쇠거북, 쇠학 등의 기
물까지 언급한다. 그리고 백관이 조회하는 태화전 남쪽 마당은 만 명이
앉을 정도로 큰 규모를 자랑하고, 그곳에는 품패品牌가 열지어 순서대로
세워져 있다고 설명한다. 더불어 태화전 앞뜰에 있는 엄청난 길이의 난
간들이 맑고, 희고, 부드럽고, 윤이 나며, 조각과 장식들이 정밀하고 섬세
하고, 그 비용만도 수만 금에 달할 거라고 감탄한다. 그는 웅장하고 화려
한 전각들에 압도당해 어떻게 글로 표현할 수 없을 정도라고 청 궁궐을
극찬한다.

유리창

서점과 상점이 넘쳐나는
문화의 중심지

/

유리기와를 만들던 곳

조선 사신들은 북경에 머물 때 유리창을 꼭 방문해야 할 장소로 여겼다. 유리창은 명나라 때 이곳에 유리 기와 공장을 세워 오색 유리 기와를 구웠기에 그와 같은 이름이 붙었다. 당시 북경의 도서 시장은 아직 내성 안에 있었는데, 청나라 초기에 이르러 남성南城 광안문廣安門 내 자인사로 옮겨왔다. 그러다가 강희 연간에 기와 공장 감독자인 왕문백이 집을 지어 상인에게 세를 줄 것을 제안한다. 그뒤 유리창은 점점 발전하게 된다. 강희 연간에 이르러 정월의 민속 활동이 유리창을 중심으로 왕성하게 이뤄지면서, 유리창은 북경 민속문화의 중심지로 탈바꿈한다.[1]

1792년 북경을 다녀온 김정중은 그의 『연행록』에서 중국의 볼거리를 장관, 기관, 고적의 세 가지로 분류한다. 그는 '정양의 수레와 말' '해전의 등회燈會'와 함께 '유리창의 시사市肆', 즉 유리창에 있는 시장과 상점들을 장관으로 꼽았다. 김정중의 경우처럼, 조선 연행사들은 보통 유리창의 시사를 장관으로 여겼다. 박지원은 북경에 다녀온 사람들에게 제일 장관이 무엇인지 물으면, 대개의 사람이 "요동 천 리의 넓디넓은 들판, 구요농 백탑, 연도의 시가와 섬뽀, 세문의 숲 (…) 유리창, 통주의 주즙, 금주위의 목축, 서산의 누대, 사천주당, 호권, 상방, 남해자, 동악묘, 북진묘"라며 그 대답이 분분하다고 한 바 있다. 이는 이른바 박지원의 장관론을 여는 첫 대목이다. 이로 미루어 1780년 연행 당시에도 유리창의 시장과 상점들이, 연행사들이 손꼽던 볼거리였음은 의심할 여지가 없다. 박지원의 '장관론'은 김경선의 『연원직지』 제6권 「조람교유」에 그대로 옮겨지는데, 이로 보아 김경선이 연행에 올랐던 1832년까지도 유리창은 조선 사신들의 주된 관람 장소였음을 확인할 수 있다.[2] 김경선은 그의 『연원직지』 「유리창기」에서 다음과 같이 기록했다.

선무문을 나와 동남쪽으로 정양문 바깥에 이르러 악왕묘岳王廟를 가는 도중에 길을 끼고 시포가 있다. 동서로 각각 이문里門이 있는데 서쪽에는 '유리창서변琉璃廠西邊'이라 쓰여 있고 동쪽에는 '유리창동변琉璃廠東邊'이라 씌어 있다. 서문에서 동문에 이르기까지는 7, 8리가 된다. 시포마다 붉은 장대에 금 글씨로 점포의 이름을 써서 걸어두었으니, 위문당緯文堂, 태흥국泰興局, 명성당鳴盛堂 같은 따위가 이것이다. 대개 주옥, 비단, 주육, 과일 등 여러 가지 물건이 좌우로 모두 가게에 진열되어 있어 화려하고 번쩍번쩍함이 사람을 현혹시켜 눈길을 빼앗는다. 북경의 여러 가게는 곳곳이 모두 이러하지만, 유리창에는 서적, 비판, 정이鼎彝, 고동古銅의 화로와 기완 가운데에 단아한 것이 많이 쌓여 있어서 이름이 가장 널리 알려져 있다. 또 앉아서 장사하는 자들 중에는 과거에 응시하

『연행도』 제13폭 〈유리창〉, 숭실대학교 한국기독교박물관.

여 관리가 되려는 남방의 수재들이 끼여 있어서 시사를 구경하는 사람들 중에 가끔 지명知名의 인사가 있다고 한다.

성신聖申과 비장, 역관 몇 사람이 몇몇 시포를 둘러보고 돌아와서 구경한 것을 전하였다. (…)

"아, 이 좁은 길의 양쪽 여러 시사가 몇 천 개, 몇 백 개인지 모르겠으며, 그 화물의 공비가 몇 거만이 되는지 모르겠습니다. 하지만 이 모두가 기묘하게 눈가림한 것들이고, 백성들이 일용으로 없어서는 안 될 것들은 아니었으니, 중국의 사치 풍조를 참으로 개탄할 만하였습니다. 그런데 많은 물건은 교역의 이점이 있으니, 또한 중국의 큼을 볼 수 있었습니다."3

위 인용문을 보면 유리창임을 알리는 문에 "유리창서변"과 "유리창동변"이라 적혀 있고, 이 두 문 사이의 거리가 7, 8리라고 하니 지금으로 치면 약 4킬로미터 정도 되는 거리에 상점들이 늘어서 있었던 것이다. 그리고 그 상점들마다 붉은 장대에 금빛 글씨로 점포 이름을 써서 걸어놓고 주옥, 비단, 술과 고기, 과일 등을 진열해 그 화려함으로 사람의 눈길을 빼앗았다. 이러한 상점들은 유리창뿐 아니라 북경 다른 지역에도 있었지만 유리창에는 특히 수준 높은 서적, 골동품, 탁본이 많이 있었다. 이를 구경하는 사람 중에는 강남 지역의 유명인사도 있다며 유리창의 분위기를 전하고 있다.

몇몇 군관, 역관 등은 유리창의 거울 가게며 서점들을 둘러보고 와 그 화려함을 김경선에게 전하기도 했다. 하지만 이들은 유리창에서 파는 물건들이 서민이 꼭 필요로 하는 것이 아니라 사치품들이라며 중국의 사치 풍조를 비판했다. 김경선 역시 유리창의 화려함과 장사꾼들의 사익 추구를 비판한다.

요양, 심양에서부터는 모두 진한 채색을 했는데, 북경 정양문 밖 유리
창이 특히 번화하고 고루가鼓樓街가 그다음으로 풍성하여 아로새긴 창
틀이며 조각으로 된 문호가 다 금빛 찬란하다. 간판이나 문패를 다투
어 신기하게 붙였고 의자, 탁자, 주렴, 장막 이런 것들도 다 사치를 극도
로 했는데, 이렇게 하지 않으면 장사가 안 되고 따라서 재물도 모여들
지 않는다고 한다. 대체로 점포 하나를 만들면 그것을 꾸미는 데 드는
비용이 이미 수천만 금이나 되는 것이다. 그래서 이 때문에 그들이 장
사하면서 이익만 따르는 것을 짐작할 만하다. 중국의 습속도 벌써 옛날
같지 않아서 그런 것이다.[4]

김경선은 유리창의 상점들이 중국에서 제일 사치스럽다며 이렇게 화
려하게 꾸미려 수천만 금을 투자하고, 결국 그 돈을 회수하려고 사적 이
익만을 추구하게 됐다며 중국의 현실을 개탄한다. 화려한 상점과 서점이
있는 유리창은 조선 사절단이 꼭 들러야 하는 장소였지만, 이들은 중국
의 화려함을 비판적으로 평가했다.

책을 사랑하는 조선인
조선 사절단이 북경을 방문하는 목적 중 하나가 서적 구입이었다. 그
들은 필요한 책을 구하는 데 온 힘을 기울였고, 또 유리창에 가 서점을
구경하는 것도 반드시 해야 하는 일로 생각했다. 명의 문인 강소서姜紹書
는 조선인들의 책 구매 열기를 다음과 같이 기록했다.

조선인은 책을 가장 좋아한다. 사신의 입공은 50인으로 제한되어 있지만, 옛 책 또는 새 책, 혹은 패관소설로 조선에 없는 것들을 날마다 시장에 나가 각각 서목을 베껴 들고 만나는 사람마다 두루 물어보고 비싼 값을 아끼지 않고 구입해 간다. 그래서 조선에 도리어 기이한 책들이 많이 소장되어 있다.[5]

우리나라 사람들의 서적 구입 열기는 고려조부터 유별났다. 일례로 소동파는 고려 사신이 서적을 대량 구입해 가는 것을 금지해야 한다는 건의까지 올렸다. 사실 이러한 소동파의 태도에 박지원은 『열하일기』 「망양록」에서 그의 분노를 표출하기도 했다.[6]

곡정은, "고려의 공안公案, 고려에 대한 공문을 공은 아십니까?" 하고 묻기에, 나는, "이것은 동파의 『지림志林』에 실려 있는지요. 고려가 죄가 없는데 동파가 가장 미워했습니다. 고려 명신에 김부식金富軾과 부철富轍이 있는데, 소蘇를 사모하였으므로 그들의 이름을 지었으나, 동파는 이것을 알지 못했습니다" 하였다. 곡정은, "자첨子瞻, 소동파의 자이 임금에게 올린 글에는, '고려가 조공을 드리는 것이 털끝만큼 있으니, 청하건대 서적을 사가는 것을 허락하지 마옵소서' 했습니다. 그러나 『책부원귀册府元龜』는 그때 나간 것인데, 귀국에서 널리 인쇄되지 않았는지요?" 한다. 나는, "동파의 상소는 실언을 면하지 못한 것입니다. 작은 나라가 중국을 사모해서 사간 것을 하필 이해로 따졌을까요" 하였다.[7]

소동파가 고려를 경계한 일화는 유명하다. 그는 고려가 서적을 구입해 송의 상황을 파악하는 것을 막고자 했다. 박지원은 이러한 소동파의 행동을 어처구니없어 하며, 중국의 문화와 학문을 배우고자 서적을 구입한 것을 중국의 정치 상황을 파악하려 구입해 간 것이라고 해석한 소식을 비판한다. 소식의 일화를 통해 고려시대 사람들 역시 서적을 구입하는 데 온 힘을 기울였음을 알 수 있다.

1791년 북경을 방문했던 김정중 역시 책을 구하느라 온 힘을 기울였음을 다음 기록에서 볼 수 있다.

> 붓 가게와 먹 가게가 동서에 벌여 있으며 책가게의 깃발이 사람으로 하여금 마음을 취하게 하고 눈을 어지럽힌다. 진기하고 보배로운 서적이 시렁에 꽂혀서 천정에 연했고, 푸르고 누런 비단으로 꾸민 책이 책상에 겹치고 상에 쌓였다. 들어가보니, 어느 책이 어디 있는지 몰라서 찾아내기 어려우므로, 책 표지에 백지 쪽지를 붙여서 각각 아무 서部 아무 질帙이라 쓰여 있다. 내가 종제의 청을 잊지 않아 먼저 소주小註가 있는 『예기禮記』의 규벽이 있는지 없는지 물으니, 주인이 사다리를 올라가 서쪽 벽의 높은 곳에서 두 갑匣을 가져왔다. 하나는 『예기』에 체주體註를 단 네 합권合卷인데 다 명나라 선비가 주석한 것이라, 내가 이르는 선유先儒의 소주가 아니며, 하나는 『예기』의 규벽이나 소주가 없다. 또다른 가게에 가서 그것이 있는지 물었으나 있는 것은 먼저 가게에서 본 것이니 한탄스럽다. 설사 그 책이 있다 하더라도 나라에 잡서를 금하는 법령이 있으니, 결코 가져갈 길이 없다. 종일 방황하며 사랑스러워 놓지 못하는 꼴이 마치 예상翳桑의 사람이 밥을 보고도 먹지 않는 것과 같아서 더욱 서운하고 연연하였다.**8**

김정중이 서점에 가서 자신이 원하는 책을 찾는 모습은 고려시대부터

이어져온 우리 사절단의 모습이었다. 그러나 그는 원하는 책을 찾을 수 없었고, 또 설사 있다 하더라도 나라에서 금한 책은 가져갈 수 없었기에 안타까워한다. 책을 가지고 갈 수 없었던 이유는 1786년과 그 이듬해에 걸쳐 중국 서적을 일절 수입하지 말라고 명령한 정조의 중국 서적 탄압 때문이었다. 정조는 해마다 엄청난 양의 중국 서적이 들어오자 이른바 문체 반정을 일으켰다. 서양의 천주교 서적과 지리서, 양명학과 고증학 서적, 패관소품문과 각종 소설이 주자학의 질서를 흔들고 세상을 어지럽힌다고 판단했던 것이다.[9] 이에 김정중은 원하는 책을 찾아도 나라에서 금한 책이었기에 가져갈 수 없을 터였다.

참고로 "예상의 사람이 밥을 보고도 먹지 않는 것"은 다음과 같은 고사에서 나온 것이다. 춘추시대 진晉나라의 조돈趙盾은 사냥을 하다가 예상에 묵었는데, 영첩靈輒이란 사람이 굶주린 그를 보고 먹을 것을 줬다. 그런데 그가 다 먹지 않고 반을 남기기에 그 까닭을 물으니 남긴 음식을 어머니에게 드리려 한다고 해서 먹을 것과 고기를 더 줬다. 후에 진 영공靈公이 복병으로 조돈을 쳤을 때 영첩이 창을 거꾸로 돌려 영공의 군사를 막아 조돈을 구했다. 조돈이 까닭을 물으니, 영첩은 '예상에서 굶주리던 사람'이라고만 대답하고, 이름과 거처를 묻는 데는 대답하지 않고 떠났다고 한다. 다시 말해 예상의 사람이 먹고 싶은 음식이 있어도 어머니께 드리려고 음식을 먹지 못하고 남겼듯이, 김정중 자신도 사고 싶은 책이 있어도 나라의 금령으로 인해 책을 사지 못하는 아쉬움을 이렇게 표현했던 것이다.

반성해야 할 조선 문화

조선 사람들은 유리창에서 중국의 수준 높은 서적 관련 문화에 감탄하는 한편, 조선의 서적 관련 문화를 부정적으로 평가하기도 했다. 박제가는 『북학의』(1781)에서 다음과 같이 말했다.

내가 서사書肆 한 군데를 들어간 적이 있다. 서사의 주인이 매매 문서를 뒤적이며 피곤에 지쳐 있으나 잠시도 쉴 틈이 없는 것을 보았다. 그런데 우리나라의 서쾌書儈. 책장수는 책 한 종을 옆에 끼고 사대부 집을 두루 돌아다닌다 하더라도 어떤 때는 여러 달 걸려도 팔지 못한다. 나는 이 일을 통해서 중국이 문명의 숲이라는 사실을 알게 됐다.[10]

박제가는 유리창의 서적상이 장부를 정리하느라 잠시도 쉴 틈이 없는 것을 보고 청나라가 문명국임을 깨닫는다. 이는 책 한 권 팔려고 하면 여러 곳을 돌아다녀도 몇 개월이나 걸릴 정도로 책을 사지 않는 조선의 상황과 달랐기 때문이다. 이덕무 역시 우리나라 사람의 서적 구입 행태를 비판한다.

이 책이 간행된 지 벌써 100년이 넘었는데 우리나라 사람들은 까마득히 모르므로 해마다 사신이 끊임없이 내왕하였으나, 수입해오는 책이라고는 고작 연의소설, 그리고 『팔가문초』와 『당시품휘』 따위뿐이다. 이 두 종류의 책이 비록 실용에 도움이 된다고 할 수 있으나, 이 책이라면 집집마다 있을 뿐만 아니라, 우리나라에서도 간행되는 것이니 다시 중국에서 구입할 필요가 없다. 그리고 이 책은 넓게 퍼져 있으므로 진귀하지도 않고 값도 매우 저렴한데 조선 사신들은 올 적마다 별도로 돈을 준비해와서 비싼 값으로 구입하니 우리나라 사람의 고루함이 이와 같다.[11]

북학파에 속하는 이덕무는 중국에서 간행된 지 백 년도 지난 『경해經解』를 우리나라에서는 아무도 알지 못하다며 비판한다. 『경해』는 주이준朱彝尊과 서건학徐乾學이 소장한 책을 다 수집하고 조추악曹秋岳 등의 책을 빌려 140여 종을 모은 것이다. 이덕무는 이를 대부분 송·원 시기 유학자들이 찬술한 진정한 유학과 경학의 서고라 평가했다. 그런데 이 책이 나온 지 100년도 넘었지만 조선 사람들은 이를 알지 못하고 구입하는 책들이 연의소설, 『팔가문초』『당시품휘』 같은 것들뿐이라고 비판하고 있다. 왜냐하면 이들 책은 이미 조선에 집집마다 있고, 또 조선에서 간행되기도 했기에 굳이 구입할 필요가 없었기 때문이다. 더군다나 이 책들은 중국에서 귀한 것도 아니어서 값이 저렴함에도, 조선 사신들이 오면 서점 주인들이 따로 챙겨놓았다가 조선 사람들에게만 비싸게 판다며 조선 사람의 안목 없음을 비판한다.

조선 책의 중국 전파

조선 사절단은 중국에서 다양한 중국 서적을 구입해 조선으로 들여왔다. 그러나 일방적으로 중국의 서적만 조선으로 들여왔던 건 아니다. 조선의 책도 중국 서점에서 대우를 받으며 판매되기도 했다.

> 이 가게 외에 또한 두세 곳이 있으나, 그다지 볼만하지 않으며, 가게는 다 우리나라 『동의보감』을 고이 책으로 꾸며서 서너 질 없는 곳이 없으니, 저들이 귀히 여기는 바인가 싶더라.[12]

위에 언급한 것처럼 대부분의 유리창 서점에서는 허준의 『동의보감』을 책으로 잘 만들어 서너 질씩 진열·판매하고 있었다. 『동의보감』은

1610년 출판됐고, 1766년 순덕順德 사람 좌한문左翰文이 중각했는데, 당시 북경에서 순은 닷 냥에 판매됐다고 한다.[13] 박지원 역시 중국에서 간행된 우리나라 서적은 극히 드물지만 『동의보감』 25권은 성행했고, 그 판본이 정묘하다고 언급했다.[14]

엄청난 규모의 중국 서점들

유리창을 비롯한 중국 서점들의 규모는 조선과 비교가 되지 않았다. 연행사들의 기록에 의하면 10여만 권의 장서를 갖고 있는 서점들도 있었다.

> 북경 정양문 밖의 유리창 서점은 11곳이 있다. 서책을 널리 쌓아두고 파는데 큰 곳은 10여만 권, 작은 곳도 5~6만 권이나 되니, 없는 책이 없다. 그런데도 남경의 서점에는 못 미친다고 한다. 북경의 서점에서 구하다가 못 찾은 것은 남경에 가서 찾으면 얻는다고 한다.[15]

1822년 동지사 서장관으로 북경을 방문했던 서유소의 기록에 의하면 유리창에는 서점이 11곳 있었다. 그런데 1769년 북경을 방문한 이문조李文藻의 「유리창서사기琉璃廠書肆記」에 의하면 유리창 동쪽거리에는 서점이 22군데, 서쪽 거리에는 7군데가 확인되고, 1899년 무전손繆荃孫의 「유리창서사후기」를 봐도 서점은 28군데가 있었다. 이로 미루어, 시기에 따라 변동이 있었을 것임을 감안하더라도 서유소가 기록한 서점 11곳은 유리창 서가에 있는 서점만을 기록한 것으로 여겨진다.[16] 그중 규모가 큰 곳은 장서가 10여만 권, 작은 곳은 5~6만 권이나 될 정도로 엄청난 규모를 자랑했다. 그렇기에 찾는 책을 못 찾는 경우가 없었다. 그런데 더 놀라운 점은 북경보다 남경 서점의 규모가 더 컸다는 것이다. 이에 북경 서점에서 혹 구하지 못한 책이 있다면 남경 서점에서 구했다는 것을 위의 기록을 통해 알 수 있다. 출판문화는 북경보다 강남이 더 발달했음을 알 수 있다.

유리창 서점의 시스템

박사호는 그의 『심전고』에 「책사기冊肆記」를 넣어 유리창의 서점 상황을 설명한다.

책방(冊肆)은 정양문 밖에 있는데, 한 군데에 그치지 아니한다. 그 책을 쌓아두는 방법은 방 20~30칸을 마련하고 매 칸 사면 벽에 간가를 만들어 층층이 정연히 배열하여 쌓아두고, 매 벌에 쪽지를 붙여 아무 책이라고 해놓았는데, 집안에 차고 넘쳐 그 수량을 헤아릴 수가 없지만, 앞채에 큰 탁자 하나를 놓고 탁자 위에 10여 권의 책 상자가 놓여 있는데 그것이 곧 책 이름 목록이다. 사람이 의자 위에 앉아 아무 책을 사고자 할 때에는 한번 손을 들어 얼른 꺼내다주고 또 갖다 꽂게 되어 있어 매우 편리하다. 그 목록을 본즉 큰 질(大帙)로는 『사고전서』 『문장대성文章大成』 『책부원귀冊府元龜』 『연감류함淵鑑類函』 『패문운부佩文韻府』 『전사全史』 『십삼경주소十三經註疏』 『강희자전』 『만국회통萬國會通』 『대장경』 등이며, 그 밖에 경사經史, 제자백가, 의약, 복서卜筮, 점에 관한 것, 나무 심기에 관한 것, 『패관잡기稗官雜記』, 사대 기서四大奇書, 『연의演義』 등의 책들이 또한 매우 많을 뿐 아니라 그 이름조차 모르는 것들도 많이 있었다. 대개 중국에는 크고 작은 자판字板이 있어 잠깐 동안에 박아내므로 문인·사객詞客들의 짤막한 사구詞句들도 모두 찍어내어 문집을 이루니 다행스

러운 문명의 징조라 하겠지만, 이단과 패관의 음담패설 등 정치와 교화
에는 관계되지 않는 것이 갈수록 더욱 성하여 크게 성도聖道가 거칠어
지게 되니, 어찌 그 글을 불살라버리고 그 사람을 잘 교화시킬 수 있겠
는가?

대저 오랑캐(청인을 가리킴)가 중국에 들어와 주인이 되어, 학문을 존중
하는 정치가 탁발씨拓跋氏 이후 이때보다 더 성한 때가 없었으나, 또한
할 말이 있다. 강희 때 천하가 처음으로 안정되었으나 인심은 아직 복
종되지 아니하여, 나라 안의 호걸스러운 선비들이 팔을 뽐내면서 분함
을 이야기하며, 입을 열어 탄식함이 명나라 왕실을 높이고 오랑캐(청나
라)를 물리치는 의리 아님이 없었다.

"바다에 빠져 죽는 것도 좋다. 산으로 들어가 숨는 것도 좋다" 하면서
머리 깎고 옷깃을 왼쪽으로 하게 되어서는 모자를 던져버리고 땅을 치
면서 말하기를, "이것이 무슨 물건이냐?" 하므로, 이에 강희가 크게 걱
정하여 문연각文淵閣을 개설하고 천하의 학문이 높은 선비를 모아 좋은
벼슬로 매어놓고 그 봉록을 후히 하며, 서적을 많이 모아두고 밤낮으로
연구하게 하니, 전의 이른바 호걸의 선비들은 좀벌레〔蠹魚〕(책을 말함) 사
이에 머리를 파묻은 채 늙음이 이르는 것도 모르게 되고, 분하고 한탄
하던 마음이 눈이 햇볕을 만난 것같이 되었다. 이는 곧 영웅을 달래기
위하여 얻은 술수이며, 다만 학문을 존중하는 뜻에서 나온 것만은 아니
라 하겠다.**17**

박사호는 유리창에 있는 서점 상황을 꽤 자세하게 설명한다. 그의 설
명에 의하면 유리창 서점들은 책꽂이를 만들어 책들을 가지런히 쌓고
책들마다 쪽지를 붙여놓았다. 그리고 책 이름 목록을 적어놓은 상자를

큰 탁자 위에 올려놓아, 손님이 책을 찾으면 책 상자에 있는 목록을 보고 바로 책을 찾아주는 아주 편리한 시스템을 갖추고 있었다. 그리고 박사호는 그 서점에 『사고전서』를 필두로 『패관잡기』와 사대 기서 같은 소설류에 이르기까지 없는 책이 없다고 감탄한다. 그는 중국에서는 출판이 편리해 문인들의 문집을 쉽게 출판할 수 있는 이점은 있으나, 동시에 이단과 패관의 음담패설 등이 성해 교화에 도움이 되지 않는다고 비판한다. 그리고 만주족이 중원의 주인이 되어 학문을 존중하는 흉내를 내고는 있으나, 이 역시 청을 따르지 않는 명 말의 학문이 높은 선비들을 달래기 위한 술수일 뿐 학문을 진정으로 존중하는 건 아니라며 청의 문화 정책을 비판한다. 이는 박학홍사과를 설치해 강남의 선비들을 청조에 입사하게 한 정책을 비판한 것이다. 청이 들어선 지 200년 정도 지난 1828년까지도 만주족의 청을 인정하지 않는 박사호의 생각을 엿볼 수 있다.

유리창에서 벌어진 공연들

유리창은 서점과 상점들만 있는 곳이 아니었다. 유리창에서는 다양한 공연과 활동이 이뤄졌다. 그중 연희演戲 공연, 광대 공연, 동물 공연을 살펴볼 것이다.

우선 연희 공연이 있었다. 정양문 바깥에는 크고 작은 극장이 있었고, 유리창 거리 안에서도 희곡 공연은 이뤄졌다.

다리 오른편으로 해서 유리창에 이르렀더니, 시루市樓는 벌여 섰고 금빛 은빛이 찬란하였다. 이는 바로 성 안팎의 큰 도회였다. 마치 파사시波斯市에 들어간 것 같아서 사람의 심목心目을 놀라게 하였다. 매양 길이 나뉜 곳에 당하면, 패문牌門이 섰고 편액에 아무 호통衚衕이라고 쓰였는데, 호통이란 것은 바로 동방洞坊을 일컫는 말이다. 길거리에는 종종 창희를 베풀었으므로 가서 구경하는 사람들이 많았다.**18**

이해응은 유리창의 화려함에 놀란다. 그리고 길이 나뉘는 곳에는 항상 패문이 있어 무슨 골목〔牌衖〕이라 적혀 있었다고 한다. 다시 말해 지금의 도로명 주소처럼 유리창의 골목골목마다 이름을 보기 쉽게 패문에 적어놓았던 것이다. 그리고 길거리에서는 종종 창희를 공연했다고 하는데, 여기서 창희가 구체적으로 무엇을 의미하는지는 확실치 않다. 다만 위 인용문 뒤에 바로 나오는 오언율시에 "많은 돈을 들여 희대를 설치하니, 전각 동쪽 뜰에 구름처럼 모였네萬錢場設戲 雲會殿東庭"라는 구절로 보아 희대에서 공연하는 희곡 공연이었을 가능성이 높아 보인다.

유리창에서는 광대 공연도 있었다. 특별한 직책을 맡고 있지 않던 김정중은 광대 공연을 보려고 유리창으로 향한다. 가보니 구경꾼이 산처럼 모여 있었고, 이들은 모두 입장료를 내고 포장을 친 공연장 안으로 들어갔다.

아침을 먹은 뒤에 윤봉사, 홍예경과 함께 유리창의 광대를 보러 갔다. 구경꾼이 산처럼 모이는데, 마당 가운데에 포장을 치고 몇 사람이 포장 밖에 서서 구경값을 받는다. 돈을 내지 않으면 들어가지 못하게 하므로, 내가 주머니에서 5푼 동전을 찾아서 주니 그 사람이 곧 나를 맞이하여 높게 걸쳐놓은 의자에 앉히는데, 때마침 광대들이 각각 제 재주를 부린다.
길이 한 자 남짓하고 둘레도 그만한 둥근 항아리를 든 자가 있다. 처음에는 왼손으로 그것을 던져서 오른손으로 받곤 하다가, 손이 점점 익숙해지자 던져서 공중에 올라갔다가 내려올 때에 문득 주먹 끝으로 받는데 이와 같이 서너 번 하고는, 또 두 손가락으로 받는데 항아리 밑에 손가락 끝을 세웠으되 흔들리지도 기울지도 않는다. 혹 왼쪽 손바닥으로 굴려서 팔로 해서 가슴에 가고, 오른쪽 손바닥에 옮기며, 곁에 한 사람이 있다가 그 팔을 쳐서 그것을 떨어뜨리면 땅에 떨어지기 전에 곧 놀라는 척하고 잡아온다. 그 몸을 돌리고 물건을 굴리는 것이 마치 조화를 부리는 듯하다.[19]

김정중은 동료들과 함께 유리창으로 광대 공연을 보러 간다. 이 광대 공연은 전문적인 공연으로 포장을 치고 입장료를 받았다. 김정중은 5푼을 내고 장막 안으로 들어가 높은 곳에 있는 의자에 앉는다. 그가 본 공연은 항아리 돌리는 묘기였다. 요즘도 심심찮게 공연되는 이 묘기에 김정중은 적지 않게 감동한다.

김정중은 항아리 돌리기 묘기 외에 동물 공연도 관람한다.

또 곰, 범, 원숭이를 길들이는 자가 있는데, 다 철사로 목을 묶었다. (…) 세 놈이 다 깊은 숲이나 물이 많은 곳에서 사는 몸이므로, 산에 있을 적에는 뜻대로 먹고 마셨을 터이니, 사람으로서 누가 감히 그들을 얕보았으랴마는, 지금 사람에게 억제를 받아서 저렇게 유순하고 연약하게 되어 마치 땅강아지나 개미, 모기, 등에 따위와 같이 되었으니, 어찌 저리 좀스러워졌는가? 세상에서 웅걸한 자를 일컬어 반드시 곰 같은 이, 또는 범 같은 이 하고 또 곰의 팔뚝이라 하면 장하다는 뜻이 아닌가? 그러나 세력을 잃게 되면 이웃에 빌어먹는 팔자가 되어 평범한 지아비가 되려고 해도 되지 못하는 것이 이 세 놈과 비교해보아 무엇이 다르랴? 이

런 까닭을 생각하며 나는 이들을 슬픈 눈으로 바라보았다.[20]

그는 맹수의 대표라 할 수 있는 호랑이와 곰이 사람들로부터 억압받아 유순하고 연약하게 됐다며 슬퍼한다. 보통 곰의 팔뚝이니, 호랑이 같은 사람이니 하는 표현은 강함을 상징하는데, 이 동물들처럼 세력을 잃으면 빌어먹는 평범한 사람이 되려고 해도 못 된다며 동물 묘기를 슬프게 구경한다.

유리창의 화려함

조선 사절단은 유리창의 화려함에 반하면서도 또 이를 비판적으로 평가한다. 유리창의 화려함을 비판한 대표적인 인물로 홍대용을 들 수 있다.

이 길을 끼고 좌우로 있는 점포만도 수천 수백에 달하고 그 물건 만드는 데 소요된 비용도 몇 만의 거액인지 안 수 없는데, 기실 일반 백성들의 양생과 송사送死에 꼭 없어서는 안 될 것은 하나도 없었다. 그저 모두가 이상한 재주에 음탕하고 사치스런 물건들로 사람의 뜻을 해치는 것뿐이다. 이상한 물건들이 날로 불어나며 선비들의 기풍이 점점 흐려져 가니, 중국이 발전 못하는 것도 다 그런 이유 때문인 것 같다. 슬픈 일이다.[21]

홍대용은 상업, 특히 상업적 이익에 대해 부정적인 생각을 갖고 있었다. 이에 유리창에 있는 점포 수백 곳에 진열된 수많은 물건이 백성들의 실생활에 하나도 도움이 안 되는 사치품이라고 비판한다. 그는 기이한 물건들이 늘어나면서 선비들의 기풍이 흐려지고, 중국도 발전하지 못하고 있다며 슬퍼한다. 홍대용이 말한 발전이 정확히 무엇을 의미하는지 모르겠으나, 당시 중국은 정치적으로 건륭 성세盛世를 누리고 있었고, 학문적으로도『사고전서』를 편찬하던 중이었다. 홍대용의 표현처럼 중국이 발전 못한다고 슬퍼할 상황은 아니었다. 사실 홍대용 역시 발전된 청의 문물을 배우려 했던 인물이기에 중국이 발전 못한다고 한 그의 비판은 적절치 않아 보인다. 다만 오로지 자기 이익만을 위해 서로 함께하는 것은 왕도에서 패도로 이행하는 역사의 한 과정이라고 홍대용은 이해했다. 그는 개인의 사사로운 이익만 추구하고 신의가 아닌 돈과 권모술수에 의존하는 그 관계가, 마치 유리창에서 목격한 시장과 상인의 부정적 모습과 매우 닮아 있다고 파악했다. 이에 유리창의 화려함과 사익만 추구하는 풍조를 비판한 것이다.[22]

1798년 북경을 방문한 서유문 역시 유리창의 화려함에 감탄을 금치 못한다.

문밖은 다 가게라 서로 한 골목을 들매 길 너비가 세 걸음을 넘지 못하고 온갖 가게가 서로 마주 대하였으니, 파는 것이 아주 기괴한 보배라. 금옥과 산호와 수정과 오동烏銅과 호박으로 각색 공교한 그릇과 노리개를 만들어 네모진 그릇에 넣고 유리로 뚜껑을 만들어 덮었으며, 필통과 향로와 이름 모르는 집물이며, 옥으로 부처와 신선을 만들어 사자와 범과 사슴과 코끼리를 빛을 좇아 또한 금옥으로 새겨놓았으니 쓰는 바를 알지 못하나 이 또한 집물에 쓰는 것인가 싶으며, 벌여놓은 것이 극히 가지런하여 사람의 눈을 놀라게 하며 가게마다 한 길이 넘는 거울을 맨 가운데에 걸었으니 앞에 벌인 것과 마주 대하여 있는 가게와 지나는 사

현대 유리창 거리의 서점들 ©김민호

람이 형형색색으로 다 비치니 눈이 황홀하여 이루 볼 수가 없으며, 여기를 지나 유리창에 닿도록 가게가 끊인 곳이 없고 쌓인 물화들의 이름을 그려 낼 방도가 없더라. (…)

사람의 어깨가 서로 닿으며 수레바퀴가 서로 치여 길이 통하지 못하니, 때때로 수레 앞이 막히어 식경이 넘도록 머물러 섰는지라. 수레에 앉은 자가 손에 책을 들고 반 권을 넘게 보니 인품이 조급하지 않음을 가히 볼러라. 비록 귀인이라도 앞에 서 있는 자가 지난 후에 지나고 통행을 제한하는 일이 없더라.[23]

서유문은 유리창 골목으로 들어서서 정교하고 화려하게 만들어놓은 물건들을 보고 놀란다. 또 가게마다 한가운데에 걸어놓은 거울이 앞에 놓인 물건과, 마주보고 있는 가게와, 지나가는 사람을 같이 비추어 눈을 황홀하게 만든다며 유리창의 화려함에 감탄한다. 그가 감탄한 것은 단순히 물건의 화려함뿐만이 아니다. 수많은 인파로 길이 막혀 꽤 오랜 시간 수레가 머물러 있는 상황에서도 수레에 탄 사람이 아무런 불만 없이 들고 있는 책을 반 권 넘게 보는 것을 보고 또 감탄한다. 더군다나 귀한 신분이라도 앞에 있는 사람이 지나간 후에야 지나가지, 보행자의 통행을 제한하지 않는 것을 보고 문화의 힘을 느낀다. 마치 현대의 교통문화 선진국을 보고 있는 듯한 느낌을 받지 않을 수 없었을 것이다.

청대 유리창은 중국 문화의 정수를 보여주는 장소다. 유리창은 화려한 사치품, 수만 권에 달하는 책, 그리고 다양한 공연으로 조선 사신들의 발길을 끌었던 문화 중심지였다. 조선 사절단은 청에 대한 반발심, 혹은 개인의 신념에 따라 유리창의 화려함에 부정적인 평가를 내리기도 했지만 선진문화를 보고 유리창의 진가를 인정하지 않을 수 없었다.

천주당

동쪽 끝과 서쪽 끝
사람들의 만남

푸른 눈에 우뚝한 콧날, 게다가 푸른 머리털	眼碧鼻隆仍綠髮
고국은 멀리 대양의 서쪽에 있다네.	邦鄕遠在大洋西
<u>스스로</u> 말하길, 도를 추구해 오래도록 계율을 지켜	自言求道長修戒
60의 나이에도 아내를 얻지 않는다하네.	六十年高不娶妻

—조상경趙尙絅, 『연사록燕槎錄』

위의 시는 1731년 사은겸동지사의 부사로 연경을 다녀온 조상경의 『연사록』에 실린 「서양국인西洋國人」이란 시다. 이 시에는 당시 조선 사람들이 생각한 서양인에 대한 정보가 담겨 있다. 조선 사신들은 우선 '푸른 눈' '우뚝한 콧날' 등 자신과 다른 외모를 지닌 서양인을 보며 신기해했고, 또 그들이 멀리 바다 건너 다른 세상에서 온 것에 대해서도 놀라워했다. 조선 사람들이 북경에서 만난 서양인은 대부분 예수회 소속 선교사였고, 이들은 계율상 결혼을 할 수 없었다. 조선 사람들의 경우 대가 끊긴다는 것은 있을 수 없는 일이었다. 그래서 결혼을 하지 않는다는 서양 선교사들을 희한한 눈으로 쳐다봤던 것이다.

조선 사신들은 북경으로 연행 갈 때 일반적으로 천주당 구경을 갔다. 북경의 천주당은 동서남북 네 곳이 있었는데, 그중 조선 사신들이 가장 많이 갔던 곳은 선무문宣武門 안 남당南堂이었다. 남당은 명 만력 29년인 1601년 처음 지어졌는데, 중국에 온 예수회 선교사들의 주거지로 사용됐다. 그후 마테오 리치Matteo Ricci, 利瑪竇가 주거지 옆의 수선서원首善書院을 매입해 자신이 기도하는 장소로 활용했다. 신도 수가 200여 명 정도로 늘어나면서 1605년 규모를 늘려 조그마한 교당을 건축하게 됐다. 독일 출신 예수회 전도사 아담 샬 Adam Schall, 湯若望은 1645년 순치제에게 '시헌력'을 완성해 올렸다. 그의 공로를 인정한 순치제는 1650년 북경 선무문 안에 천주당을 짓도록 공식적으로 허락했다.[1] 이에 20미터 높이에 이르는 바로크 양식의 천주당, 즉 남당이 지어졌다. 남당은 1900년 의화단 사건으로 큰 화재를 입고, 1904년 다시 교당과 부속 건물이 지어져 현재의 남당에 이르게 됐다. 동당東堂은 현재 북경의 왕부정 거리王府井大街에 있는데, 1655년 이탈리아 출신의 예수회 선교사 루도비크 버글리 Ludovic Bugli, 利類思와 포르투갈 출신의 예수회 선교사 가브리엘 드 마갈량이스Gabriel de Magalhães, 安文思가 건축했다. 북당北堂은 파리외방선교회 소속 장 드 퐁타네 Jean de Fontaney, 洪若翰 등이 1693년 강희제의 학질을 고친 공로로 하사받은 현재의 서십고西什庫 땅에 지어 1703년에 완공했다.[2] 북당은 한국 최초의 천주교 신자인 이승훈李承薰이 예수회의 조제프 그랑몽Joseph Grammont, 梁棟材 신부에게 '베드로'라는 세례명을 받은 곳

천주교 남당 ©김민호

이기도 하다. 서당西堂은 1725년 이탈리아 선교사인 테오도르 페드리니 Teodorico Pedrini, 德理格이 건설했다. 이중 조선 사신들이 가장 많이 방문했던 곳은 남당이었고, 숙소에서 가까운 동당에도 자주 방문했다.

소현세자와 아담 샬의 만남

조선에서 서양 천문학을 처음 접한 이는 정두원鄭斗源, 1581~?으로 알려져 있다. 그는 1631년 진위사陳慰使로 북경에 갔다 돌아올 때 포르투갈 신부 요하네스 로드리게스Johannes Rodriguez, 陸若漢에게서 대포를 비롯해 "『치력연기治曆緣起』1권, 『천문략天問略』1권, 『원경설遠鏡說』1권, 『직방외기職方外紀』1권, 『서양공헌신위대경소西洋貢獻神威大鏡疏』1권과 천리경, 자명종, 조총, 약통 등의 물건을" 받아왔다고 한다.[2] 그리고 기록에 의하

면 조선 사람 중 최초로 북경의 천주당을 방문한 사람은 소현세자다. 소
현세자는 인질로 심양에 잡혀가 있던 중 1644년 8월 19일 청 황제의 북
경 천도 행렬과 함께 심양을 출발해서 9월 19일 북경에 도착해 자금성
문연각에 숙소를 정했다. 세자시강원은 매일매일 소현세자의 행적을 기
록했으나 이상하게도 북경으로 출발한 1644년 8월 19일부터 1645년 2월
16일까지 6개월 동안의 일기가 전하지 않는다. 이 기간의 일기는 소실됐
거나 고의로 인멸했을 가능성도 있어 보인다. 북경에 들어온 소현세자는
아담 샬을 만나게 되고, 서양의 사상인 천주교와 새로운 과학기술에 깊
은 관심을 갖게 됐다.[3]

사라진 『소현심양일기』 부분 외에 우리나라의 기록에는 소현세자와
아담 샬의 만남에 대한 자세한 기록이 남아 있지 않다. 소현세자와 아담
샬의 만남에 대해서는 『1581년에서부터 1669년까지 키나에서 그리스
도교의 옳은 신앙을 포교하기 위해서 활동한 예수회 신부들에 대한 보
고: 그 시작과 전개를 중심으로』라는 1672년 독일 아우구스투스 한크비
츠Augustus Hanckwitz 라티스 보나이 출판사에서 출판된 책에 관련 내용
이 나온다. 이 책의 저자는 아담 샬과 인토르체타Intorcetta로 이 책 제12장
「키나의 통치자 타르타루스 왕족의 족보와 천문에 대해 키나인이 보인
관심과 열정을 소개하고, 코레아 왕(세자)이 천문에 대한 일과 천주의 법
에 대해 심취해서 배웠다고 보고한다」에서 소현세자 관련 내용을 소개
한다.[4]

기본적으로 소현세자는 천주교에 호의적이었다. 소현세자는 아담 샬
에게 편지 두 통을 보내는데 아담 샬은 이를 번역해 위의 책에 수록했다.
소현세자의 첫번째 서신에는 그가 천주교를 긍정적으로 평가하는 부분
이 나온다.

전혀 뜻밖이었습니다. 어제 구세주 하느님의 성상과 천구와 천문 서적과 에우로파 세계의 학문을 담고 있는 다른 여러 서적들을 받았습니다. 특히나 저에게 보낸 책들을 지켜보노라니, 어찌 감사를 표해야 할지, 어찌 이 빚을 갚아야 할지 참으로 모르겠습니다. 이 가운데 몇 권의 책들을 훑어보았습니다. 책들이 마음을 깨끗하게 정화하고 덕을 닦는 데에 가장 적합한 가르침을 담고 있음을 깨닫게 되었습니다. 당연히 알아야 함에도 지성의 빛이 아직 밝지 않은 탓에 우리는 아직 이 가르침에 대해서 알지 못합니다. 성상은 참으로 위대합니다. 벽에 걸어놓고 보노라면 보는 이의 마음을 지극히 평온하게 해줍니다. 또한 마음에서 온갖 더러움과 먼지를 떨어내어줍니다. 천구와 이에 관한 책들도 마찬가지입니다. 세상이 이것 없이는 안 될 것입니다. 어떻게 해서 나에게 이런 천운이 찾아왔는지 잘 모르겠습니다. (…)

우리 왕국으로 되돌아갈 때에, 나는 이 책들을 왕실로 가져갈 뿐만 아니라 이를 인쇄하고 책으로 찍어 학자들과 의견을 나눌 것입니다. 그들은 이 책들을 읽을 것입니다. (…) 한데, 우리나라로 이 서적들은 물론 성상을 가지고 갈 수 있기를 간절히 바랐습니다. 허나, 생각해보니, 하느님을 섬기는 일에 대해서 우리나라에 사는 사람들은 아직까지 들은 바가 전혀 없고, 해서, 코레아인들이 지켜왔던 잘못된 가르침의 숭배 전통으로 말미암아 그분의 위대함이 공격당하지나 않을까 두렵습니다. 심히 이것이 염려스럽습니다. 따라서 호의는 진심으로 감사하지만, 성상은 신부님께 다시 돌려주는 것이 안전하다 판단했습니다. 성상을 가지고 감으로 해서, 당연히 경배받아 마땅함에도 오히려 멸시당하게 함으로 해서 짓게 되는 잘못을 범하지 않고자 할 따름입니다. 감사의 마음으로 우리나라에서 값지다고 여기는 조그만 물건을 하나 보냅

니다. 신부님이 나에게 해준 것에 비하면 만분의 일에 불과합니다. 안녕히 계시길 기원합니다.⁵

소현세자의 서신을 보면 그가 천주교 및 서양 문명에 지극한 관심과 호의를 가졌음을 알 수 있다. 문맥으로 보아 소현세자가 "마음을 깨끗하게 정화하고 덕을 닦는 데에 가장 적합"하다고 한 책들은 과학기술 서적이 아니라 서양의 사상, 그중에서도 천주교에 관한 책을 의미할 것이다. 이어 소현세자는 "성상은 참으로 위대"하다고 하면서 이를 "벽에 걸어놓고 보노라면 보는 이의 마음을 지극히 평온하게 해"주고, "또한 마음에서 온갖 더러움과 먼지를 떨어내어"준다며 천주의 성상에 대한 자기 견해를 밝힌다. 그러나 소현세자는 조선의 현실을 알고 있었기에 성상을 갖고 조선으로 돌아갈 수 없다고 설명한다. 이 편지는 소현세자가 한문으로 쓴 것을 아담 샬이 직접 라틴어로 번역했다고 한다.⁶

더불어 소현세자는 두번째 편지에서 "또한 당신의 예수회에 속하는 사람을 한 분 모시고 가기를 진심으로 바랍니다. 나와 우리나라 사람을 가르칠 사람으로 말입니다"라며 예수회 신부를 파견해달라 요청한다. 그러나 소현세자의 바람은 이뤄지지 않았다. 조선과 청의 국경에서는 "등록된 사람들과 허가받은 사람들만이 오로지 그 지역으로 나가고 들어오는 것이 허용되"기 때문이다.⁷ 아담 샬의 번역을 전적으로 믿을 수 있는지에 대한 논란은 있을 수 있지만, 기본적으로 소현세자가 천주교와 서양문물에 호의적이었던 점만은 부정할 수 없다. 실제로 소현세자는 세례를 받은 그의 내시 한 명을 아담 샬 곁에 남겨두었다. 그 목적은 제대로 교육받은 내시가 배우기를 원하는 다른 사람들을 교육하도록 하기 위해서였다고 한다.⁸

예수회 아카이브 중 아담 샬이 편지를
보낸 목록 ©김민호

　여담으로 필자는 2013년 『소현심양일기』를 처음 접하면서 소현
세자와 아담 샬의 만남이 어떻게 이뤄졌는지 볼 수 있으리라 무척 기
대했다. 그런데 『소현심양일기』에는 소현세자가 북경에 들어갔을 때
의 부분만 빠져 있었다. 이에 우리나라의 기록이 없어졌다면 아담 샬
측의 기록을 찾아보자는 생각이 들었다. 당시 중국에 있던 예수회 소
속 선교사들은 로마에 있는 예수회 본부, 혹은 자신이 속한 예수회 교
구에 보고서를 보냈다. 이에 아담 샬이 보낸 편지를 찾아보자는 생각
이 들어, 2013년 10월 로마의 예수회 본부 아카이브를 방문했다. 그곳
에서 소현세자와 관련된 탕약망의 보고서가 있는지 찾아봤지만 안타깝
게도 찾을 수가 없었다. 당시 북경은 명청 교체가 이뤄지고 있던 혼란
기였기에 아담 샬이 편지를 보낼 상황이 아니었던 것으로 여겨진다. 실
제로 로마 바티칸의 예수회 아카이브 중 아담 샬이 편지를 보낸 목록인

〈Japsin142IndexAdamSchall〉〈japsin142_000.〉을 보면, 아담 샬이 1640년에 편지를 보내고 나서 1648년이 돼서야 다시 편지를 보냈다는 사실을 알 수 있다.

앞에서 언급했던 것처럼 북경의 천주당 남당 건축은 1605년 이마두가 처음에 조그맣게 시작했다가, 1650년 아담 샬에 의해 제대로 된 천주당으로 완성됐다. 명대 조선 사신들은 천주당을 방문하지 않았다. 그 이유로 우선 명나라가 조선 사신의 숙소 관리를 엄격하게 해 사신들이 마음대로 거리 구경을 할 수 없었다는 점을 들 수 있겠다. 하지만 무엇보다도 명대 북경에는 방문할 만한 천주당 자체가 없었다. 북경 최초의 제대로 된 천주당인 남당이 완성된 시기가 1650년, 즉 청이 들어선 이후다. 이에 명대 연행록에는 천주당 관련 기록이 보이지 않는다.

청 초 조선 사신과 예수회 신부들의 우호적인 만남

청대에 들어오면서 북경에 온 사신들은 천주당 방문을 하기 시작했다. 김창업의 『연행일기』에는 천주당과 관련된 짤막한 언급이 나온다.

저녁에 객사의 대청에서 주수主守를 만나보았다. 주수는 바로 홍우정洪禹鼎군이었는데, 참판이던 그의 숙부 수주受疇공을 따라 연경에 간 적이 있었으므로 나의 이야기는 그의 유람한 일을 묻는 것이었다. 이야기는 대개, "오룡정五龍亭이나 천주당 같은 데는 우리나라 사람들이 가보기 어려운 곳인데, 볼 수가 있었다"는 것이었다.[9]

김창업에 의하면 1695년 홍수주의 자제군관 자격으로 북경에 갔던 홍우정이 천주당을 방문했다는 것이다.[10]

그렇다면 소현세자 이후 기록에 보이는 천주당 방문자는 아무래도 1695년이나 1696년 경 천주당을 방문했을 홍우정이 될 것이다. 김창업의『연행일기』에도 천주당을 방문한 사람에 대한 기록은 보이지 않는다. 연행록 중 최초로 선교사와의 만남을 기록한 책은 조영복의『연행일록』이다. 조영복은『연행일록』에 다음과 같이 기록했다.

> 서양국에서 온 노인 세 사람이 어떤 이는 가마를 타고 어떤 이는 말을 타고서 어제 보낸 선물에 대해 사례하고자 방문하였다. 정청으로 나와 동서로 나누어 앉아 대화를 나누며 물었다. "여러분은 연경에 와서 무슨 일을 하십니까?" "황제가 도교를 숭상하여 저희들을 맞이해 스승으로 삼았으며, 이곳에 온 지는 벌써 30여 년이 되었습니다." "서양은 서역의 서쪽에 있으니, 의당 똑같이 불교를 섬겨야 하거늘 도교를 숭상함은 무슨 연유입니까?" "서양과 서역은 서로 매우 멀리 떨어져 있고, 숭상하는 바도 서로 다릅니다." "서양국의 풍속도 선생들의 옷차림과 같습니까?" "본국은 이와 같지 않습니다." 그리고는 말하기를, "일찍이 조선의 예법은 다르다고 들었는데, 지금 여러 대인들을 보니 참으로 매우 기쁩니다"라고 하였다. 과일과 안주를 간략히 차려 술을 한차례 마셨는데, 끝마치고 돌아갈 때에 자못 아쉬워하는 기색이 있었다. 밖으로 나온 후에 천리경 1개, 흡독석吸毒石 2개, 소영귀小靈龜 2개, 칼 1자루, 화경火鏡 2개, 수건 2장, 도서道書 9권을 주기에, 종이부채와 여러 물건으로 답례하였다.[11]

이때만 하더라도 조선 사신들은 서양 천주교에 대해 잘 몰랐던 것 같다. 그렇기에 "도교"라는 표현을 쓰거나, "서양은 서역의 서쪽에 있으니,

의당 똑같이 불교를 섬겨야 하거늘 도교를 숭상함은 무슨 연유입니까?" 라며 서양과 천주교에 대한 무지함을 드러낸다. 더불어 이들은 "서양국의 풍속도 선생들의 옷차림과 같습니까?"라며 의복에 대한 질문으로 넘어간다. 조선시대 청을 방문했던 거의 모든 사신은 명의 제도를 이어받은 조선옷을 입고 청나라 거리를 돌아다니는 것에 은근히 자부심을 느꼈다. 이에 이러한 은근한 자부심을 품고 이같이 질문을 한 건 아닐까 싶다. 더불어 서양 선교사들은 "천리경 1개, 흡독석吸毒石, 독을 빨아들인다는 돌 2개, 소영귀小靈龜 2개, 칼 1자루, 돋보기(화경) 2개, 수건 2장, 도서 9권"을 주고, "돌아갈 때에 자못 아쉬워하는 기색"을 보인다. 이 기록을 통해 1719년만 하더라도 조선 사신과 예수회 선교사의 관계가 나쁘지 않았음을 알 수 있다. 이러한 좋은 관계는 계속 이어지는데, 특히 이기지李器之는 자신의 천주당 방문과 서양 선교사들과의 교류에 대해 『일암연기一菴燕記』에 몇 차례에 걸쳐 자세하게 언급한다.

이기지는 아버지 이이명과 함께 1720년 북경을 방문했다. 그의 『일암연기』를 보면 다음과 같은 내용이 나온다.

중당에 들어가니 서양인 세 사람이 서쪽에 앉아 동쪽을 향해 있었고, 꽃무늬 의자를 동편에 놓아두었다. 내가 들어서자 모두 읍하며 앉으라고 하는데, 예모禮貌가 매우 공손하였다. 세 사람은 모두 덥수룩한 수염에 범상치 않은 모습으로, 우뚝한 코가 콧등이 솟아 있으면서도 아랫부분은 처져 있었다. 눈썹은 짙으면서도 털이 가늘었고, 눈빛은 강렬하면서도 맑은 것이 마치 유리구슬과도 같아 무언가를 볼 때에 눈동자를 굴릴 것 같지도 않아 보였다. 두번째 자리에 앉아 있는 사람은 키가 9척 남짓 되었다. 모두들 변발을 하고 청나라 옷을 입고 있었다. (…)

세 사람은 모두 한어를 말할 수 있었지만 분명하게 알지는 못하였고, 글 또한 알지 못했다. 곁에 앉은 한인은 곧 강남 지방의 거인으로 이곳에 있으면서 통역을 해준다고 하여, 박태중이 그와 대화를 나누어보았지만 끝내 분명하게 통하지가 않았다. 결국 내가 글을 써서 거인에게 주면, 그 사람이 그 글을 가지고 세 사람 앞으로 가서 번역하여 이야기해주고, 또 세 사람의 말을 글로 써서 나에게 보여주었다. (…)

세 분 중에서 혹시 우리 관소에 와주실 수 있는 분이 있는지요?"라고 했는데, 이 사람들을 대인께 보여드리고 싶었기 때문이었다. 그 사람이 깃털 붓으로 종이에 글을 써서 주면서 손가락으로 가리키며 말하기를, "이노야李老爺께서 사리에 매우 밝아 공경할 만하니 마땅히 관소에 가도록 하겠습니다"라고 하였다. (…) 드디어 내가 작별인사를 하고 나오니, 세 사람 모두 문밖에 나와 전송해주었는데, 작별하는 정이 은근하였다.[12]

위의 인용문을 보면 조선 사람들이 서양인들의 첫인상에 대해 부정적이지 않은 것을 알 수 있다. "예모가 매우 공손"하고, 또 "범상치 않은 모습"이라고 함으로써 서양 오랑캐라는 이미지에서 이미 벗어나 있음을 볼 수 있다. 당시 이기지가 만났던 선교사들은 요세프 수아레스Joseph Suarez, 蘇霖, 앙트완 드 마게아스Antóin de Magaihaens, 張安多, 장 프란시스코 카브도수Jean Francisco Cavdoso, 麥大成였는데, 이들과는 삼중의 통역 과정이 필요했다. 조선 사신들은 중국어는 못하지만 한자를 쓸 줄 알았고, 서양 선교사들은 중국어는 할 줄 알았지만 한자를 쓸 줄 몰랐다. 이에 이기지가 글을 써서 거인에게 주면, 거인이 그 글을 가지고 세 선교사 앞으로 가서 중국어로 통역해주고, 또 세 선교사가 한 중국어를 듣고 이를 글로 써서 이기지에게 보여주는 방식을 취할 수밖에 없었다. 이는 홍대용을 비롯해 천주당을 방문했던 후대 연행사들이 모두 겪어야 했던 소통 방식이었다.

여기서 한 가지 더 눈여겨볼 사항은 조선 사신과 선교사 사이의 분위기가 나쁘지 않았다는 것이다. 선교사들을 숙소에까지 초청하는 일은 홍대용이 북경을 방문했던 1765년경에는 상상할 수 없었다. 실제로 선교사들은 1720년 9월 29일 이그나티우스 쾨글러Ignatius Kogler, 戴進賢와 조선 사신들의 숙소를 방문했고, 이기지는 남당뿐 아니라 1720년 10월 10일 동당도 방문해 포도주 대접까지 받았다. 이후로도 이들은 10월 13일, 20일, 24일, 26일, 28일 등 천주당과 사신의 숙소를 오가며 빈번하게 교류했다. 그중 10월 26일자에는 이기지와 선교사가 일식과 월식에 대해 대화를 주고받는 장면이 나온다.

내가 또 묻기를 "일식과 월식은 모두 천변天變에 달려 있는 것입니다. 임금이 덕을 닦으면 혹 마땅히 일식과 월식이 있어야 하는데도 일어나지 않으며, 정사가 혼란스러우면 일식이 자주 나타납니다. 그래서 공자께서 『춘추』를 지으면서 반드시 일식을 큰 변괴로 기록하였습니다. 대개 인사의 선악에 따라 어떤 감응하는 바가 있기에 일식이 생기는 것입니다. 오성五星이 침범함에 있어서도 또한 그러한 것입니다. 그대의 말에 따른다면, 일식과 월식, 오성이 침범함은 그 스스로 일정한 연월일시가 있게 되는바, 이는 천변에 따라 정해지는 것이 아니라는 말입니까?"라고 하자, 대진현이 대답하였다. "일식과 월식, 오성이 침범함은 예부터 지금까지 모두 응당 행해지는 때가 있는 것이며, 천변 때문에 일어나는 것이 아니며 인사에 관계되는 것도 아닙니다." (…)

대개 서양인은 단지 그들의 법칙에 따라 관측할 뿐, 원래부터 중국의 역법을 추고推考해보지는 않는다. 이에 그들과 함께 같고 다른 점을 토론하려 해도 중국 별자리와 시진時辰의 명칭을 이해하지 못하고 있기 때문에 나의 갑작스러운 질문을 당하자 모두 말이 막혀 답을 할 수 없었던 것이다. 흠천감 관리 두 사람 또한 천문학의 연원을 깊이 이해하지 못하고, 다만 한결같이 서양인들의 말을 따라서 한자로 번역하여 역서를 만들기만 할 뿐이다. 때문에 서양의 기술을 모두 이해하지도 못하면서 중국의 천문학을 궁구하고 있는 것이다. 여러 사람들이 서로 돌아보면서 말하길 "그가 매우 명백하다他的很明白"라고 하였는데, '헌很'이란 저들 말로 '매우'라는 뜻이다.13

중국, 그리고 고대 한국에서는 일식과 월식을 "임금이 덕을 닦으면 혹 마땅히 일식과 월식이 있어야 하는데도 일어나지 않으며, 정사가 혼란스러우면 일식이 자주 나타"나는 현상으로 종종 임금의 덕과 연관지어 설명했다. 그런데 선교사 이그나티우스 쾨글러는 "일식과 월식, 오성이 침범함은 예부터 지금까지 모두 응당 행해지는 때가 있는 것이며, 천변 때문에 일어나는 것이 아니며 인사에 관계되는 것도 아니"라고 단언한다. 이기지, 아니 중국과 조선에서 수천 년간 고수해온 세계관이 깨지는 순간이다. 그러나 이기지는 이를 받아들이지 못한다. 서양인들이 "중국의 역법을 추고해보지" 않았기에, 즉 중국을 이해하지 못했기에 이런 잘못된 이야기를 한다고 오히려 서양인 탓을 한다. 서양 사람을 통해 새로운 진리를 만났지만 기존의 가치관을 깨기에는 아직 시간이 필요했던 것이다. 더불어 1720년 10월 28일자에는 다음과 같은 내용이 나온다.

탕상현이 정태현에게 말하길 "우리들은 조선으로 가서 천주당을 짓고 천주의 가르침을 멀리까지 포교하고 싶은데, 가능하겠습니까?"라고 하였으니, 대개 해로를 물은 것은 의도가 있었던 것이다. 정태현이 답하기를, "이것은 우리나라 조정에 달린 것으로 우리들이 미리 헤아려 말할 수 있는 것이 아닙니다. 다만 이곳의 황제께서 여러 선생이 떠나가는 것을 허락하시겠습니까?"라고 하자, 그가 말하였다. "우리들은 본래 이곳에서 관직을 받은 것이 아니고, 단지 포교하기 위해 왔기에 떠나고 머무는 것을 우리 뜻대로 합니다. 대서양, 소서양, 중국과 그 밖의 나라들을 가지 못한 곳이 없습니다. 황제 또한 우리들이 오고가는 것을 간섭하지 않습니다."

이전에도 서양인은 비록 동쪽으로 가겠다고 분명히 말하지는 않았으나, 매번 우리나라로 가는 노정을 물어 가고 싶은 뜻을 보인 적이 많았다. 대개 이들의 인품은 궤이詭異하면서도 매우 고결하였는데, 이곳의 오랑캐 풍속에 대해 싫어하는 뜻이 있었기에 우리나라 사람의 의관과 문물을 보고는 염모하는 기색이 있었다. 일찍이 소림蘇霖을 보고 서양에 있을 때도 머리를 깎았느냐고 물었더니, "나라의 풍속이 이와 같으니 우리들 또한 면할 수가 없었습니다"라고 하면서 머리를 문지르며 자못 부끄러워하는 기색이 있었다. 서양인은 불승과는 원수지간으로 또한 중들과 같음을 싫어하는 것을 이것으로도 미루어 알 수 있는 것이다. 그러나 우리나라에는 만에 하나라도 와서 살 수는 없으니, 우리나라에 오랫동안 살다가 그 허실을 자세히 알아내어 고국으로 돌아간다면 또한 우려할 일이기 때문이다. 그래서 내가 그들의 뜻을 헤아려 우리나라에 올 수 없다는 뜻을 매번 은근히 보였는데도 여전히 간절하게 노정을 물어오니 근심스러운 일이다.[14]

이기지는 이 인용문에 앞서 이들의 만남에 "극동과 극서 사람이 이곳에서 만났으니, 이는 하늘이 내린 인연"이라는 의미를 부여한다. 그리고 한쪽은 천주의 설을 들어, 또 한쪽은 유가의 설을 들어 이들 만남의 중요성을 강조하는데 서양과 동양 모두 백성을 마음으로 아끼고 사랑해야 한다는 데 동의한다. 그리고 서양 선교사들은 조선에 포교를 하고 싶다며 이기지에게 직접적으로 그 가능성을 묻는다. 이에 이기지는 자신이 결정할 수 있는 일이 아니라고 한발 빼면서, 선교사들이 "우리나라에 오랫동안 살다가 그 허실을 자세히 알아내어 고국으로 돌아간다면" 우려할 만한 일이라며 '우물 안 개구리'의 인식을 벗어나지 못하는 모습을 볼 수 있다. 더불어 이기지는 청의 복장을 따르지 않고 명의 복장을 유지하는 조선인을 보고, 서양 선교사들이 이를 염모하는 기색이 있다며 자부심을 느낀다. 또 예수회 신부들이 만주인들처럼, 그리고 불교 승려들처럼 머리를 깎은 것에 대해 "자못 부끄러워하는 기색"을 보였다며 만주족과 불교에 부정적인 자기 속내를 드러낸다.

소현세자와 아담 샬의 만남 이후, 18세기 초 예수회 선교사들은 조선에 포교하는 일이 가능하다고 착각했다. 이에 선교사들은 어떻게 하면 조선에 포교를 할 수 있을까 집요하게 물었다. 또 조선인의 환심을 사고자 돼지, 양, 닭, 거위 등으로 만든 고급 음식과 입에 들어갈 때 상쾌하면서도 훈훈한 기운이 올라오는 고급 포도주까지 내오며 조선 연행사들을 칙사 대접한다. 그러나 이 시기 조선 사신들은 특별한 목적을 갖고 서양 선교사를 만나지 않았다. 그냥 관광 차원에서 서양에서 온 신기한 사람들을 만났을 뿐이다. 이에 포교를 원하는 서양 선교사들은 조선 사신들을 잘 대접하지 않을 수 없었다.

18세기 중엽 조선 사신과 예수회 선교사의 껄끄러운 만남

1756년 정광충의 『연행일록』에는 홍대용의 『연기』 「유포문답」으로 유명한 유송령劉松齡, August von Hallerstein이 처음으로 등장한다. 정광충은 『연행일록』에서 다음과 같이 그와의 만남을 기록했다.

조금 뒤에 한 사람이 다가와 고하기를, "노야께서 나옵니다"라고 하였는데, 용모가 매우 단아하고 깨끗하였으며 수염과 머리카락이 반백이었다. 누구인지 묻자, "서양 사람인 유송령입니다"라고 하였다. (…) 지금 이곳에 와서 머물고 있는 서양 사람은 25인인데, 여섯 사람은 서천주당에 거처하고, 나머지는 동천주당에 거처하거나 서화문西華門 밖에 거처한다. 서당西堂의 여섯 사람 중의 하나가 유송령이다. 그의 나이를 물으니 50세라고 하고, 이곳에 와서 머문 지 몇 년이나 되었느냐고 물으니 17년 되었다고 하는데, 진실로 더불어 대화를 나눌 만한 자였다. (…) 유송령은 지금 흠천감정으로 있는데 정은 삼품의 관직이다. 한참 동안 이야기를 나누다보니 날이 이미 저물어가기에 작별하고 돌아왔다. 가만히 생각해보니 서양국은 분명히 하나의 별천지로 여겨졌다.[15]

기본적으로 정광충은 유송령에 대해 긍정적으로 묘사한다. "용모가 매우 단아하고 깨끗하"며 "진실로 더불어 대화를 나눌 만한 자"라고 긍정적인 평가를 내린다. 이를 보면 조선 사신들은 당시 서양 선교사들과 소통이 잘 되고, 또 분위기도 좋았다고 생각한 것 같다.

그런데 유송령이 1757년 그의 동생에게 보낸 편지에는 조선인을 부정적으로 묘사하는 부분들이 나온다. 그는 "조선인들은 매해 방문한다"고 하고 "조선인들이 세상에서 제일 교활한 사람들"이라고 부정적으로

슬로베니아에 있는 유송령 생가 ⓒ김민호

평가한다. 그렇게 평가한 이유에는 여러 가지가 있을 수 있겠지만, 그의
편지에 의하면 "하루 종일 질문만 해대고, (예수회 신부들이) 물어보는 것
에는 단 하나도 대답을 하지 않는다"는 것이다. 게다가 "글씨 쓴 종잇조
각 하나 남기지 않는다"며 자신들이 챙길 것만 챙기고 지식은 전하지 않
으려 한다는 부정적인 시선으로 조선인들을 보고 있다.[16] 그리고 1720년
이기지가 받은 대접과 비교해보면 어느 정도 손색이 있음을 알 수 있다.
기본적으로 음식 대접이 없고, 헤어질 때 아쉬워하는 분위기도 없고 말
이다.

또 1756년 1월 24일자를 보면 다음과 같은 내용도 나온다.

천주당 관원 유송령이 사람을 시켜 회단回單을 보냈는데, 겉봉에 "대대
인에게 영광스럽게 올립니다〔大大人榮陛〕"라 쓰여 있었다. 그 안에 붉은

종이로 된 단자 2개가 있었는데, 하나에는 "찾아달라는 청은 삼가 논의를 해야 하고, 감히 마음대로 할 수 없는 것입니다. 삼가 감사드리며 또 가까운 날에 만날 수 있기를 기다리겠습니다"라고 쓰여 있었고, 다른 하나에는 "삼가 양화洋畵, 서양 그림 4장, 여송과呂宋果, 여주 4매, 흡독석 2개, 양경洋鏡, 거울 1방을 갖추어 보냅니다"라고 쓰여 있었다.[17]

위 인용문을 보면 비록 선물을 보내긴 했으나 이기지 때와 비하면 훨씬 약소해진 것을 알 수 있다. 또 "찾아달라는 청은 삼가 논의를 해야 하고, 감히 마음대로 할 수 없는 것입니다"라며 숙소로 와 달라는 요청에 거절의 뜻을 비치고 있다. 이 역시 이기지 때는 서로 숙소와 천주당을 몇 번씩 오가던 것과 차이가 있는 것이다.

연행사와 천주당 하면 아무래도 홍대용을 빼놓을 수 없을 것이다. 당시 실학에 관심을 갖고 있던 홍대용은 1765년 음력 6월 숙부인 홍억이 동지사의 서장관이 되자 자제군관으로 동행하기로 결정했다. 그는 1765년 12월 27일 북경에 도착해 그곳에서 2개월 정도 머물다 돌아왔다.[18]

홍대용은 북경에 다녀온 경험을 한문으로 기록한 『연기』와 한글로 기록한 『을병연행록』을 저술했다. 유송령, 포우관鮑友官, Anton Gogeisl과의 만남 역시 여기에 기록돼 있다. 홍대용이 직접 남당을 방문한 날은 1766년 정월 9일, 13일, 19일, 그리고 2월 2일로 모두 네 차례다. 그러나 유송령을 직접 만난 날은 9일, 19일, 2월 2일 세 차례다. 그가 천주교 남당을 방문한 주요 목적은 바로 유송령 등 서양 선교사와의 만남에 있었다. 당시 조선의 일부 학자들은 공론에 빠진 성리학에서 벗어나 실용적인 북학北學, 즉 청에서 배우자는 생각을 하고 있었다. 홍대용은 바로 이 북학파 계열에 속했다. 그는 비록 주류 조선인은 무시하나, 발전된 청 문명이 어디에서 왔는지 알고 싶어했고, 또 그 문명을 배우고자 했다. 특히 그는 천문학, 수학 등 과학기술에 관심을 가졌기에 서양 선교사로부터 이를 배우려 했다.

홍대용은 기본적으로 유송령이 뛰어난 과학자임을 알고 있었다. 더불어 서양 선교사의 도움을 받아 청의 과학기술이 발전하고 있다는 사실을 알고 있었다. 이처럼 과학기술과 관련해, 그의 기록에 나오는 유송령의 모습은 긍정적으로 나타난다. 그의 『연기』「유포문답」과 『을병연행록』에는 다음과 같은 기록이 있다.

> 유송령과 포우관은 남당에 거처하는데 산학算學이 더욱 뛰어났고, 궁실과 기용은 4당堂 중에서 으뜸이었는데, 우리나라 사람이 항상 내왕하는 곳이었다.[19]

이처럼 홍대용은 유송령이 과학의 기초가 되는 수학 등에 뛰어나다는 사실을 알고 있었다. 더불어 "여러 번 들어가기를 청하였지만 듣지 않고 수레에 오른 후에야 비로소 들어"[20]가는 유송령의 모습을 서술하면서 예의바른 그를 긍정적으로 묘사하기도 한다. 홍대용은 유송령과 더불어 망원경, 파이프오르간, 천문 기기 등 다양한 서양 기구를 구경하기도 한다. 특히 그는 천주당의 그림을 보고 신기함을 금치 못하며 이를 기록으로 남겼다.

> 문에 드니, 동쪽으로 벽돌담이 두 길 가량 높고, 담을 뚫어서 문을 만들어 반쯤 열어놓았다. 그 밖을 바라보니, 누각의 난간들이 겹겹이 들어 있으므로 이상한 구경거리가 있을 듯하기에 세팔을 불러 물어보았더

니, 세팔이 웃으면서, "그림입니다" 하였다. 두어 걸음 앞으로 다가가서 살펴보니, 과연 그림이었다. (…) 대개 들으니, "서양 그림의 묘리는 교묘한 생각이 출중할 뿐 아니라 재할裁割 비례의 법이 있는데, 오로지 산술에서 나왔다" 하였다.[21]

이처럼 홍대용은 실물로 착각할 정도로 정교하게 그린 그림들에 감탄을 금치 못한다. 그리고 이러한 그림은 "재할 비례의 법" 등 수학적 계산에서 나왔음을 밝히며 서양 과학기술의 뛰어남에 찬탄을 보낸다. 이 외에도 홍대용은 유송령과의 대화를 통해 서양 천문학, 음악, 수학 등 다양한 지식에 대해 묻고 감탄한다.

서양 기술문명에 대해서는 찬탄을 금치 못했던 홍대용이지만, 그는 유송령 등 당시 서양 선교사들의 이미지에 대해서는 부정적인 입장을 많이 내비쳤다. 그 이유는 기본적으로 유송령 등 서양 선교사들이 홍대용 일행을 피하는 듯한 분위기를 보였기 때문이다.

정월 9일에 이뤄진 첫 만남 역시 1월 7일 홍대용이 "마두인 세팔을 시켜 '만나보고 싶다'는 의견을 먼저 알렸더니", 유송령은 "공사가 연속 있으니, 20일 후에나 서로 만나자"고 답을 보낸다. 이는 사실 만나고 싶지 않다는 뜻을 보인 것이다. 이에 홍대용은 1월 8일 "장지 2속, 부채 3자루, 먹 3갑, 청심원 3알"과 함께 다시 정중하게 편지를 보내 만남을 요청하고 나서야 1월 9일 유송령을 만나게 된다. 또 1월 19일에 유송령과 포우관은 아직 일어나지 않았다는 핑계로 홍대용과의 만남을 피한다. 이에 홍대용은 "우리들은 오로지 대인의 재주와 학식을 우러를 뿐, 다른 뜻은 없는데 대인께서 사람을 접대함이 너무 박정하니, 참으로 얼굴이 뜨겁다. 이제 물러가면 다시는 오지 않겠다"고 반 협박을 하고 나서야 유송령과 만나게 된다. 2월 2일의 만남에서도 "두 사람은 모두 품속에 일표日表를 간직하였다가 수시로 꺼내어 살피"는 등 홍대용 일행을 부담스러워하는 분위기를 풍긴다. 더불어 1월 13일에는 남당을 갔다가 유송령은 출타중이어서 못 만나고, 포우관은 손님을 접대하느라 만날 여유가 없다고 하여 결국 만나지 못하고 돌아오는 상황이 발생한다. 『을병연행록』의 기록에 의하면, 홍대용은 이때 "세팔이 말하기를, '포우관이 중문 안에서 손님을 보내고 우리를 보고는 바삐 몸을 숨겨 도로 들어가니 보기를 어려워하는가 싶"다는 이야기를 한다. 즉 포우관이 홍대용 일행을 보고 일부러 피했다는 것이다. 1월 19일에 함께 갔던 일관日官 이덕성은 또 다음과 같이 불만을 표한다.

읍하고 물러나와 돌아올 때 이덕성이 말하기를, "이전에는 천주당 사람이 우리나라 사람을 보면 가장 반기며 대접하는 음식이 극히 풍비하고 혹 서양국 소산으로 납폐하는 선물이 적지 아니하더니, 근래에는 우리나라 사람의 보챔을 괴로이 여겨 대접이 이리 낙락하니 통분합니다"라 하였다.[22]

천문지리 등의 일을 담당하던 관상감觀象監의 일관으로 따라왔던 이덕성은 천주당의 신부들과 천문 지식을 의논하고, 또 필요한 서적을 구하는 임무를 맡고 있었다. 그러나 이전에 조선 사람들에게 좋은 음식을 대접하고 선물도 잘 주던 서양 신부들이 이제는 조선 사람을 피하는 지경에까지 이르자, 그 박대에 분통을 터트린다. 실제로 이기지의 『일암연기』를 보면 조선인을 극진하게 대접했던 상황을 확인할 수 있다. 마지막으로 2월 2일 돌아갈 때 홍대용은 다음과 같은 기록을 남겼다.

"날이 늦어 물러가기를 청하고 귀국하여 돌아갈 기약이 멀지 않으니 다시 오지 못하리라 했으나 조금도 서운하게 여기는 기색이 없었다"고 한다. 더불어 "화지 두 장과 작은 박은 그림 두 장과 고과여송과 네 낱과 흡독석 두 낱을 각각 봉하여 나와 이덕성에게 나눠주며 말하기를, "근래는 서양국과 왕래하는 인편이 잦지 않으므로 있는 토산이 없어 이렇듯 약소하니 허물치 마십시오"라 하였다. 사행께서 각각 면피를 보냈는데, 회례할 뜻이 없으니 괴이하였다. 이덕성은 맡아온 일이 있어 역법을 자세히 배우고 두어 가지 의기와 서책을 사고자 하였는데, 대접이 종시 관곡하지 아니하고 서책과 의기는 다 없다 하며 즐겨 보여주지 않으니 "통분하였지만 하릴없었다"고 한다.[23]

한문으로 기록된 『연기』에 "귀국하여 돌아갈 기약이 멀지 않으니 다시 오지 못하리라 했으나 조금도 서운하게 여기는 기색이 없었다"는 부분은 나오지 않지만, 한글본 『을병연행록』에는 홍대용의 서운한 마음이 이처럼 기록돼 있다. 결국 홍대용은 유송령의 박대에 어느 정도 마음이 상한 것으로 보인다. 그래서 이처럼 유송령을 부정적으로 묘사했던 것이다. 그러나 유송령에게도 나름의 고충은 있었다. 당시 그는 정3품 관리로 흠천감欽天監의 감정監正이었기에 할일이 무척 많았다. 더불어 천문 관측은 일반적으로 밤에 하는 일이었기에 낮에는 쉬어야만 했다. 그리고 유송령은 예수회 일도 맡고 있었다. 그는 중국 교구 예수회의 총책임자였다.[24] 뿐만 아니라 당시 예수회는 아주 복잡한 상황에 처해 있었다. 1762년건륭27 파리고등법원은 예수회를 불법 교단으로 선고했고, 1764년 프랑스 루이 15세도 파리고등법원의 결정을 재가해줬다. 다시 말해 예수회는 존폐의 위기에 처해 있었던 것이다. 결국 1773년건륭38 클레멘스

14세가 교황으로 즉위하고 나서 프랑스, 포르투갈 등의 압력에 못 이겨 예수회 해산에 사인을 했다. 예수회 해산 소식은 1년 뒤인 1774년 중국에 전해지게 됐다.[25] 유송령이 홍대용과 만난 1766년은 아직 예수회가 해체되기 전이었지만 여러 위기 상황이 있었다. 유송령의 말대로 "서양 국과 왕래하는 인편이 잦지 않으므로 있는 토산이 없"어 제대로 된 선물을 보낼 수 없었던 것이다.

유송령이 조선인들을 피한 이유에는 이외에 조선인들의 문제도 있었다. 홍대용이 「유포문답」에서 언급한 것처럼 "조선의 풍속은 교만하여 그들을 거짓 대하는 등 예의를 갖추지 않는 일이 많고, 혹은 그들의 선물을 받고서도 보답하지 않았"으며, "수행원 중에 무식한 사람들은 가끔 그 집에서 담배를 피우고 가래침을 뱉으며, 기물을 함부로 만져 더럽"히기도 했다. 또 홍대용 자신도 과학기술에 대한 열정이 넘쳐 집요하게 자신이 원하는 것을 몇 번이고 요구한다. 「유포문답」을 보면 "내가 또, '의기儀器 및 요종鬧鐘을 보여달라'고 간곡히 청한 뒤에야 요종을 내어 보였다" 같은 부분이 나온다. 홍대용 입장에서는 절실했을지 모르나 유송령의 입장에서 집요하게 요구하는 홍대용이 피곤했을 수도 있으리라 생각한다. 그러나 이보다 더 핵심적인 점은 둘 사이의 관심사와 그 깊이에 차이가 있었다는 것이다. 유송령은 선교사 입장에서 천주교를 전파할 목적으로 중국에 와 있었다. 반면 홍대용은 과학기술에 대한 것만 물어봤고, 그 수준도 유송령과 함께 깊은 이야기를 나눌 정도는 되지 못했다. 의사소통에 있어서도 유송령과 포우관은 중국어는 할 줄 알았으나 한자를 잘 쓰지 못했고, 홍대용은 한자는 잘 썼으나 중국어를 할 줄 몰랐기에 직접 소통을 하지 못하는 답답함이 있었다.

결국 1774년 엄숙嚴璹이 천주당을 방문했을 때는 아예 유송령을 만나지도 못하는 상황이 벌어진다. 엄숙의 『연행록』을 보면 다음과 같은 내용이 나온다.

> 삼사가 함께 천주당에 갔다. 천주당은 선무문 안에 있으며, 서양 사람들이 머무는 곳이다. 유송령이란 자가 있는데, 70세가 넘었으며 흠천감정으로 있다. 며칠 전에 역관을 보았을 때에는 만나볼 뜻이 없다고 하더니, 오늘로 약속했다고 한다. 그가 또 말하기를, "사람이 많으면 폐단이 생기니, 삼사가 각기 한두 사람만 데려와야 할 것입니다"라고 했다고 한다. 그런데 오늘 삼사와 상하의 일행들이 모두 함께 와 이르니, 유송령은 병이 났다고 하면서 나와보지 않았다. (…)
> 사람들이 다투어 들어가려고 하자 성낸 기색을 지으며 종자從者를 쫓아내려고 해 여러 번 간청하였다. (…) 여러 음악소리가 들리더니 금방 그쳤다. 그러고는 스스로 익숙하지 못하다고 했다. 더욱 권하였지만 따르지 않기에 매우 분통이 터졌다.**26**

우리는 위의 인용문을 통해 유송령의 푸대접이 점점 심해졌음을 알 수 있다. 처음에는 "만나볼 뜻이 없다"고 했다가, 약속을 잡고는 "삼사가 각기 한두 사람만 데려와야" 한다며 인원을 제한했다가, "삼사와 상하의 일행들이 모두 함께" 오자 "유송령은 병이 났다고 하면서 나와보지 않았"던 것이다. 더불어 "여러 번 간청"을 하여 겨우 구경을 할 수 있게 됐지만 제대로 된 구경도 못하고 있음을 알 수 있다. 이에 조선 사신들은 분통이 터졌던 것이다. 유송령은 당시 70세가 넘었고, 실제로 그는 그해 1774년 10월 29일 세상을 떠났기에 병이 난 것이 사실일 수도 있다. 그럼에도 이때와 1720년 이기지 때와는 조선 사신에 대한 대접이 180도달라졌음을 알 수 있다. 이는 서로의 필요가 역전됐기 때문이라 해석해 볼 수 있다. 18세기 초, 서양 선교사들은 조선 포교에 대한 희망을 놓지 않았기에 조선 연행사들을 칙사 대접했다. 하지만 조선 연행사들은 그들을 희한한 구경거리 정도로밖에 여기지 않았다. 그러나 18세기 중엽이 넘어가면서 서양 선교사들은 조선에 대한 포교가 불가능하다는 걸 알게된다. 반면, 북학파 계열에 속한 조선 연행사들은 서양 과학기술을 배우고자 하는 욕망이 컸다. 다시 말해 18세기 중엽 이후가 되면서 서양 선교사들은 별로 아쉬울 게 없었지만, 조선 연행사들에게는 서양 선교사들의 도움이 필요하게 된 것이다. 이러한 상황의 역전과 더불어 조선인들의 과도한 요구와 서양 선교사들의 업무 과중 등 여러 상황이 복합적으로 작용해 이들의 만남이 껄끄러워졌다.[27]

18세기 말 천주교 박해 이후 끊어진 천주당 방문

1791년 전라도 진산珍山에 사는 윤지충尹持忠, 권상연權商然 두 선비가 부모의 제사를 거부하고 위패를 불태운 '진산사건'이 터졌다. 이에 천주당에 조선 연행사들의 발길이 끊어지게 됐다. 1798년 북경을 방문한 서유문은 그의 『무오연행록』에서 다음과 같이 기록을 남겼다.

이날 치형致馨이 자송子頌을 좇아 천주당을 보고 오다. (…)
"서양 사람은 끝내 나와보는 일이 없더니, 돌아올 때에 천주 위하는 집에서 무슨 경 읽는 소리가 나거늘 문을 열어보니, 아까 보던 관冠과 옷을 입고 북벽 밑으로 돌아다니며 무슨 소리 하니, 키 작고 얼굴이 검으며 인물이 매우 모질어 뵈더라. 성은 탕개라 하고 이름은 기록지 못하며, 근래는 우리나라 사람이 이곳에 가는 일이 없는지라, 우리나라 사람이

유송령의 편지가 소장되어 있는 로마 소재 예수회 본부 건물. ©김민호

이르자 지키는 자가 묻기를, "이곳에 다님을 귀국에서 금한다 하더니 어
찌 왔느뇨?" 하니, 누가 전하는 말인지 모르되, 극히 괴이하더라.
공자가 가라사대, '말이 충성되고 미더우며 행실이 도탑고 공경하면 비
록 만맥 지방이라도 가히 가리라' 하시고, 유하혜柳下惠가 이르되, '저는
저요 나는 나니 제가 어찌 내게 더러우리요' 하니, 천주당을 구경 않음
이 또한 괴이한 의사라" 하여 치형이 보고 와서 웃더라.[28]

여기서 서유문은 천주당을 구경하고 돌아온 치형의 이야기를 듣는다.
초창기 천주당을 방문했던 사람들이 서양 선교사들의 모습을 긍정적으
로 그렸던 것에 반해 진산사건으로 인해 천주교에 대한 인식이 나빠진
탓인지 여기서는 "키 작고 얼굴이 검으며 인물이 매우 모질어 뵈더라"며

부정적으로 묘사한다. 그리고 "이곳에 다님을 귀국에서 금한다 하더니 어찌 왔느뇨?"라는 구절을 통해 1791년 진산사건 이후 대부분의 연행사가 천주당에 발길을 끊었음을 알 수 있다. 다만 위의 인용문을 보면 이 말에 대해 "극히 괴이하더라"라고 한 것을 보아 조선에서 천주당 방문을 금지하기까지 한 건 아니라고 여겨진다.

그러나 1801년 신유박해 이후로는 상황이 달라졌다. 당파 싸움이 천주교 탄압으로 이어진 상황에서, 북경의 구베아 주교에게 비단에 기록한 구원 요청서를 보내려 했던 '황사영 백서' 사건이 터지자 천주교 탄압은 더욱 가속화됐다. 이에 1801년 이후에는 천주당 방문에 대한 기록이 끊어졌다. 대신 이들은 천주당 대신 악라서관鄂羅西館, 즉 러시아인의 숙소를 방문하게 됐다. 1804년 북경을 방문한 이해응은 직접 천주당을 방문하진 않았지만 그의 『계산기정』에 천주당과 관련된 상황을 간략하게 소개하고, 이를 반영하는 시를 실었다.

천주당은 현무문玄武門 안 동쪽에 있는데, 서양 사람들이 거주하는 곳이다. 문이며 담장의 제도가 성에 임하여 아득히 높이 솟아 있다. 당 안에 벌여놓은 것들 중에는 볼만한 것이 많다. 이전에 옥하관에 머물 때에는 들어가 보는 사람이 많았는데, 한번 사학邪學으로 금지된 후부터는 서로 통행하지 못하게 되었다.

천주당 속에 사는 사람,	天主堂中客
만 리 밖 서양에서 왔네.	萬里西洋來
사람을 보면 자취를 감추고,	見人輒屏跡
대낮에도 문을 열지 않네.	白日門不開

오묘한 재주 신조에 가깝고,	巧才逼神造
보물은 산같이 쌓여 있네.	寶玩如山堆
어디서 온 일종의 학설인데,	何來一種學
마침내 윤강을 해치는가?	竟欲倫綱頹
석가와 노자의 말은 그대로 높고,	釋老言猶高
양주와 묵적 죄인의 괴수일세.	楊墨罪爲魁
지사여 부질없이 걱정하지 마오,	志士莫謾憂
눈앞에는 슬픈 일만 많기도 하네.	眼前多堪哀
백년 동안 오랑캐 나라 되어,	百年驕虜國
예의의 풍속 초토에 버려졌네.	正風委草萊[29]

그는 "한번 사학으로 금지된 후부터는 서로 통행하지 못하게 되었다" 며 천주당, 그리고 서양문물에 대한 시를 읊고 있다. 이 시에는 "오묘한 재주 신조에 가깝고, 보물은 산같이 쌓여 있네"라며 서양의 기술과 천주 당의 풍요로움을 긍정적으로 묘사하는 부분이 나온다. 하지만 시 전체적 으로 "사람을 보면 자취를 감추고" "윤강을 해치는" 등 부정적인 내용이 주를 이룬다.

그런데 1831년 북경을 방문한 한필교의 『수사록』에 천주당을 방문한 기록이 남아 있다. 그는 서양 선교사와 만나지 않았지만, 천주당에 방문 해 카스틸리오네의 벽에 그려진 문 그림이 진짜 문인 줄 알고 나가려다 부딪히는 에피소드를 소개한다.[31]

그리고 1832년 북경에 간 김경선은 그의 『연원직지』 1832년 12월 22일 자에 김창업, 홍대용, 박지원 등이 서술한 천주당 관련 기록을 길게 소개 한다. 그는 "서양의 기술은 지금 중국과 우리나라에서 금하고 있어 서로 접촉을 허락하지 않을 뿐만 아니라 음사陰邪가 심하다는 말을 듣고는 눈으로 보거나 발로 밟으려고도 하지 않는다. 다만 그 화법畵法과 여러 교묘한 기물은 참고삼아 한번쯤 보아두는 것이 무방하다 생각한다"며 말미에 자기 생각을 간단하게 정리한다.

마지막으로 1863년 북경에 간 이항억의 『연행일기』 1863년 1월 5일자와 1866년 북경을 방문했던 유후조의 『연행일기』 1866년 6월 14일자에도 천주당 관련 언급이 나온다. 이 두 연행록 작가는 모두 천주당을 밖에서만 바라보고 있다. 그 이유로 이항억은 "출입을 금하여 들어가지는 못하고 밖에서 먼발치에서 바라볼 뿐"이라 하고, 유후조는 "기해년1839에 서양인 4명이 우리나라로 온 이후로 조선인은 서양관에 들어가지 말라는 명이 있었기 때문"이라고 밝힌다. 여기서 기해박해는 1839년 헌종 5년에 일어난 제2차 천주교 박해 사건을 말한다.

3부

강남 이미지

중국 사람이 생각한
강남

강남은 좋지,　　　　　　　　　　　　江南好

그 풍경 예전부터 알고 있었지,　　　　風景舊曾暗

해 뜨면 강가의 꽃 불꽃보다 붉고,　　　日出江花紅勝火

봄 오면 강물은 쪽빛보다 푸르렀지.　　春來江水綠如藍

내 어찌 강남을 잊을 수 있으리오?　　能不憶江南?

　　　　　　　　　　　　　　—백거이, 「억강남」

백거이白居易의 「억강남憶江南」은 강남의 아름다운 풍경을 읊은 대표적인
사詞 중 하나이면서, 강남의 이미지를 잘 나타낸 작품이다. 일반적으로
'강남' 하면 풍광 좋고 기후 좋은 편안한 이미지를 떠올린다.

　'강남江南'이란 말 그대로 '강의 남쪽'으로 일반적으로 장강의 남쪽 지

역을 의미한다. 중국 고대에 강남은 문화와 경제면에서 번영을 상징했다. 그러나 옛날부터 줄곧 '강남'에 대한 통일된 정의는 존재하지 않았다. 문학작품에 반영된 강남의 개념은 시기에 따라 변하는데 어떤 경우는 호남성湖南省과 호북성湖北省 지역을, 어떤 경우는 강서성江西省과 호남성湖南省 지역을, 또 여떤 경우는 절강성浙江省 지역을 가리켰다.

장구령張九齡의 시「감우感遇」중에는 "강남에는 붉은 귤 있지, 겨울 되어도 그 잎 푸르다네江南有丹橘 經冬猶綠林"라는 구절이 나온다. 여기서 강남은 장강 중류의 호북성 남쪽 및 호남성 일대를 가리킨다. 두보의「강남봉이구년江南逢李龜年」에서 "강남의 풍경이 좋은 바로 지금, 꽃 지는 시절에 또 그댈 만나네正是江南好風景 落花時節又逢君"라는 구절은 두보가 담주潭州, 지금의 호남성 장사시長沙市에서 이구년李龜年과 우연히 만난 상황을 묘사한 것으로 여기서의 강남은 호남성 일대를 의미한다. 그후 소주와 항주에서 관직을 지낸 백거이는 그의「억강남」세 수의 사에서 "강남"과 "가장 생각나는 것[最憶]"은 "항주"이고, "그다음[其次]"은 "오궁吳宮", 즉 '소주'라며 강남을 항주, 소주로 연결시킨다.

범성대范成大는『오군지吳郡志』에서 "하늘에는 천당이 있고, 땅에는 소주와 항주가 있다天上天堂, 地下蘇杭"고 언급한다. 이처럼 "금과 옥을 쌓아놓은 땅, 온유하고 부유한 지역堆金積玉地 溫柔富貴鄕"이란 미명美名을 지닌 소주와 항주는 강남을 대표한다고 할 수 있다. 재미있는 점은 강남의 반대가 강북江北이 아니라 '새북塞北', 즉 변새 지방이라는 것이다. 이는 강남이 평화와 아름다움, 그리고 풍요의 이미지를 보여줌을 의미한다.

예로부터 강남을 노래한 문학작품이 많았고, 이를 통해 중국인은 상상 속 강남의 이미지를 만들어갔다. 강남을 노래한 시가 중 한대에는 한악부漢樂府「강남」이 있다.

232

강남에서는 연을 캘 수 있지.	江南可采蓮
연잎은 얼마나 무성한지!	蓮葉何田田
물고기가 연잎 사이에서 노니네,	魚戲蓮葉間
물고기가 연잎의 동쪽에 노니네,	魚戲蓮葉東
물고기가 연잎의 서쪽에서 노니네,	魚戲蓮葉西
물고기가 연잎의 남쪽에서 노니네,	魚戲蓮葉南
물고기가 연잎의 북쪽에서 노니네.	魚戲蓮葉北

위의 악부시에서 볼 수 있는 이미지는 여유로움이다. 연을 캐는 노동을 하고 있지만 삶의 무게에 짓눌리지 않고 그 상황을 즐기며 주위에서 노니는 물고기에까지 눈길을 주는 그런 여유로운 모습 말이다.

당대에 들어와서 위에 언급한 백거이의 「억강남」 외에 두목杜牧의 「강남춘江南春」 등 수많은 시에서 강남의 아름다움을 노래했다. 송대에 들어와서도 이러한 분위기는 여전했다. 북송의 유영柳永은 그의 사 「망해조望海潮」에서 전당강錢塘江의 조수潮水에 대해 읊으면서 당시 그곳의 화려함을 그린다.

동남 지역의 형세 빼어난 곳, 오나라 도읍들 들어선 곳, 전당은 예로부터 가장 번화하였지. 안개에 싸여 있는 버들에 그림 같은 다리, 바람은 발을 흔들고, 휘장은 비췻빛으로. 옹기종기 10만의 가구가 모여 산다네. 구름같이 무성한 나무 강 모랫둑을 에워싸고, 성난 파도 눈서리같이 하얀 물거품 일으키니, 하늘 구덩이는 끝이 없어라. 저자에는 진주와 보석 즐비하고, 집집마다 비단 가득하여 호사스러움을 다툰다네.[1]

이처럼 강남의 풍경은 항상 화려한 이미지를 띠고 있다. 그러나 남송에 들어오면서 약간의 변화가 생기기도 한다. 임승林升의「제임안저題臨安邸」를 보면 다음과 같은 내용이 나온다.

산 밖에 청산 있고, 누각 밖에 또 누각이,　　　　山外靑山樓外樓

서호의 노래와 춤, 언제나 멈출는지.　　　　　西湖歌舞幾時休

따뜻한 바람에 취해버린 나그네들　　　　　　暖風熏得遊人醉

항주를 개봉으로 여기는구려!　　　　　　　　直把杭州作汴州

임승 역시 항주의 자연 풍광과 화려함을 부정하진 않는다. 하지만 이러한 화려함을 즐기는 것을 부정적인 시각으로 바라보는 변화가 나타난다. 금나라에 쫓겨 개봉에서 항주로 내려온 사람들이 고토를 회복할 생각은 안 하고 향락에 젖어 있는 모습을 비판하고 있는 것이다. 남송의 항주를 추억한 『몽량록夢粱錄』에도 항주에 대한 묘사가 많이 나온다.

정월 초하루를 일러 원단元旦이라 하였는데 민간에서는 새해(新年)라고 불렀다. 한 해의 절기 중 원단이 제일 처음 오는 절기였다. 원단이 되면 정부에서는 공사公私의 집세를 3일간 면제해주었다. 사대부들은 모두 서로 축하를 하였고, 일반 백성들도 남녀 모두 깨끗한 옷으로 갈아입고 새해 인사를 하러 다녔다. 거리에는 먹을거리, 일용품, 갓과 빗, 영말領抹, 비단, 조화, 완구 등의 물건들이 펼쳐져 있었고, 상점의 문들을 따라 물건을 걸고 하는 도박인 관박關撲을 하는 소리가 울려퍼졌다. 빈부를 가리지 않고 도관道觀이나 불교 사원으로 놀이삼아 나온 사람들이 하루 종일 끊이지 않았다. 집집마다 주연酒宴을 열어 웃음소리로 시끌벅적하

였다. 이는 항주성의 풍속으로 예전부터 내려오는 사치스런 풍습이 지금에 이르기까지 바뀌지 않고 있다.[2]

남송 시기에도 항주의 "사치스런 풍습"은 여전히 지속됐다. 이외에도 『몽량록』 곳곳에서 항주의 화려하고 번화한 모습들이 묘사돼 있다. 이를 통해 남송 시기 역시 항주의 분위기가 이전과 맥을 같이하고 있다는 것을 알 수 있다.

어쩌다 항주의 화려함을 비판적으로 묘사하기도 하지만, 항주와 소주를 중심으로 하는 강남의 이미지는 기본적으로 살기 좋고 화려한 곳이었다.

청대에 들어와서도 강남은 살기 좋은 곳의 대명사였다. 당시 소주의 번화한 모습을 담은 서양徐揚의 〈고소번화도姑蘇繁華圖〉는 폭 12미터에 달하는 두루마리로, 그 길이가 북송 수도 개봉의 번화함을 그린 장택단張擇端의 〈청명상하도清明上河圖〉의 두 배에 달하는 대작이다. 〈고소번화도〉에는 다양한 인물 군상과 상점, 선박은 물론 간판, 교량 등도 세밀하게 묘사돼 있어 당시 소주의 번화함을 생생하게 전해준다.

이러한 이미지는 현대에 들어와서도 크게 변하지 않았다. "하늘에는 천당, 땅에는 소주와 항주"란 표현으로 대표되듯이, 항주와 소주는 '서호' '동양의 베니스' 등 아름답고 살기 좋은 곳이란 이미지로 가득 차 있다.

표해록에 보이는 강남

내 어찌 강남을 잊을 수 있으리오?

조선시대에는 표류로 인해 중국에 표착한 경우를 제외하고는 강남 지역을 직접 방문할 수 없었다. 그러나 남송 시기 고려 사신들이 당시 수도였던 임안臨安, 즉 지금의 항주를 방문했다는 기록은 곳곳에 보인다.

양수록楊秀祿과 고벽顧璧이 함께 신을 보러 왔는데 고벽이 말하기를 다음과 같이 하였습니다. "우리 항주성 서쪽 산인 팔반령八般嶺에 고찰이 있는데, 이름을 '고려사高麗寺'라 합니다. 절 앞에 두 개의 비가 있어 옛 사적을 기록했는데, 이곳과 거리가 15리나 됩니다. 이는 곧 조송趙宋 때 고려의 사신이 와서 공물을 바치면서 세운 것입니다. 당신 나라의 사람이 국경을 넘어와서도 오히려 절을 짓게 되었으니, 그 불교를 숭상하는 뜻을 알 수 있습니다." 이에 신이 다음과 같이 말하였습니다. "이는 고려 사람이 세운 것입니다. 지금 우리 조선은 이단을 물리치고 유도儒道를

236

존숭하여, 사람마다 모두 집에 들어오면 부모에게 효도하고, 밖에 나가면 어른에게 공손하고, 임금에게 충성하고 친구에게 신의를 지키는 것을 직분의 일로 삼고 있을 뿐이며, 만약 머리를 깎은 사람이 있으면 모두 군역에 편입시키도록 합니다."[1]

표류로 인해 중국 남부에 표착했던 최부는, 남송의 수도 항주로 사행 갔던 고려의 사신들이 공물을 바쳐 고려사라는 절까지 지었다는 사실을 적었다. 이 외에 최부의 『표해록』 권2 무신년1488 2월 17일 「고소역姑蘇驛」에서도 고려 사신을 대접했던 고려정高麗亭에 대해 언급하고, 고소성姑蘇城, 즉 소주와 함께 항주가 당시 가장 뛰어났다는 기록을 남겼다. 이 외 이승휴李承休의 『빈왕록賓王錄』(1273), 정몽주鄭夢周의 『부남시赴南詩』(1372), 권근權近의 『점마행록點馬行錄』(1387) 등 1402년 명조가 수도를 북경으로 옮기기 전, 고려 사신이 남쪽 지방을 다녀온 기록이 일부 있긴 하다. 하지만 북경 천도 이후 강남을 다녀온 정식 사행은 없었다. 그러나 뜻하지 않게 표류를 하여 중국 남부에 도달했다가 강남 지역을 거쳐 고향으로 돌아오는 상황들은 심심치 않게 눈에 뜬다. 그중 대표적인 기록이 최부의 『표해록』과, 표류로 인해 대만의 팽호도澎湖島까지 갔다가 돌아온 이방익의 상황을 박지원이 정리한 「서이방익사書李邦翼事」다. 여기서는 두 작품에 나오는 강남 이미지를 중심으로 조선인이 직접 본 강남 이미지를 살펴보겠다.

최부의 『표해록』

최부는 『표해록』에 표착지인 중국 연안의 바닷길, 기후, 산천, 도로, 관부, 풍속 등을 상세히 소개한다. 『표해록』 권1 무신년1438 윤1월 12일

최부 일행은 하산下山에서 도적떼를 만나 물건과 옷을 빼앗기고 몽둥이 찜질까지 당하는 횡액을 겪었다. 그러다 윤1월 23일 횡액을 당했던 선암仙岩에 가 말안장 등 빼앗긴 물건을 일부 되찾았다. 그리고 최부는 다음과 같은 기록을 남겼다.

> 무릇 강도질을 하는 자는 재물을 얻기 위해 사람을 죽이는 등 포학한 행위를 거리낌없이 하는데, 지금 강남 지방 사람들 중에는 비록 더러 이심利心에게 부림을 당하여 도적질을 하고 겁탈하는 자가 있었지만, 하산의 도적은 신 등을 죽이지 않았고, 또, 남겨준 물건도 있었으며 선암 사람은 겁탈한 것을 숨기지 않아 마침내 빼앗았던 말안장을 돌려주었으니, 풍기風氣가 유약柔弱하기는 했으나 인심이 그다지 포악하지 않은 증험을 볼 수가 있었습니다.[2]

최부는 당시 만난 강도가 "신 등을 죽이지 않았고, 또, 남겨준 물건도 있었다"며, 강남 사람들의 풍속이 유약하고 인심은 그다지 포악하지 않다고 언급한다. 그러나 오늘날의 관점에서 윤 1월 12일의 기록을 보면 결코 인심이 포악하지 않다고 볼 수는 없다.

> 도적의 괴수가 또 신이 가졌던 인신印信과 마패를 빼앗아 그의 소매 속에 넣으므로, 정보程保가 그 뒤를 따라가서 돌려주기를 청했으나 되지 않았습니다. 신은 말하기를, "배 안에 있는 물건은 죄다 가져가도 되지마는, 인신과 마패는 곧 나라의 신표라, 사사로이 쓸 곳이 없으니, 나에게 돌려주는 것이 좋겠다" 하니, 도적의 괴수는 인신과 마패를 돌려주고 봉창篷窓을 나서자마자, 그 무리들과 뱃전에 죽 늘어서서 한참 동안

떠들고 있다가 배 안으로 도로 들어와서 정보의 웃옷과 바지를 벗기고 매질을 하였으며, 그 다음 작도로 신의 옷 매듭을 끊고 옷을 벗겨서 알몸을 만든 뒤, 손을 뒤로 젖히고 다리를 굽혀 결박하더니, 몽둥이를 가지고 신의 왼팔을 매질하여 7, 8번 때리고 난 뒤에 말하기를, "네가 만약 생명을 아낀다면 얼른 금은을 내놓아라" 하므로, 신은 큰소리로 부르짖기를, "몸뚱이가 문드러지고 뼈가 가루로 될지라도 어느 곳에서 금은을 얻을 수 있겠는가?" 하였으나, 도적은 신의 말을 알아듣지 못하므로, 신의 결박을 풀고 의견을 쓰도록 허용했습니다. 신이 즉시 의견을 썼더니, 도적의 괴수는 노하여 눈을 부릅뜨고 입을 벌리고는 정보를 가리키면서 큰소리를 지르고, 신을 가리키면서 큰소리를 지르고 나서 곧신의 머리털을 끌어당겨 도로 묶어서 거꾸로 매달고는 작도를 메고 신의 목을 베려고 하였습니다. 그러나 작도가 마침 오른쪽 어깨 위에 잘못 내려와서 칼날이 뒤집혀 위에 있게 되니, 도리어 다시 작도를 메고신의 목을 베려고 하매, 한 도적이 와서 작도를 메고 있는 팔을 잡아 이를 저지시키므로 도적의 무리들이 한꺼번에 소리를 질러 크게 부르짖었는데, 무슨 말을 하는지 알지 못하였습니다. 이때에 배 안에 있는 사람들은 두려워서 본성을 잃고 달아나 숨어서 몸 둘 곳이 없는 듯하였는데, 다만 김중金重·최거이산崔巨伊山 등만은 손을 모아 절하고 꿇어앉아서 신의 목숨을 살려 주기를 원하였습니다. 조금 후에 도적의 괴수가신의 몸뚱이를 짓밟고, 배 안에 있는 사람들을 공갈 위협하고는 그 무리들을 이끌고 나가면서 신의 배의 닻·노 등 여러 가지 기구를 끊어서바다에 던져버렸습니다. 그리고는 마침내 그들의 배로 신의 배를 끌어큰 바다 가운데 놓은 다음 그들은 배를 타고 도망해버렸는데, 밤은 이미 깊었습니다.[3]

강도떼는 최부 일행의 배를 접수하고 나서 이들을 매질하고, 옷을 벗기고, 손과 다리를 젖혀서 결박했을 뿐 아니라 그의 머리털을 끌어당겨 거꾸로 매달고 작도로 그의 목을 베려고까지 했다. 이처럼 도저히 포악하지 않다고 볼 수 없는 심각한 상황을 겪었음에도 최부는 강남 사람들이 포악하지 않다고 평가한다. 최부는 「견문잡록見聞雜錄」에서도 인심과 풍속에 있어 "강남은 화순"한데 비해 "강북 사람들은 인심이 강한"하고, "배우지 못한 자들이 많으며" "오랑캐의 기풍이 많이 있"다고 부정적인 관점으로 바라본다. 더불어 "강남 사람들은 글 읽는 것으로 직업을 삼으므로, 비록 마을의 어린아이나 진부津夫와 수부水夫일지라도 모두 문자를 알고" 있다며 강남 지역의 문화를 높이 평가한다.[4] 이처럼 최부는 기본적으로 강남의 인심과 풍속, 그리고 문화에 대해 긍정적인 평가를 내린다. 뿐만 아니라 그는 강남 지역의 자연과 도시의 화려함도 한결같이 긍정한다.

항주는 곧 동남방의 한 도회지인데, 가옥이 연하여 행랑을 이루고 치맛자락이 연하여 장막을 이뤘으며, 저자에는 금은이 쌓여 있고 사람마다 비단옷을 입었습니다. 그리고 외국 배들과 큰 배들이 빗살처럼 죽 늘어섰고, 거리에는 주기酒旗와 가루歌樓가 서로 맞대어 있었으며, 사시四時에 시들지 않는 꽃이 있고, 팔절에 늘 계속되는 봄의 경치가 있었으니, 참으로 이른바 별천지였습니다.[5]

항주뿐 아니라 강남의 또다른 대표 도시 소주에 대해서도 평가는 비슷했다.

소주는 옛날 오나라의 도회라 일컫는데, 동쪽으로는 바다에 연하고 또 삼강三江을 접하고 오호五湖를 띠었으므로 비옥한 들판이 천 리나 되며, 사대부들이 많이 모인 곳입니다. 바다와 육지의 진귀한 보물 중에 사라·능단·금은·주옥과 온갖 장인들의 기예와 부상富商들이 모두 이곳에 모였으니, 예부터 천하에서 강남으로써 번화한 장소를 삼고 강남 지방 중에서도 소주와 항주를 제일가는 주로 삼았는데, 이 고소성이 가장 훌륭했습니다.[6]

또 강남 사람들은 물질적으로 풍요롭고, 문화 수준이 높다보니 몸치장에도 신경을 많이 쓰는 것으로 묘사된다.

북경 사람 이벌李節이 와서 신의 의복이 남루하고 얼굴에 때가 묻은 것을 보고 신에게 이르기를, "이 지방 사람들은 얼굴을 예쁘게 단장한 것을 숭상하는 까닭으로, 당신들을 보면 모두 놀라고 비웃으면서, 조선 사람들은 모두 이와 같다고 생각할 것이니, 볕든 곳에서 당신의 옷을 깨끗이 씻으시오" 하므로, 신은 곧 종자들에게 명령하여 각자 스스로 몸을 씻도록 하고, 드디어 정보 등과 함께 볕을 향하여 빙 둘러앉아서 먼지와 때를 씻어버렸습니다.[7]

최부는 항주에 있을 때 "이 지방 사람들은 얼굴을 예쁘게 단장한 것을 숭상한다"고 언급한다. 더불어 최부의 『표해록』 권3 「견문잡록」에도 강남 사람들의 복식이 "금과 옥으로 장식하여, 사람의 눈을 현란케 한다"는 기록이 있고, 또 "백발의 할머니일지라도, 모두 귀고리를 단다"며 꾸미기 좋아하는 강남 사람들의 특성을 전한다. 사실 이렇게 의복에 신경을 쓰는 일은 물질적 여유가 있고, 문화적 수준이 높을 때라야 가능하다. 물질적 기반이 갖춰진 강남이기에 몸 치장에 신경쓸 수 있었던 것이다. 그리고 꾸미기 좋아하는 강남 사람이기에 "소주와 항주에 미녀가 난다蘇杭出美女" 같은 말이 나올 수 있었다. 이러한 전통은 현대 복식에서도 개성을 추구하는 '항주 분위기(杭兒風)'로 이어진다.

박지원 「서이방익사」

『연암집』은 박지원의 시문을 모두 모아놓은 작품집이다. 그중 권6 별집 '서사書事'에 실린 「서이방익사」는 연암이 면천沔川 군수로 재직할 때 정조의 명을 받아, 제주도 사람 이방익이 대만 팽호도까지 표류한 끝에 중국 각지를 거쳐 극적으로 귀환한 사건을 서술해 바친 것이다.

이방익은 항주부杭州府에 도착해서 다음과 같이 묘사한다.

방익이 아뢰기를, "용유현龍游縣을 지나서 엄주嚴州에 당도하여 자릉대子陵臺에 올라보니 대 곁에 자릉사子陵祠가 있었습니다. 항주부 북관北關의 대선사大善寺에 이르니 산천의 수려함이라든가 인구의 번성함이라든가 누대의 웅장함이 쉴 새 없이 보아도 다 볼 수 없을 정도였으며, 큰 배가 출렁이는 물결 위에 떠 있어 여러 명의 기녀들이 뱃머리에서 유희를 하고 있었는데 차고 있는 패옥 소리가 쟁그랑쟁그랑 하였습니다" 하였습니다.[8]

이방익 역시 항주의 "산천의 수려함이라든가 인구의 번성함이라든가 누대의 웅장함"에 "눈 돌릴 틈이 없는" 것을 알 수 있다. 이런 상황은 소주에 도착해서도 마찬가지다.

방익이 아뢰기를, "항주로부터 엿새 만에 소주에 당도하니 서쪽에 한산사寒山寺가 있는데 누런 기와집 40칸이었습니다. 지현知縣인 왕공王公이 음식을 장만하여 후대하고 저희들에게 유람을 시켜주었습니다. 배로 10리를 가니 고소대姑蘇臺에 당도했고 또 30리를 가니 악양루岳陽樓가 나왔는데 구리로 기둥을 세웠고 창문과 대청마루는 다 유리를 써서 만들었으며 대청 밑에다 못을 파고 오색 물고기를 길렀고, 앞으로는 동정호洞庭湖가 바라보였습니다. 거기서 돌아와서 또 호구사虎邱寺에 당도하니 천하에서 제일 큰 절이라고 하는데 7층의 탑이 바라보니 가없었습니다" 하였습니다.[9]

이방익은 방문하지도 않은 악양루를 방문했다고 착각하긴 하나 소주를 비롯한 강남의 화려함에 감탄하고 있음을 볼 수 있다. 이에 이방익이 표류했다 귀국한 상황을 정리한 박지원은 이방익의 오류를 지적하면서 "중국 사람들은 강산이 아름답기로는 항주가 제일이요, 번화하기로는 소주가 제일"이라며 강남의 핵심인 소주와 항주의 화려한 이미지를 언급한다. 특히 그는 "천하의 재물과 부세가 소주에서 나온다"며 소주의 경제력을 높이 평가한다. 이방익은 또 산동성 이북 지역은 "풍속이 비루하다"며 언급조차 하지 않는다.

서호는 '돈 녹이는 도가니'라!

허봉의 『조천기』에 보이는 양명학의 본고장 강남

『조천기』는 조선시대 문인 허봉이 기록한 명나라 방문 일기다. 허봉은
일반적으로 하곡선생荷谷先生이라 불렸다. 1574년 5월, 형조참판 박희립
이 성절사 신분으로 연행단을 이끌고 만수절을 경축하러 중국으로 갔다.
허봉은 스스로 서장관이 되기를 청해 수행원으로 명나라를 방문했다. 그
는 중국에 있는 동안 수많은 명승고적을 참관하고 또 당시 정치 상황을
탐문했으며, 세풍世風을 관찰해 『조천기』를 썼다. 당시 중국에서는 양명
학이 성행했는데, 조선의 주류 사상은 성리학이었다. 허봉 역시 성리학
에 사상적 기반을 두고 있었기에, 『조천기』에는 중국 지식인들과 함께
양명학에 대해 토론하는 상황이 여러 차례 등장한다.

　『조천기』에는 강남이나 항주에 대해 직접적으로 언급한 부분이 그리
많지 않다. 그러나 허봉은 양명학이 성행하던 당시 명 말의 모습에 실망

해 가는 곳에서마다 학자들과 양명학에 대한 토론을 벌인다. 이런 상황에서 그는 강남 출신 생원들과 논쟁을 벌이게 된다.

"내가 가만히 들으니, 근일 왕수인王守仁의 사특한 주장이 성행되고 공맹과 정자, 주자의 도는 막혀서 밝혀지지 않는다고 하는데, 어찌 도가 없어지려고 해서 그렇겠소이까? 원컨대 그 다른 것을 자세히 설명하여 가부를 명확히 보여주십시오" 하였다. 네 사람은 답하여 이르기를, "생生의 무리들은 남쪽에서 살고, 제공諸公들은 동쪽에서 살므로 오늘의 만남은 모두 숙연宿緣인 것입니다. 본조의 양명 노선생은 학문이 공맹을 종주로 하였으므로 사특한 주장으로 도를 해치는 이들과 비유할 수 없으며, 또한 문장과 공업功業이 다 같이 볼만한 것이 있어 근세의 종주로 하는 바가 되었으므로 이미 공자의 사당에 종사從祀시켰습니다. 공이 들은 것은 아마도 옛적에 위학자僞學者의 설이 이를 미혹시킨 것일 겁니다" 하였다.[1]

허봉은 강남 출신 생원들과 논쟁을 벌이지만 그들은 끝내 설복되지 않는다. 그들은 오히려 허봉에게 "주자가 위학"이라고까지 이야기하고, 허봉은 "그들의 답답하고 천박함으로 인해 함께할 수 없음"을 깨닫는다. 그리고 또 『조천기』 중 갑술년 8월 2일 기록을 보면 자가 자립子立인 항주 출신 국자감생 엽본葉本을 만나는 상황이 나온다. 그와의 대화에서도 허봉은 양명에 대해 비판적으로 말한다. 그러나 엽본은 허봉의 견해에 동의하지 않고 도리어 양명의 뛰어난 점에 대해 언급한다. 허봉은 그래도 굴하지 않고 만나는 사람에게마다 양명에 대해 계속 질문한다. 허봉은 8월 20일에도 응천부應天府 출신 국자감생 양수중楊守中 등 두세 명과 이야기를 나누는데 역시 왕양명에 대한 이야기를 언급한다. 이 대화에서 웅천부 출신 국자감생들은 "남쪽 사람들이 양명을 존숭하지만, 북쪽 지역 사람들은 그를 배척한다"고 이야기한다.

이처럼 『조천기』에서 허봉은 남쪽 선비들을, 양명학을 높이는 사람들로 바라본다. 다시 말해 주자학이라는 기준으로 세상을 바라보던 허봉에게 강남의 이미지는 왕양명이 출생한 곳이고 또 양명학을 존숭하는 학자들이 있는, 답답하고 천박해서 함께할 수 없는 곳에 불과했다.

김창업의 『연행일기』에 보이는 가난한 서반의 고향 강남

김창업은 1712년 그의 형인 김창집의 자제군관 자격으로 북경에 다녀왔다. 그는 북경의 숙소인 옥하관에서, 그곳에 있는 서반에 대해 언급한다. 서반이란 원래 외국의 사신을 접대하는 일종의 접빈관으로서 서적과 아무런 관련이 없었지만, 청나라가 들어서면서 서적 거래상 역할을 했다. 청의 서반은 조선 사신들에 대한 서적 판매권을 독점했고, 이권한을 이용해 가격을 마음대로 올려 폭리를 취하곤 했다. 그리고 자신들의 서적 판매 독점권을 유지하려고 조선 사신들이 다른 경로로 서적을 구입하는 행위를 적극적으로 방해하기도 했다.[2] 김창업의 『연행일기』 1713년 1월 3일자를 보면 다음과 같은 내용이 나온다.

"서반이란 무슨 직책이오?" "제독부 서리書吏인데 오래 근무하면 공로로 지현知縣을 시킵니다." 대개, 북경에는 문자를 아는 자가 드물어 남방 사람으로 서반을 삼는다. 옥하관으로 차정하여 보낸 자가 모두 6인인데, 이들은 모두가 남방 사람이다. 생긴 모습이 본래 크지 못하고, 비록 월급이 있다 하나 매우 박해서, 만리타향에서 생활이 가난하며 군색한 빛이 면목에 드러난다. 사행이 올 때 서책 매매를 이들이 담당하는데, 이로써 약간의 이득을 보는 일이 있다. 또한 우리나라에서 이곳의 비밀을 알고 싶으면 서반들을 통해서 정보를 알기 때문에 이들은 태반이 거짓 문서를 만들어 역관들에게 되팔고, 비록 아무 일도 없을 때라도 일이 있다고 하고, 일이 비록 가벼운 것이라도 무거운 것처럼 말하니, 이들의 말은 종래로 믿을 바가 못 된다. 오늘의 문답도 이 가운데 거짓된 말이 있을 것이요, 그중에 또한 진실과 거짓이 없지 않을 것이다.[3]

김창업의 기록을 통해서도 알 수 있지만, 서반은 대부분 강남 출신이었다. 당시 출판문화의 본거지는 북경이 아닌 강남이었고, 과거 등을 보러 북경에 와 있던 강남 서생 출신들이 생계를 위해 서반을 했던 것이다. 강남에 대해서는 좋은 이미지가 주를 이뤘지만, 대부분의 조선 사신은 강남 출신 서반에 대해 부정적으로 생각했다. 그 이유는 "비록 월급이 있다 하나 매우 박해서, 만리타향에서 생활이 가난하며 군색한 빛"을 띠었기 때문이다. 다시 말해 생활이 어렵다보니 이들은 자신이 맡은 서반의 권한, 즉 서적의 독점 판매권 등을 통해 이익을 많이 보려 했고, 이로 인해 조선 사신들과 마찰을 빚었다. 이에 김창업 역시 "이들은 태반이 거짓 문서를 만들어 역관들에게 되팔"아 이득을 보는 등 "종래로 믿을 바가 못"됐다고 서술한다. 어려운 생활이 강남 사람을 반 사기꾼으로 만들었던 것이다.

홍대용의 기록에 보이는 아름답지만 경박한 강남

홍대용은 평생 천문, 율력, 산수, 전곡錢穀, 갑병甲兵 등 구체적인 학문에 몰두했다. 『담헌서』는 홍대용의 문장을 모두 모아놓은 문집이다. 외집 권2 「항전척독」「건정동필담」은 홍대용이 1766년 연행을 다녀오고 나서 당시 항주 출신 선비인 반정균潘庭筠, 엄성嚴誠 등과 나눈 필담을 정리한 것이다. 이들이 항주 출신이다보니 이들과 나눈 대화에는 항주, 혹은 강남에 대한 언급이 자주 나온다.

「건정동필담」에는 강남, 혹은 항주 지역의 빼어난 자연 경관에 대한 묘사가 등장한다.

내가 "여만촌呂晩村은 어느 곳 사람이며, 그 인품이 어떠한가?" 난공이 "절강 항주 석문현石門縣 사람으로 학문이 깊은데 아깝게도 난難에 걸렸습니다." 내가 "절강 산수가 어떠한데 능히 인재가 배출하기 이 같습니까?" 난공이 "남쪽인데 산이 훤하고 물이 빼어납니다."**4**

난공은 절강, 즉 강남의 산수가 "산이 훤하고 물이 빼어"나다고 한다. 또 서호의 풍경과 항주의 풍속이 훌륭함을 다음과 같이 서술한다.

평중平仲이 "귀처는 '삼추三秋에 계수나무요 십리十里에 연꽃이다' 하는데, 그 풍물이 지금도 예와 같은가?" 난공이 "다만 이뿐이 아니라 서호의 풍물은 천하의 제일이다. 수심이 1~2장丈으로 맑기는 밑바닥을 볼 수 있고 비록 부평초·말·모래·돌이라도 역력히 보인다. 사산四山이 모두 평평하여 그다지 높지 않고, 사현당四賢堂이 있는데 당나라 이필과 백거이, 송나라 소식과 임포를 제사한다. 우리 황상이 4차나 임행하여 백폐百廢가 다 닦아져, 옛날에 비하여 더욱 장려하고, 그 땅에 소제蘇堤 등 십경十景이 있고 또 수십 경景이 있으니, 비록 호수 둘레는 40리에 불과하나 기봉奇峰과 영수靈岫를 말할 수 없고 호중의 제방이 20리나 되는

데 양 언덕에 모두 복숭아와 버들을 재배한다." 평중이 "두 분과 더불어 나귀를 몰고 그 사이에 유영하고 싶지만 그럴 수 있어야지?" 두 사람은 모두 웃었다. 내가 "호수가 장마 지는 때에도 민가에 해를 끼치지 않는가?" 역암力闇이 "항주부터 하로는 수리 사업이 되어 있어서 물을 저장하고 방출하는 것을 때에 맞춰 하기 때문에 해를 끼치는 곳이 없다." 내가 "장요미長腰米는 귀처에서 나는가?" 난공이 "그렇다. 우리 고향은 풍속이 유순하여 식물도 경사京師와 크게 같지 않다." 내가 "풍속의 후박이 어떠한가?" 난공이 "지방에 수민秀民이 많아 현송의 소리가 서로 들린다. 다만 속상俗尙이 부화浮華하여 순박함이 적을 뿐이다."**5**

난공은 서호의 풍물이 천하제일이라며 서호 자랑을 시작한다. 서호의 수심은 1~2장, 즉 3~7미터 정도로 그 물이 맑아 밑바닥까지 볼 수 있다고 한다. 현대 항주의 서호도 수많은 관광객이 찾는 곳이지만 밑바닥이 보일 정도로 물이 맑지는 않다. 뿐만 아니라 그 지역에는 부지런히 학문을 닦는 뛰어난 사람들이 많다고 고향 자랑을 한다. 다만 풍속이 화려한 것을 좋아해 순박하지 않은 점이 단점이라며 부정적인 부분도 밝히고 있다. 그러나 민간에서 화려함을 추구하는 풍속이 있다는 말은 다른 말로 하면 세련됐다는 것을 의미하기도 한다. 이는 전통적으로 내려오는 강남의 화려한 이미지를 그대로 계승하고 있는 것이다. 남쪽에서 인재가 나온다는 언급은 「건정록후어乾淨錄後語」에도 나온다.

중국의 인재는 남쪽에서 많이 나오고, 남쪽의 인재는 강절江浙 지역에서 많이 나온다. 아마도 산천이 수려해서일 것이다. 지리는 속일 수 없는 것이다.**6**

이처럼 홍대용은 강남의 풍속과 자연경관, 그리고 인물을 모두 긍정적으로 평가한다. 그 이유로 강남 지역의 산천이 수려하기 때문이라 여긴다.

홍대용의 기록에서도 양명학에 대한 부분은 빠지지 않고 나온다. 『담헌서』 외집 권3 「항전척독」 「건정록후어」에는 다음과 같은 내용이 나온다.

> 양명도 절강 사람이다. 절강 사람들은 그의 풍채를 많이 답습하였으므로 말이 송유宋儒에게 미칠라치면, 언사가 지나치게 경쾌해진다. 그래서 내가 철교에 대하여 혹 이런 것으로 경계하면, 철교는 나를 그르다고 하지 않았다.[7]

청대 중국을 방문했던 조선 지식인들은 보수적이고 실용적이고를 떠나 주자학에 근본을 뒀다. 이에 양명학과 관련된 부분에 대해서는 어김없이 알레르기 반응을 보이는데, 여기서도 사람들이 절강 왕양명을 많이 답습했기에 언사가 너무 가볍다고 비판적으로 언급한다. 「건정동필담」 2월 3일자에도 홍대용이 난공, 역암力闇과 왕양명에 대해 이야기를 나누는 상황이 나온다. 홍대용은 허봉과 달리 "문장 사업이, 실로 전조의 거벽"이라며 어느 정도 양명을 인정해주는 자세를 취한다. 그러나 역암은 왕양명과 육상산을 높이면서 "주자와 육상산이 본래 다름이 없지만, 학자들이 스스로 분별을 만들었다"고 한다. 육상산과 주자가 "길은 다르지만 결국 돌아가는 곳은 같다"고 하자, 홍대용은 "같은 길로 돌아간다는 말은, 감히 받아들일 수 없다"며 어느 정도 선을 긋는다. 이처럼 조선 사신들 눈에 비친 당시 강남 이미지는 왕양명과 떼려야 뗄 수가 없었다.

이갑의 『연행기사』에 나오는 상상 속 강남

이갑의 『연행기사』에도 강남과 관련된 언급이 나온다.

일찍이 들으니, "강남의 유식한 선비는 간혹 주문공의 '가례家禮'를 강구하여 행하는 자가 많이 있다" 한다. 그리고 수빙受聘한 여자가 예를 지켜 신랑이 죽은 데에 분곡奔哭을 하면, 문에 들어가서 영연에 절하고는 시체에 기대지 않고 주인에게 조상만 한다고 한다. 이것으로 미루어 보면 아녀자가 변에 임하여 예를 차리는 것이 오히려 이와 같으니, 강남의 혼상婚喪 제도는 과연 북방의 전연 예절이 없는 것과는 같지 않은가보다.[8]

이 인용문 앞에서 이갑은 변발로 인해 상투를 틀고 또 그 위에 모자를 쓰는 제대로 된 관례冠禮가 청나라에 존재하지 않는다고 비난한다. 이 외 혼례에 있어서도 오랑캐 풍속을 따라 변질된 것이 많다고 한탄한다. 그러면서 강남 지역의 견식이 높은 선비 중에 간혹 주문공의 '가례'를 실행하는 자가 많다고 들었다며 강남의 혼례와 상례는, 오랑캐인 만주족의 영향을 받아 예절이 사라진 북방의 것과 같지 않을 거라 혼자 상상한다. 그러나 대부분의 연행록에 보이듯, 강남에는 주자학이 아닌 양명학을 존숭하는 분위기가 강했다. 직접 강남에 가보지 못한 조선 사신 이갑은 주자학적 예식이 아닌 새로운 의식을 진행하는 북방에 실망했다. 그래서 강남에서는 주자가례가 행해지고 있을 거라는, 상상 속 강남의 이미지를 만들어낸 것이다.

박지원의 『열하일기』에 보이는 부박하고 경솔한 강남

박지원의 『열하일기』에도 항주 관련 언급이 나온다.

오중吳中의 사람들은 예로부터 부박하고 허탄하며, 경솔하고 변덕이 많으나 대체로 문장이 공교롭고 글씨 그림을 잘하기로 이름 높은 선비가 많았다. 그러나 중원의 인사들은 모두 그들을 미워하여 장사치나 장쾌들을 지목할 때에는, 반드시 항주풍이라고 일컬으니 대체로 오인吳人은 교활한 술책이 많았던 까닭이다. 전당錢塘 전여성田汝成의 『위항총담委巷叢談』에, "항주의 풍속이 부박하고도 허탄하여 남을 자랑함에도 가벼이 하려니와, 구차히 나무라기도 잘하여 한길에서 들은 말들을 다시 생각하여보지도 않는다. 예를 들면 아무개가 이상한 물건을 가졌다고 하거나, 또는 아무개의 집에 범상하지 않은 일이 생겼다고 한 사람이 외치면 뭇 사람이 따라서 남의 의심나는 일에는 스스로 증언하되, 마치 자기의 눈으로 환하게 본 듯이 하여 저 바람처럼 일 때에도 머리가 나타나지 않거니와, 지나는 곳에도 그림자가 없어서 그 자취를 찾을 수 없는 까닭으로, 상말에 '항주 바람은 포착하자 없어져버린다네. 좋은 것이나 나쁜 것이나 모두 한 패가 되어 있네'라고 하였거니와, 또 이르기를, '항주 바람은 한 묶음 파라네. 꽃은 쭝긋쭝긋 속은 다 비었다네'라고 하였으며, 또 그들의 습속이 거짓을 만들어서 눈앞의 이익을 맞이하되, 신후身後의 일을 돌보지 않음도 일쑤이다. 그리하여 술에다 재를 타고 닭에다 모래를 채우고 거위 배때기에 바람을 불어넣고, 고기나 생선에 물을 집어넣으며, 천에 기름과 분을 바르는 따위의 일이 벌써 송대부터 그러하였다"라고 하였다. 내 일찍이 기귀주奇貴州에게 육비陸飛의 글씨와 그림이 공교함을 이야기하였더니, 기는, "그쯤이야 아무 것도 아닌

벌레입니다" 한다. 이도 역시 항주풍을 두고 말함이다. 그들 북쪽 사람이 남쪽 선비를 미워함이 대체로 이러하였다.[9]

위의 인용문에 나오는 항주의 이미지는 여태껏 나온 이미지 중에서 제일 부정적이다. 박지원은 "오중의 사람들은 예로부터 부박하고 허탄하며, 경솔하고 변덕이 많"다고 그들의 인성을 비판적으로 평가한다. 그들의 "문장이 공교롭고 글씨 그림을 잘하기로 이름 높은 선비가 많았"다며 문화적인 부분은 인정하지만, "오인은 교활한 술책"이 많았다면서 그들이 장사에 수완을 부리는 행위를 부정적으로 평가한다. 그는 또 전여성의 『위항총담』을 인용하면서 기귀주에게 홍대용과 사귀었던 육비의 글씨와 그림이 공교함을 이야기했더니 그가 "그쯤이야 아무 것도 아닌 벌레입니다"라며 부정적인 반응을 보인 것을 기록으로 남겼다. 이처럼 당시 "북쪽 사람"들은 "남쪽 선비를 미워"했던 것이다. 당시 "북쪽", 다시 말해 북경 사람들이 "남쪽 선비"를 미워한 이유도 조금은 이해가 간다. 정치권력은 북경에 있었지만 문화 권력은 강남에 있었기에 그랬을 가능성도 있다. 마치 현재 정치·문화 권력을 가진 북경 사람들이 경제 권력을 가진 상해 사람들을 꺼려하듯 말이다.

박지원은 「심세편審勢編」에서도 동남 지역 사람들의 성격에 대해 언급하는데, 역시 부정적이다.

그리고 중국의 동남 지방은 어디보다도 개명을 하여, 반드시 온 천하 중에 그들이 먼저 일을 일으킬 걱정이 있을뿐더러, 그들의 성격은 경조하고도 부박하여 이론을 좋아하므로, 강희 황제가 강소·절강 지방에 여섯 차례나 순행하여 가만히 모든 호걸의 사상을 눌렀으며, 지금 황제

는 그 뒤를 밟아서 다섯 차례나 순행하였다.¹⁰

이처럼 『열하일기』에는 강남에 대한 부정적인 내용이 나온다. 사치스럽고 부박하다는 부정적인 이미지는 강남의 화려함을 전제로 해 생긴 것이긴 하다. 하지만 이처럼 강남을 부정적으로만 바라보는 시선은 다른 작품에서 쉽게 찾아 볼 수 없다.

유득공의 『연대재유록』에 보이는 화려하나 세금에 시달리는 강남

유득공은 1801년 연경에 가서 주자서의 좋은 판본을 구해 오라는 명을 받았다. 이에 그는 이미 3일 전에 떠난 정사 일행에 사은사로 뒤늦게 합류해 북경에 다녀왔다. 다음은 유득공의 『연대재유록燕臺再遊錄』에 나오는 기록이다.

나는 또 최생에게 묻기를, "소주, 항주는 부세賦稅가 너무도 중하여 거의 천하의 반에 해당한다 하니, 백성이 어떻게 견디겠소. 그래도 지금까지 아무 일이 없었는데, 천초川楚는 무슨 까닭으로 맨 먼저 난리를 일으켰소?" 하자, 그는 대답하기를, "현재 소주, 항주 백성이 간혹 작당하여 대낮에 관리를 구타하기도 하니, 이도 역시 난민이 아니겠소?" 한다. (…) 최생의 나에 대한 대접이 심히 후하므로, 우리나라 필묵 및 남포연藍浦硯 1개를 선물로 주고, 또 찬 칼을 끌러서 주었더니, 최는 항주에서 나는 비단부채 한 자루로써 답례하였는데, 초화와 협접을 그리고, 화리花利로 자루를 만들고 만卍 자의 문금文錦으로 변邊을 꾸몄다. 내가 말하기를, "이 부채는 극히 아담하니, 아마도 귀향 서자호西子湖 속에서 푸른 옷소매 차림으로 나직이 창 부르는 사람의 소지품이 아니오?" 하였더니

최는 웃으며, "공은 그 부채가 보고 싶소?" 하면서 둥근 부채 하나를 내보이는데, 대모玳瑁로 갑을 만들고 실 같은 상아를 짜서 면을 하고, 법랑으로 자루를 하고, 금은으로 꾸미고, 또 상아를 물들여 초화와 호접을 새겨 선면에다 발랐는지라, 낯을 가리면서도 외간을 엿볼 수 있는 것이 또한 특색이다.

그 부채 값은 은자 10냥인데, 우리나라 돈으로 계산하면 40냥이 된다. 우리나라 사람이, 40냥의 돈을 들여 부채 한 자루를 살 자가 있겠는가. 예전부터 서호는 '돈 녹이는 도가니'라 일컫더니, 과연 믿을 만한 말이다.[11]

유득공은 우선 소주와 항주의 부세가 너무 심하다며, 백성이 이를 어떻게 견딜 수 있겠냐며 최생에게 묻는다. 그러자 최생은 "현재 소주, 항주 백성이 간혹 작당하여 대낮에 관리를 구타하기도 하니, 이도 역시 난민이 아니겠소?"라며 살기 좋다고 소문난 소주와 항주도 그 당시는 세금 부담으로 백성들이 "대낮에 관리를 구타"하는 험악한 분위기임을 전한다. 다시 말해 아무리 자연환경과 인문환경이 좋은 곳이라 하더라도 정치가 제대로 이뤄지지 않으면 그곳 백성들 역시 '세상을 어지럽히는 백성〔亂民〕'이 된다는 것이다. 이는 당시 청나라의 혼란상을 보여준다. 위의 인용문 앞에는 천초川楚 지역, 즉, 사천과 호남 일대에 비적들이 횡행하며 관군들 역시 이전과 달리 정치적인 원인 때문에 이들을 효율적으로 다스리지 못하는 상황에 대한 언급이 나온다.

결국 강남은 화려하고 사치스러운 이미지에서 벗어날 수가 없었다. 유득공 역시 항주에서 생산된 은자 10냥이나 하는 비단부채의 화려함을 보고 "예전부터 서호는 '돈 녹이는 도가니'라 일"컬었는데 과연 그 말이

틀리지 않다고 한다.

김경선의 『연원직지』에 보이는 인문의 지역 강남

김경선은 1832년 동지사겸사은사로 간 서경보의 서장관으로 북경에 다녀왔다. 그는 『연원직지燕轅直指』에 전대 연행록의 성과를 집대성해 정리했다. 그중 『연원직지』 제3권, '유관록留館錄' 상 1832년 12월 19일자 「성궐의 위치城闕位置」조에는 다음과 같이 강남 관련 언급이 나온다.

문연각은 문화전의 뒤쪽에 있는데 곧 장서하는 곳이다. 대개 세 겹 상하로 각 6영楹이요, 층계는 두 번 꺾어서 올라가게 하였다. 청록 기와로 덮었다. 앞에는 벽돌로 네모난 연못을 만들어 석교를 걸치고는 옥하玉河의 물을 끌어대었다. 안에는 어제비御製碑가 있었다. 살펴보니, "황명皇明 정통正統 6년1441, 세종 23에 송, 금, 원이 소장한 서적을 합한 『편정목록編定目錄』이 무릇 4만 3200여 권이요, 『영락대전永樂大全』 2만 3937권을 보태니 당시의 서적이 이미 대단히 많았다. 건륭 때에 유문遺文, 일서佚書를 더 구입하여 이정해서 『사고전서』를 만들어 여기에 저장하였다. 『사고전서목록』의 서문에는, '건륭 47년 편집을 마치고 특별히 문연각, 문소각文溯閣, 문진각文津閣, 문란각文瀾閣 등 네 각을 건축하여 보관한다' 하였다. 또 "강절江浙에는 인문人文이 많이 집중한다. 그곳의 힘써 배우고 옛것을 좋아하는 선비가 금중의 비서秘書 읽기를 원하는 자가 떨어지지 않으니 이 서적을 널리 펴는 것이 마땅하다. 양주揚州 대관당大觀堂의 문회각文滙閣, 진강구鎭江口 금산사金山寺의 문종각文宗閣, 항주 성인사聖因寺의 문란각과 같은 곳에는 모두 장서하는 곳이 있다. 사고관四庫館이 서책을 다시 복사하여 셋으로 나누어 각각 그곳에 잘 간직케 하여 강절의 선비가 가깝게 나아가 직접 보게 하고 녹용함을 얻게 한다" 하였다. 이것으로 볼 것 같으면 경적經籍의 풍부함이 멀리 전대前代를 크게 넘을 뿐만 아니라 각 곳에 나누어 보관하여 선비가 나아가 보게 하는 데에 도움을 주었으니, 규모의 넓음도 또한 알 수 있겠다. 옛날 갑신년에 우리 세자 ○○대군大君이 구왕九王을 따라 북경에 들어가, 이 각에서 유숙하였다.(『심양일기瀋陽日記』에 나옴―원주)**12**

김경선은 당시의 황실 중앙도서관이라 할 수 있는 문연각을 소개하면서 건륭제가 『사고전서』를 편찬해 이곳에 보관했다고 한다. 더불어 그는 건륭제의 어제비에 있는 내용을 인용하면서 "강절", 즉 강소성과 절강성이 있는 강남 지역은 "인문이 많이 집중"돼 있다고 한다. 또 "그곳의 힘써 배우고 옛것을 좋아하는 선비"들이 궁궐의 "비서"를 읽기 원하기에 이 『사고전서』를 널리 펴내고, 강남에 속하는 "양주 대관당의 문회각, 진강구 금산사의 문종각, 항주 성인사의 문란각"에 보관해 "강절의 선비가 가깝게 나아가 직접 보게 하고 녹용함을 얻게" 하라 한 내용을 소개한다. 위의 인용문을 통해 건륭제 역시 강남에 인문이 발달함을 인정해 강남 지역 세 군데에 『사고전서』 복본을 비치한 것을 알 수 있다.

서경순의 『몽경당일사』에 보이는 화려한 강남

서경순은 1855년 청 도광 황후道光皇后의 붕서에 대한 진위진향사陳慰進香使이자 북경에 가는 연행단에서 특별한 직책이 없는 종사관으로 참가해 북경에 다녀왔다. 그가 북경에 갔던 무렵, 청은 밖으로 아편전쟁1840~1842이 일어나 불평등한 남경조약1842을 맺었고, 안으로는 태평천국의 난1851~1864이 일어나 혼란스러웠다. 그의 『몽경당일사』에는 당시 청나라의 상황을 짐작할 수 있는 강남과 관련된 언급이 나온다.

남쪽 편에 양주의 진공선進貢船이 있었다. 배도 그리 크지는 않고 단지 돛대 2개만 있으니, 큰 바다의 외국 배에 비하면 고기잡이 거룻배밖에 되지 않으나, 배 위에 집을 지어서 방도 있고 부엌도 있으며 누도 있고 창고도 있었다. 제도도 극히 기교奇巧하며 채색도 역시 화려하고 옷과 양식이며 살림살이 가구가 없는 것이 없다. 사면에는 들창을 만들어서 푸른 비단을 발랐고, 창 사이에는 유리를 끼워서 영롱하고 글씨와 그림이 번쩍번쩍한다. 들창을 펼치면 사방을 바라볼 수 있고, 닫으면 방과 같다. 모두 다 무늬나무로 만든 것인데, 완연히 산속에 있는 정자나 물가에 있는 누각 같으니, 옛말의 '물에 뜬 집[浮家汎宅]'이라는 것이 참말로 이런 것이다.

동문으로 들어가서 성안에 도착하였다. 성안은 어디에나 돌을 깔아놓은 길이다. 점사에서 지숙하였다. 저자가 즐비하고 금빛 단청이 번쩍거리니, 심양과 비교하면 몇 갑절이나 더 번성하다. 각 점포마다 등불·촛불을 켰는데 한 집에서 켜는 것이 대개 10여 개나 되고, 모두 양각등이며 밤이 깊도록 사고파니, 세상에서 통주通州의 야시라는 것이 이것이다. 성도成都나 광릉廣陵이 여기와 비교해서 어떠한지 알 수 없으나, 종자가 말하기를, "수년 전 여기를 지날 때에는 네거리에 등촉을 켜서 밝기가 대낮 같고, 어깨가 서로 맞닿고 수레가 서로 부딪쳐서 낮이나 다름없었으나, 남방 물화가 통하지 않은 뒤부터는 점점 쓸쓸해져서 지금은 볼만한 것이 없습니다" 한다. 대개 이곳은 북경과 남경의 물화를 무역하던 곳으로 바다와 육지의 도회처가 되어서, 사람들이나 물화의 번성함이 저절로 이렇게 된 것인데, 지금에 와서 쓸쓸하다고 한다면 전일

번화하던 때를 못 본 것이 한스럽다.[13]

서경순은 강남 양주에서 온 진공선을 보고 그리 크지 않은 배임에도 "제도도 극히 기교하며 채색도 역시 화려"하다며 감탄한다. 그는 통주에 도착해 "저자가 즐비하고 금빛 단청이 번쩍거리니, 심양과 비교하면 몇 갑절이나 더 번성하다"며 통주의 번화함에 감탄을 금치 못한다. 그런데 서경순의 눈에 화려하기 그지없는 이 풍경에 대해, 그의 종자는 "남방 물화가 통하지 않은 뒤부터는 점점 쓸쓸해져서 지금은 볼만한 것이 없"다 며 이전에는 밤에도 낮에처럼 환하고 지금보다 훨씬 번화했다고 말한다. 결국 북경의 화려함은 대부분 강남의 물자에서 비롯된다는 것을 이 인용문을 통해 보여주고 있는 것이다.

중국 강남의 대표 이미지는 기본적으로 변화가 없다. 연행록에 보이는 중국 강남의 이미지 역시 중국 내부에서 보는 화려하고 풍요로운 강남의 이미지와 큰 차이를 보이지 않는다. 그러나 강남을 직접 방문할 수 없었던 연행록 기록자들은 이런 기본적인 강남 이미지 외에 또다른 기준을 갖고 강남을 바라봤다. 그 기준은 바로 주자학이었다. 조선 사상의 중심은 주자학에 있었고, 불교나 도교 같은 사상은 이단으로 취급돼 힘을 쓰지 못했다. 같은 유교 범주 안에 있는 양명학도 용납되지 않았다. 이에 양명학이 성행하던 명 말 사행을 갔던 허봉은 만나는 학자들에게마다 집요하게 양명학에 대한 토론을 시도했다. 이 과정에서 그는 양명이 강남 출신이기에 양명학을 존숭하는 사람들이 강남에 더 많다는 사실을 알게 됐다. 양명학과 관련된 언급은 명대 사행 기록에서뿐 아니라 청대 사행을 갔던 이갑, 홍대용 등의 기록에서도 볼 수 있다. 특히 이갑은 주자학에 따른 예식이 북방에서 이뤄지지 않은 상황을 보고 강남에서는 그것이 이뤄질 것이라 생각하며 자신이 바라는 상상 속 강남의 이미지를 그렸다. 강남을 긍정적으로 보든 부정적으로 보든 그 가치 판단의 중심에는 주자학이 자리잡고 있다는 점은 흥미롭지 않을 수 없다.

그리고 최부의 『표해록』과 박지원이 왕명을 받아 정리한 「서이방익사」같이 직접 강남을 방문했던 사람들이 남긴 기록들은 중국 내부의 강남 이미지와 어긋나는 부분이 거의 없다. 이들은 강남의 화려함과 북쪽 지방의 거칢에 대해 공통적으로 서술한다.

더불어 연행록에는 조선 사신들에게 책을 공급해주는 서반이란 존재가 등장한다. 이들은 대부분 강남 출신 인사지만, 이들에 대한 이미지는 부정적이다. 경제적으로 넉넉지 않았던 이들은 조선 사신에게 서적을 팔아 남긴 이익으로 생계를 유지해야 했기에 사신들과 갈등이 많았던 것으로 파악된다.

그럼에도 강남의 화려함과 사치스러움, 발전한 인문, 살기 좋은 곳이라는 이미지는 19세기 중반까지 큰 변화 없이 이어졌다. 다만 박지원의 『열하일기』에 보이는 부정적인 강남 묘사가 어떤 배경에서 나오게 됐는지는 향후 과제로 남겨두고자 한다.

연
행
사
의

숙
소

숙소 정비

외국 여행에서 중요한 요소 중 하나가 숙소다. 조선 사신들은 두 달여의 고생 끝에 북경에 도착했다. 이들은 조선의 국경 도시인 의주에서 압록강을 건너 중국 영역으로 들어오면 이틀 정도 노숙해야 했다. 청조 때는 동북 지역에 봉금 정책이 시행됐기에 책문이 나오기 전까지 이틀 정도 인적 없는 노지에서 노숙을 해야만 했다. 조선 사신들은 책문을 들어선 이후에는 청 정부가 제공한 숙소에서 묵으며 북경까지 왔고, 북경에서는 기본적으로 자신들에게 마련된 숙소에 묵는 것이 일반적이었다. 북경 숙소에 와 처음 하는 일은 숙소 정비였다.

1712년 북경을 방문했던 김창업은 12월 27일 숙소에 도착해서 정비가 되지 않은 숙소의 모습을 다음과 같이 묘사한다.

옥하교를 지나 수백 보를 가면 관에 이른다. 관은 길가 북쪽에 있었다.

통관배가 대문 안에 있다가 사신을 맞이하는데 거수례로 하였다. 이곳을 지나 중문으로 들어가니 문안에 동서로 낭옥廊屋이 있는데 다 허물어져 있었다. 원역배가 거처하는 곳이다.

또 한 작은 문을 들어가니 비로소 정당과 좌우 행랑채가 나왔는데, 집안이 온통 황량하고 먼지가 가득하였다. 저녁이 되어도 바람은 그치지 않고 날씨는 몹시 찬데, 일행이 몸 붙여 의지할 곳이 없으니 스산한 아픔을 알 수 있었다. 백씨는 정당의 동편 방으로 들었다. 방은 남북으로 두 개의 온돌방이 있어 백씨는 남쪽 온돌방으로 들어가고 나는 북쪽 온돌방으로 들었는데, 창문에는 종이가 한 조각도 없었다. 바깥을 종이 푸대와 수수깡으로 가렸다가 다시 종이를 붙였더니 풀이 얼어서 붙지 않는데다 바람이 불어서 붙이면 떨어지므로 가까스로 미봉하여 간신히 밤을 지냈다.[1]

추운 겨울 고생 끝에 북경 숙소에 도착한 김창업 일행은 숙소의 형편없는 상태에 당황해한다. 숙소는 황량하고 먼지가 가득하고, 그 와중에 날씨가 춥고 바람도 분다. 더군다나 창문에는 종이 한 조각 붙어 있지 않아 바람이 들이친다. 이에 종이를 붙이나 추운 날씨에 풀이 얼어 붙지도 않고, 겨우 붙이면 바람에 떨어져나가는 등 고생하며 하룻밤을 지내게 된다. 이런 실망스러운 숙소의 모습은 군관 신분으로 같이 사행 갔던 최덕중의 『연행록』에도 잘 나타나 있다.

관의 정청正廳과 좌우 익랑은 모두 퇴락해서 창에 한 조각 종이도 붙어 있는 것이 없고 온돌에는 한 닢 삿자리도 없었다. 종일토록 바람을 무릅쓰고 먼 길을 온 사람들이 밤을 지낼 형상은 차마 말할 수가 없었다.[2]

최덕중은 숙소 창문에 바람 막을 종이 한 장 붙어 있지 않고, 바닥에는 장판은커녕 삿자리 하나 깔려 있지 않아 고생이 막심했다고 한다. 김창업 역시 예전에는 연행사들이 도착하면 관청의 대청과 온돌방 등에 모두 대자리를 깔고 창문에마다 종이를 도배했는데, 현재 그렇게 되지 않는 이유는 숙소를 관리하는 자들의 기강이 해이해져 해당 부서에서 돈을 받고도 제 할일을 안 하는 거라며 분개한다.³ 이후 연행사들은 북경에 도착하기 전 서자書者들을 미리 보내 사행단이 도착하기 전 숙소에 도착해서 온돌방들을 미리 손보게 했다.

옛날에는 사행이 관에 도착하여서야 비로소 티끌과 오물을 소제하고 방과 온돌을 꾸미므로 언제나 군색하고 급박함을 걱정하였다. 지금은 관내의 홍화점紅花店에 이르면, 각각 서신을 보내어 먼저 가서 수리하게 하였다. 그러므로 온돌도 조금 넓으며, 그 위에 나무를 걸쳐서 천장을 만들고, 삿자리로 벽을 만들어 능지菱紙로 발랐다. 엇살창으로 된 문을 만들어 사람이 통행하게 하고, 문에는 발을 드리워 찬 기운을 막았으며, 옆에는 협실을 만들어 짐을 간직하게 하였다. 문밖에는 평상을 걸쳐서 마루를 만들어 오르고 내리는 데 편리하게 하고, 마루 밑에는 자그마한 삿자리 방을 만들어서 마두들이 거처하며 부름을 기다리게 했다. 한 달이 넘도록 거처 없이 떠돈 나머지 이렇게 완벽한 곳을 얻어 40일 동안은 충분히 견뎌 지낼 만하였으니 자못 다행한 일이다.⁴

18세기 초 숙소가 정비돼 있지 않아 고생을 했던 연행사들은 이후 위와 같이 수행원들을 먼저 보내 숙소를 정비하게 했다. 그들로 하여금 숙소 상태를 살펴 정식 사행단들이 왔을 때는 편리하고 완벽하게 머물 수 있게 했던 것이다. 이러한 상황은 1777년 이갑의 『연행기사』, 1798년 서유문의 『무오연행록』, 1855년 서경순의 『몽경당일사』 등 이후 기록에도 대부분 묘사된다.

조선 사신이
묵었던 숙소

명청 시기 수백 년 동안 이어져내려온 사행단은 한 군데에서만 묵지 않았다. 옥하관으로 불리는 조선 사신 전용 숙소에 기본적으로 묵었으나 18세기 중반 이후에는 러시아인들이 옥하관을 차지하고 있어서, 또 어떤 경우에는 동지사 외에 다른 일로 사행을 오는 상황이 생기면서 지화사智化寺, 법화사法華寺 등 불교 사찰에 묵기도 했다. 조선 사신들이 묵었던 숙소를 정리해보면 다음과 같다.

원조 조선인 숙소, 옥하관

옥하관玉河館은 원래 어하御河로 불렸던 옥하玉河 옆에 있다고 하여 붙여진 이름이다. 옥하관은 회동관會同館, 남회동관南會同館으로도 불렸으며, 현 북경 동교민항東交民巷에 있는 최고인민법원 자리에 있는 숙소였다. 그러나 러시아인들이 그 숙소에 묵으면서 조선 사신들은 다른 숙소

옥하관 자리에 위치한 최고인민법원 ©김민호

로 옮겨가게 됐다. 17세기 중엽에 들어서면서 러시아와 청나라 사이에 본격적인 접촉이 이뤄져 1689년 이 두 나라는 대등한 조건을 걸고 근대식 외교 협정인 네르친스크조약을 체결했다. 그후 러시아가 대규모 사절과 상단商團을 북경으로 보내면서 본격적인 통상 활동이 전개됐다. 이때부터 러시아가 옥하관을 사용하기 시작했다. 원래 청은 옥하관을 여러 국가 사절이 모두 사용할 수 있는 공용 시설로 운영했다. 그러나 이러한 정책은 러시아 사절이 등장하면서 와해됐다. 이에 조선 사신들 역시 다른 장소로 옮겨가야만 했다.

　1488년 절동浙東으로 표착한 최부는 북경으로 호송됐을 때 이곳 옥하관에 머물렀다.

양왕楊旺과 이관李寬, 당경唐敬, 하빈夏斌, 두옥杜玉 등이 신을 이끌어 황성의 동남쪽에 있는 숭문문을 통해 들어와 회동관에 이르렀습니다. 경사京師는 사방에서 조공하러 오는 곳이기에 회동본관 외에 또 별관을 지어 회동관이라 불렀습니다. 신 등이 묵은 숙소는 옥하의 남쪽에 있었기에 옥하관이라 불렀습니다.[2]

일반적으로 조선 연행사들은 황성의 동쪽문인 조양문을 통해 북경으로 들어왔다. 그러나 표류해 강남에서 올라온 최부는 북경의 동남쪽에 있는 숭문문을 통해 북경에 들어왔다. 보통 1409년 이후부터 마지막 대명 조선 사절이 돌아온 1637년인조 15까지 육로나 해로를 통해 북경에 들어온 조선 사절은 모두 옥하관에 머물렀다. 이 숙소에 묵었던 사행단으로 1463년의 강희맹姜希孟 일행, 1471년의 성현成俔 일행, 1481년의 홍귀달洪貴達 일행, 1500년의 이행李荇 일행, 1533년의 소세양蘇世讓 일행, 1574년의 박희립 일행, 1597년의 정기원鄭期遠 일행, 1614년의 허균 일행 등의 육로 사절단과 1621년의 최응허崔應虛 일행, 1624년의 이덕형李德馨 일행, 1636년의 김육 일행 등 해로 사절단이 있다.

홍대용이 묵은 옥하교관

옥하교관玉河橋館은 옥하관에서 남쪽으로 한 구역 내려온 곳에 신설된 관사로 옥하관, 고려관, 조선관, 남관, 남소관南小館, 회동사역관會同四譯館 등 다양한 이름으로 불렸다. 옥하교관은 전문동대가前門東大街에 있는 현 북경시공안국北京市公安局 자리에 있었다.

1765년 홍대용 일행은 북경에 왔을 때 이 옥하교관을 숙소로 삼았다.

옥하교관 자리에 위치한 북경시공안국 ©김민호

숭문문 안쪽에 도착해 서쪽 방향으로 옥하교를 건너 조선관에 도착하였다. 앞에 황성의 남쪽 성벽을 마주보고 있어 남관이라 불렀다. 숙소는 4중으로 되어 있는데, 정당에는 자문 및 방물을 놓았고, 상방上房은 그 뒤에, 부방副房은 그 다음에, 삼방三房은 부방의 뒤에 묵었다. 나는 삼방의 서쪽 간 벽 쪽으로 있는 한 온돌방에 들게 되었다.[3]

홍대용의 기록에 의하면 옥하교관은 남쪽 성벽을 마주보고 있고, 옥하교 서쪽에 위치해 있었다. 1777년에 부사로 연행에 참여했던 이갑 역시 옥하교관에 머물렀다.

도성의 동남문은 곧 숭문문인데, 문까지 100여 보 못 미쳐서 서쪽으로 꺾어 1리를 가면 곧 다리가 있다. 곧 옥하교이다. 다리 남쪽에 옥하관이 있는데 청 세조 초년에 옥하 서쪽 언덕 위에 설치하여 우리나라 사신을 접대해왔다. 근래에는 대비달자大鼻撻子, 러시아 사람가 연달아 와서 여기에 머무르고 다른 곳으로 가려 하지 않고 청나라 사람도 감히 그 뜻을 어기지 못하여, 우리 사신의 관소는 드디어 다리 남쪽으로 옮기게 되었다. 1리쯤 가서 성 밑을 따라 조금 가면 남소관이 있다.[4]

이갑은 이전에 우리 사신들이 옥하관에 머물렀지만 최근에는 러시아 사절들이 머물기에, 결국 남쪽에 있는 남소관으로 숙소를 옮기게 됐다고 밝히고 있다. 이름을 남소관이라 지은 이유는 옥하교관이 기존의 옥하관보다 규모가 작아서였다. 이후 옥하교관은 조선 사절이 사용하는 전용 공간이 됐다. 옥하교관에 묵었던 조선 사절들로는 1745년의 조관빈趙觀彬 일행, 1746년의 이강李橿 일행, 1783년의 홍락성洪樂性 일행, 1784년의 이휘지李徽之 일행, 1797년의 김문순金文淳 일행, 1798년의 이조원 일행, 1828년의 홍기섭 일행, 1854년의 김위金鍏 일행, 1855년의 서희순徐憙淳 일행 등이 있다. 광서光緖 중엽 이후 옥하교관은 주청국 대한제국(조선)공관으로 바뀌었다가, 1905년 11월 18일양력 12월 14일 을사늑약에 따라 민영철이 이임하고 공관 관리권은 일본으로 넘어갔다.

박지원이 묵은 서관

서관은 첨운방瞻雲坊 경기호동京畿衚衕에 자리한 관사를 지칭하는데, 첨운방관瞻雲坊館으로도 불렸다. 1780년에 박명원의 자제군관으로 따라간 박지원이 이곳 서관에 머물렀다.

서관이 있던 중경기도 거리 ©김민호

서관은 첨운패루 안, 큰길의 서쪽, 백묘白廟의 왼쪽에 있었다. 정양문 오른편에 있는 것은 남관南館이라 하니 모두 우리나라의 사관使館이다. 동지사冬至使가 먼저 남관에 들었을 때 별사別使가 뒤미처 오게 되면 이 관에 나누어 든다. 혹자는 이르기를, "이 집은 죄과로 몰수당한 것이다" 한다. 앞 담은 10여 칸 모란 무늬를 새겨넣은 벽돌로 쌓았는데, 그 새겨진 모습이 영롱하였다. 정사는 정당에 거했고, 중정에는 동당과 서당이 있었는데 부사와 서장관이 각각 나눠 묵었으며, 나는 전당前堂에 머물렀다.[5]

이외에 1776년에 사은사 이은 일행이 먼저 북경으로 떠나고, 곧이어 동지사 박명원 일행이 뒤이어 간 적이 있다. 사은사 이은 일행은 옥하교 관에 머물고, 동지사 박명원 일행은 서관에 머물렀다.

첨운패루 ©김민호

첨운방은 현 북경 서단西單 일대를 지칭한다. 이곳에 첨운패루瞻雲牌樓,
속칭 서단패루西單牌樓가 있었는데, 패루 상단에 첨운瞻雲이라 적혀 있었
다. 이곳은 1950년대 도로 확장 때 철거됐다가, 2008년 서단문화광장西
單文化廣場을 조성할 때 다시 세워졌다. 경기도京畿道는 명 경기도어사아서
京畿道御使衙署에서 유래됐고, 첨운패루 서북단 지역에 소재했다. 서관은
현 부흥문내대가復興門內大街 민족문화궁民族文化宮 후원 자리에 있다. 민족
문화궁 후문을 나서면 바로 중경기도中京畿道가 나온다.

불길한 숙소 건어호동관

건어호동관乾魚衚衕館은 원래 만비滿조의 집이었다. 만비는 청나라에서
씨족제에 입각한 군사·행정 제도인 팔기 중 하나인 정람기正藍旗 출신 장
수다. 그는 여러 차례 전장에 나섰고, 특히 러시아와 네르친스크조약을

건어호동관이 있던 감우호동 ©김민호

맺을 때 많은 공을 세웠으나 그후 죄를 지어 삭직되고 재산을 몰수당했
다. 이갑은 『연행기사』에 만비 관련 고사를 남겼다.

> 도통都統 만비 같은 사람도 즉위한 지 2년 만에 제왕의 당이라 하여 처
> 자를 죽이고 재산을 몰수하는 율을 썼는데, 지금의 건어호동관이 곧 그
> 집이다. 이 집 중문 앞에 한 작은 우물이 있는데, 당시 온 가족이 모두
> 자살할 때 부녀자들은 이 우물에 빠져 죽었다. 그래서 관 안에는 늘 귀
> 신의 곡성이 있는데 이 우물이 가장 심하다 한다.6

그래서인지 1737년에 서명균徐命均 일행은 사전에 건어호동관이 불
길하다는 소식을 접하고 예부에 아뢰어 숙소를 지화사로 옮기기도 했다.
이곳에는 1727년 북경에 도달한 이탱李樘 일행, 1732년 사은사로 온 이

지화사 ©김민호

의현 일행 등이 머물렀다.

건어호동관은 현 북경 동성구東城區 감우호동卅雨胡同의 안쪽에 위치한다. 청 선통宣統 연간에 이 골목 명칭이 건어호동과 발음이 유사한 감우호동으로 바뀌었고, 문화대혁명 때 한때 서금로십삼조瑞金路十三條로 바뀌었다가 다시 감우호동으로 되돌아갔다. 북경의 중심인 왕부정 거리 입구에서 북쪽으로 올라가면 동천주당東天主堂, 즉 왕부정 천주당王府井天主堂이 나오는데, 그 남쪽에 자리한 골목이 바로 감우호동이다. 현재는 작은 상점과 주택만 있어 건어호동관의 흔적을 찾아볼 수 없다.

지화사

지화사는 원래 명 영종英宗의 총애를 받아 권력을 휘두르던 사례감태감司禮監太監 왕진王振의 사묘였다. 왕진은 1443년 궁궐 바깥 현 자리에 저

택을 지었다. 그는 이듬해 저택 동쪽에 당송 가람칠당伽藍七堂의 모습을 본받아 지화사를 세웠고, 영종으로부터 "보은지화사報恩智化寺"라는 편액을 받았다.

1449년 몽골의 오이라트 부족이 대동大同으로 쳐들어오자, 왕진은 영종이 직접 육군六軍을 이끌고 전쟁터로 나가게 했다. 그러나 토목土木에서 몽골군에게 영종이 붙잡히는 참극을 맞이하고, 왕진은 호위장수 번충樊忠에게 살해당했다. 1457년 대종代宗이 죽자 영종은 다시 황위에 복귀했고, 이듬해 왕진을 위해 지화사 안에 정충사旌忠祠를 세워줬다. 오늘날 지화사에는 영종이 정충사 내력을 언급한 비석이 소장돼 있다.

1693년숙종 19에 동지사 유명천柳命天 일행이 북경에 들어왔으나, 옥하관은 이미 러시아 사절들이 차지하고 있어 부득불 청나라가 제공해준 지화사로 숙소를 옮겨야 했다. 그리고 1712년의 사은사 박필성朴弼成 일행, 1735년의 이학李塱 일행 등이 지화사에 묵었다. 1737년 서명균이 정사로, 이철보李喆輔가 서장관으로 북경을 방문했던 사절단은 건어호동관이 불길한 장소라는 소문을 듣고 예부에게 아뢰어 사관을 지화사로 바꾸기도 했다. 이철보는 그의 『연사록燕槎錄』에 「통주에 도착하여到通州」란 시 두 수를 지었는데, 스스로 단 그 시의 주석에 다음과 같이 건어호동관과 관련된 상황과 지화사로 숙소를 옮긴 상황을 언급하였고, 또 그의 『정사연행일기丁巳燕行日記』 정사년(1737) 윤9월 7일자에는 지화사 관련 상황을 기록으로 남겼다.

숙소는 어디로 정해졌는지 모르고,
문서는 매번 늦어지는 것을 면할 수 있었네.
객지에서 느끼는 시름 연경 도착했다는 말에 사라지리니,

바야흐로 도착하려 함에 시름 깊어졌지만 아직 연경엔 도착하지 못했어라.

자주: 숙소는 건어호동에 있는데, 앞뒤의 사행에 있어 번번이 사망의 우환이 있어, 통주에 도착하여 먼저 역관 최와 한을 보내 예부에 다른 곳으로 장소를 옮겨달라고 말하게 하였다.[7]

조양문으로 들어가 사거리를 지나 소위 지화사에 자리를 정했다. 지화사는 궁성의 동남쪽에 위치하였는데 명대 권력 있는 환관인 왕진이 창건한 절이었다. 겹겹의 방과 건물이 연이어 있어 몇 백 칸이 되는지 모를 정도로 큰 절이었다.[8]

지화사는 현 행정구획으로 동성구 녹미창호동祿米倉胡同 5호에 자리하고 있으며, 1992년 사찰 한 곁에 북경 일대 각종 문물관의 교류와 업무를 총괄하는 북경문박교류관北京文博交流館이 설립됐다. 필자가 2013년 지화사를 방문했을 때 명청 시기 북경 지역에서 유행하던 민간 생관악笙管樂을 전파하는 고음악 단체가 있어 그들 음악을 담은 CD를 선물받기도 했다.

위의 숙소들 외에도 조선 사절단들은 대불사관大佛寺館이라고도 하는 북고려관北高麗館, 독포사督捕司, 법화사, 북극사北極寺, 시방원 등 다양한 숙소에 머물렀다.

숙소를 중심으로 한
활동

/

관금정책

명청 시기 조선 사신들은 마음대로 숙소 밖으로 나가지 못했다. 이는 중
국의 관금館禁정책으로 인한 것이었다. 관금정책은 명청 모두 실시했는
데, 청이 안정되면서 조금 약화되는 경향을 보이기도 했다. 하지만 기본
적으로 조선 사절단은 숙소 밖으로 나갈 때 여러 제약이 따랐다. 명대
의 경우 최부의 『표해록』과 허봉의 『조천록』을 보면, 공무를 하러 예부
나 궁궐로 가는 상황이 아니면 거의 대부분 숙소에 머무르는 것을 알 수
있다. 이들은 18세기 사신들처럼 상대적으로 자유롭게 나다니지 못했던
것이다. 그렇다고 18세기 사신들이 자유롭게 숙소 밖으로 출입할 수 있
었던 건 아니다. 김창업의 기록에 의하면 조선 사절단이 묵었던 숙소에는
이를 전문적으로 관리감독하는 중국 관리들이 있어 엄격하게 출입을 제
한했다.

아문에는 제독 1인, 대사大使 1인, 서반 6인, 대통관 6인, 차통관 6인이 중문 밖에 거처하며, 수문장 2인은 보십고甫十古 2인, 갑군 20명을 거느리고 문을 지킨다. 수문장은 매일 교체하고 보십고는 5일마다 바뀐다. 통관은 번갈아 왕래하고 제독은 올 때도 있고 오지 않을 적도 있으며, 갑군도 모두 오지는 않는다. 매일 미시 후에 통관들이 와서 중문重門을 잠그고 봉인을 하고, 이튿날 해 뜬 뒤에 비로소 와서 문을 연다. 문을 열고 닫을 때는 번번이 군뢰軍牢가 와서 사신에게 고하였다. 또 문을 닫을 무렵엔 갑군이 들어와서 장사하는 호인들을 소리쳐 부르는데, 외치는 소리가 매우 놀라워 사람을 스산하게 만들었다.[1]

위 기록을 보면 매일 미시오후 1시~3시 이후에 통관들이 와서 숙소 문을 잠그고 봉인하는 걸 알 수 있다. 다시 말해 미시 이후에 조선 사신들은 숙소 안에 갇혀 있을 수밖에 없었던 것이다.

홍대용의 『연기』에 의하면 청이 관금정책을 펴는 이유는 중국을 막 지배하던 때 조선을 의심해 숙소 밖 출입을 엄하게 했던 것이고, 강희 말년에 중국이 안정되자 관금정책을 어느 정도 풀었다고 한다. 그러나 그가 연행을 갔을 때에도 관금정책은 여전히 존재했다. 숙소 밖으로 출입하려면 숙소의 총책임을 맡고 있는 제독에게, 정사가 숙소 밖 외출을 정식으로 요청하거나 문을 지키는 병졸들을 잘 구슬려서 나가는 방법밖에 없었다.

공사貢使가 연경에 들면 명나라 때부터 이미 문금門禁을 두어서 함부로 나다니며 유람하지 못하게 하였다. 그러나 사신 된 자가 글을 올려 청원하면 혹 허락하기도 하였지만 끝내 간여함이 없지는 않았다.

청나라가 중국을 지배한 이후는 전쟁이 갓 끝난 처지인지라, (조선에 대한) 의심이 없지 않으므로 금문이 더욱 엄중하였다. 그러다가 강희 말년에 이르러서는 천하가 이미 안정됐는지라 동방을 그리 염려 않아도 된다고 여겼는지, 방금防禁이 조금 풀렸다. 그러나 유람에 있어서는 오히려 '급수汲水하러 간다'고 핑계하고 공공연히 드나들지는 못하였다. 이렇게 수십 년을 내려오면서 태평 시대가 이미 오래 계속됨에 따라 법령이 점점 늦춰져서, 드나드는 것을 거의 간여함이 없었고, 다만 공사의 자제로서 수행한 자들이 매양 유람을 즐기어 대부분 금지구역을 구별치 않았으므로, 그들이 혹 사고라도 낼까 염려하여, 아문의 제관들이 법을 가지고 조종한 것이었다. 그러면 자제된 자들은 부형의 세력을 의지하고 통역들을 꾸짖어, 나들이의 길을 트게 한다. 통역들은 안으로는 자제들의 노여움에 눌리고 밖으로는 아문의 위엄에 겁이 나서 할 수 없이 공용인 은화를 가지고 아문에 뇌물을 바치게 된다.

이런 때문에 공사가 자제를 데리고 다니는 것을 통역들은 마음껏 꺼리고 두려워함을 마치 적이나 원수처럼 여기어 무릇 유관遊關에 관한 것은 숨기려 애썼으니, 마치 산승이 손님을 꺼려서 그 명승지를 숨기려는 것과 같았다. 그러므로 가끔 그들의 속임을 믿고 그들의 지시를 듣다가 마침내 그들의 구속을 벗어나지 못한다.

이렇기 때문에 유관을 목적으로, 연경에 가는 이라면 통역을 믿다가는 그 유관을 잘할 수 없다. 그렇다고 너무 꾸짖다가는 그들의 원망을 사서 뇌물을 바치는 비용이 많이 들게 된다. 그러므로 너무 믿지도 말고 원망도 사지 않으면서 편리하게 행동하려면 직접 아문을 접촉하는 것보다 나은 것이 없다. 그러나 아문을 직접 접촉하려면 역시 예물이 없으면 그들의 환심을 살 수가 없는 것이다.

나는 그런 사정을 익숙히 듣고 요량하였는지라 (수행을) 떠나기 앞서 미리 은자 2백여 냥을 준비하여 고거雇車, 마차 빌리기 및 유관의 잡비를 마련하였고, 관館에 들어가서는 40여 냥으로 각 가지의 지선紙扇을 우리나라 상인에게 샀던 것이다.[2]

위 인용문을 보면 홍대용이 중국에 오려고 얼마나 철저하게 준비했는지 알 수 있다. 숙소 출입이 자유롭지 않다는 상황을 미리 파악해 문지기에게 뇌물로 줄 경비까지 마련할 정도로 철저했던 것이다. 자제군관으로 왔기에 상대적으로 행동이 자유로웠던 홍대용은 문지기를 잘 구슬려 물을 길러 간다는 핑계로 북경을 돌아다니며 구경한다. 다만 비교적 자유로웠던 홍대용도 북경에 머무는 1월과 2월 외출 상황을 보면 1월은 9일을, 2월은 20일을 옥하교관에 머물렀다.[3] 원래 북경 구경을 목적으로 했던 그가 두 달 중 절반에 해당하는 30일 정도를 숙소에 머물렀다는 건 외출이 그리 자유롭지 않았음을 보여준다.

그리고 홍대용이 숙소를 책임지고 있던 서종맹에게 알리지 않고 외출했던 것이 드러나 2월 13일부터 16일까지 꼼짝없이 숙소에 머물러 있을 수밖에 없던 경우도 있다. 이를 통해 관금정책이 여전히 유지되고 있었음을 알 수 있다.

19세기 들어와서도 관금정책은 계속 유지된다. 이에 1805년 북경을 방문했던 이시원李始源은 그의 『부연기실』 「부연시」에서 다음과 같이 읊는다.

겹문을 닫아 걸어 조선관을 폐쇄하니 　　　　　　　　館中拘鎖掩重門
온종일 사람 없어 잠 생각만 몽롱하다. 　　　　　　　鎭日無人睡思昏

중국의 장사치들 아침부터 모여들어 　　　　　　　　只有商胡朝畫集

물건들 파느라고 여기저기 시끄럽네.　　　　　　　東西賣買任地喧[4]

이처럼 밖으로 나가는 대문을 폐쇄해버리면 사신들은 어쩔 수 없이 숙소에서 멍하니 시간을 보낼 수밖에 없었다. 비록 숙소를 나갈 수 없었지만 숙소 안에서는 또다른 활동들과 즐거움이 있었다.

개시

사절단의 업무 중에는 정치적인 일 외에 상업적인 활동도 있었다. 상업 활동이 시작됨을 의미하는 개시開市는 일반적으로 숙소에서 진행됐다. 사신들이 묵는 숙소에는 서반이란 무리들이 있었다. 일반적으로 강남 출신 문인들이 서반의 직을 맡아 숙소에 기거하면서 여러 일을 담당했다. 이들은 월급이 많지 않았기에 이들을 통해 중국 물품들을 구매하게 해 이문을 남길 수 있도록 했다. 이에 개시를 한다 하더라도 일반 상인들은 서적, 그림, 필묵, 그리고 향이나 차 같은 물품들을 다룰 수 없었다. 이 물품들은 서반이 독점 판매하는 것이었기에 여기서 이문을 남기고자 비싸게 판매했던 것이다. 이에 이들 몰래 밖에서 물건을 사다가 들키면 욕을 먹는 상황까지 발생했다. 이들은 혹 자신들을 통하지 않고 유리창 등지에서 서적을 직접 구매할까 걱정이 되어 감시까지 했다고 한다. 1777년 연행을 간 이갑은 그의 『연행기사』에서 이 상황을 잘 묘사한다.

서반이라는 것은 서리인데, 사행이 서울에 들어가면 예부에서 서반 10인을 조발하여 번갈아 아문에 숙직하며 제관의 사역使役에 대비케 한다. 모두 외성外省에서 뽑아 올리는데, 녹봉이 청빈하므로 수십 년 전부터 무릇 중국 북경의 물건들 가운데 좀 비싼 것은 모두 그들로 하여금 무역하게 하여 그 이윤을 먹게 한다.

서적·그림·필묵·향다 등은 다른 장사치들이 감히 참여하지 못한다. 이 때문에 물가가 해마다 높아진다. 그래서 우리나라 사람은 물가가 비싼 것을 괴롭게 여기는데, 몰래 사는 일이 있으면 꾸짖고 욕하는 것이 빗발치듯한다. 마두배馬頭輩가 혹 유리창과 융복시隆福市에 가면 서적을 몰래 살까 두려워하여 반드시 뒤따르며 감시한다. 또 갑군 10인을 정하여 교대로 문을 지키는데, 모두 칼과 채찍을 지니고 문밖에 삿자리 방을 만들어 숙소를 삼았다.

아문에서 거듭 문단속을 엄하게 할 때는 등상凳床을 놓고 늘어앉아서 지킨다. 그러다가 날이 저물면 관사로 들어와서 여러 장사치를 수색하여 내쫓는데, 떠들썩하게 채찍을 휘둘러 그들이 다 나간 뒤라야 문을 닫는다.[5]

이갑은 서반이란 존재가 숙소에 번갈아 기거하며 숙소 관리를 한다고 언급한다. 서반은 본래 홍려시에 속한 종9품 관원으로 외국 사신들이 오면 이를 전문적으로 맡아 의례, 사연賜宴, 조공, 출국 등을 맡았던 하급 관리다. 서반은 명나라 때부터 존재했다고 한다. 이들은 궁궐에서 예식을 거행할 때 백관의 서열과 순서를 정해주고 사신들이 귀국할 때 함께 전송해주는 일을 담당하는 일종의 접빈관 역할을 했다. 이들 서반은 대부분 강남 지역 출신이었다. 강남은 상업의 발전과 이에 따른 경제력의 향상으로 출판 인쇄 문화가 비약적으로 발전하고, 이에 대규모 서적 출판이 이뤄진 곳이다. 더불어 북경 유리창 서점 주인들 역시 남방 출신이 대부분이었다. 이들은 과거를 보러 올라온 자들이 대부분이었고, 시험에 붙을 때까지 경제적 어려움을 해결하고자 서점을 열어 자신의 고향인 강남의 서적들을 판매했다. 서반이 비록 말단 관리이긴 했으나 강남의 식자층이었기에 문자를 쓸 줄 알았고 조선어를 통역할 수 있는 능력도 갖추고 있었다고 한다.[6] 강남 출판문화의 발전, 강남 출신 유리창 서점 주인들, 강남 출신 서반이 연결되어 숙소 밖으로 출입이 자유롭지 않았던 조선 사신들에게 책 등이 공급됐던 것이다.

이처럼 서반이 서적 등 조선 사신들이 필요로 하는 물건들을 팔아 중간 이익을 먹기도 했지만, 일반 상인들이 조선 사신단의 숙소로 직접 들어와 물건을 팔기도 했다.

> 정월 초에는 아문에서 여러 장사치를 금하므로 그들은 관館으로 들어오지 못한다. 그러다가 16일에 제독이 방榜을 걸어 고시하면 비로소 밀려들어오는데, 제역諸譯들 또한 분요紛擾한 것을 견디지 못한다. 10여 세 된 아이까지도 소소한 물건을 가지고 관 안을 돌아다니며 귀찮게 자꾸 사라고 한다. 그들의 이익을 탐하는 습관이 얼마나 대단한지 상상할 만하다. 혹은 각종 음란한 기구를 품속에 감춰 가지고 으슥한 곳으로 사람을 끌어 그 묘한 것을 자랑하여 보이기도 한다. 사람들이 모두 웃어도 개의치 않는다.[7]

일반적으로 정월 초에는 상인들이 숙소로 들어올 수 없었다. 아문에서 이를 금했기 때문이다. 그러다 16일에 숙소를 책임지고 있는 제독이 방을 걸어 고시하면 조선 사절단에 속한 상인들은 인삼 등의 물품을 판매했다. 또 중국 상인들이 중국의 다양한 물건을 팔러 조선 사절단 숙소로 몰려들어와 통역하는 이들은 고생을 하기도 했다. 어른뿐 아니라 10

여 살 된 아이들도 자질구레한 물품을 들고 와 사라고 귀찮게 굴었고, 심지어는 음란 기구까지 몰래 갖고 들어와 으슥한 곳에서 보여주기도 했던 것이다.

숙소에서의 오락 활동

앞에서 살펴본 것처럼 조선 사신들은 중국에 와도 숙소 밖 출입을 마음대로 할 수 없었다. 자제군관으로 온 사람들은 공식적으로 맡은 일이 없었기에 이런저런 핑계를 대고 상대적으로 자유롭게 돌아다닐 수 있었다. 하지만 정식 사신들은 중국에서 금지한 행위를 하지 않으려 조심했다. 이는 1798년 서장관 직위로 북경을 방문했던 서유문의 기록에 잘 나타나 있다.

관에 머물다. 사신은 체면을 돌아보는지라, 마음 내키는 대로 한가로이 구경을 하지 않고, 공적인 일 외는 관문을 나가지 아니하더라. 온돌 위에 홀로 앉아 매우 적막한 때를 많이 지내니 결혼한 지 3일 된 신부 같으며, 또한 초楚나라에 갇힌 사람의 모양이라. 혹 두세 곳 구경하는 곳이 있으나 마침 일이 있는 때를 당하여 한 번도 시원히 지내지 못하는 고로 관에서 대궐로 들어가는 외에는 눈에 보이는 바가 없는지라. 치형은 진사進士 이자송과 검서檢書 이경인을 좇아 날마다 구경하고 들어와 본 바를 전하니, 내 일기에 누관樓觀과 산천과 명승지와 풍속을 기록한 것은 치형이 전하는 것이 많은지라.[8]

이처럼 사절단의 정사는 양국 간의 관계 등을 의식해 중국 정부에서 금하는 숙소 밖 출입을 하지 않으려 했다. 이에 서장관이었던 서유문 역시 공적인 일 외에는 숙소 밖을 나가지 않았고, 공식적으로 궁궐에 들어갈 때 길에서 보이는 것을 볼 뿐이었다. 이에 "결혼한 지 3일 된 신부"처럼 얌전히 숙소 안에 머물러 있을 수밖에 없었던 것이다. 그러나 조선 사절단은 숙소에서 적막하게 있기만 하지 않았다. 이들은 숙소로 중국의 잡희, 환술, 동물 공연 등을 하는 사람들을 불러 즐기기도 했다.

16~19세기까지 조선 연행사들이 즐겼던 연희의 종류에는 각희脚戲, 근두희筋斗戲, 기악妓樂, 등희燈戲, 상악喪樂, 서양추천西洋鞦韆, 수희獸戲, 연희演戲, 완구희玩具戲, 잡희雜戲, 장희場戲, 지포희紙砲戲, 창우희倡優戲, 풍악風樂, 환희幻戲, 회자정희回子庭戲, 회자습의回子習儀 등 17가지가 있었다. 그중 가장 인기를 끌었던 것은 환희였다.[9] 1802년 동지사 서장관으로 북경을 방문했던 이해응의 『계산기정』에 기록된, 환희가 펼쳐지는 상황을 살펴보겠다.

이날 요술쟁이를 조치, 관사 안에서 요술을 시켰는데, 요술은 대범 10여 종목이었다.

그 하나는 손에 5, 6개의 쇠고리를 가졌는데, 그 고리들은 터지거나 연결된 부분이 없이 아주 둥글다. 그 고리들을 손가락에 끼우고 한참 굴리다가 갑자기 바꿔 끼우니, 고리들은 죽 연결되었다. 그러다가 도로 곧 나누니, 고리들은 낱낱이 되었다. 혹은 두 사람이 각기 고리 하나씩을 가지고 상대해서 던지면 곧 또 합해져서 연결된 고리가 되기도 하였다.

그 하나는 두 사람이 달걀만한 크기의 검은 탄환과 흰 탄환을 각기 가져 입에 넣어 삼키더니, 곧 손바닥 가운데서 그것을 내놓고 혹은 머리 뒤에서 뱉어내기도 하였다. 그리고, 더러는 검은 탄환을 삼킨 자의 입에서 흰 탄환을 뱉어내기도 하고, 더러는 흰 탄환을 삼킨 자의 입에서

는 검은 탄환을 뱉어내기도 하였다. 그 뱉고 삼키고 하는 형상은 가위 신출귀몰한 것이었다.[10]

이해응은 둥근 쇠고리를 연결했다가 다시 떼어내는 환술, 두 사람이 달걀 크기의 검고 흰 탄환을 각기 삼켰다가 서로 다른 색깔로 뱉어내는 환술을 묘사한다. 뿐만 아니라 위 인용문에 이어서 긴 쇠칼을 입에 넣었다가 빼는 환술, 긴 담뱃대를 콧구멍에 넣었다가 빼내는 환술, 보자기 속에서 동이를 만들어내는 환술, 찢어진 종잇조각을 입속에서 실타래처럼 끌어내고, 또 새 두 마리를 날려보내는 환술, 칼로 자른 실을 다시 잇는 환술, 두 손을 기둥에 묶은 채 풀지 않고 기둥을 빠져나오는 환술, 장대 위에 주발을 돌리며 병 안에 술을 만들어 마시는 환술 등 아홉 가지 환술을 펼치는 공연 상황을 자세하게 묘사한다. 그리고 그는 이 묘사 뒤에 관희시觀戱詩를 적어 이런 환술의 내용을 소개하고, 환술 관람객들과 환술하는 사람들을 모두 비판적으로 논평한다. 환술에 속아 흥분하는 관객이나 정작 영원히 신선이 되는 환술은 하지 못하는 환술쟁이는 모두 그의 비판 대상이었다. 이는 당시 그가 환술을 관람하는 것도 결국 단순히 흥에 겨워하는 게 아니며 그것 또한 결국 군자가 되는 수양의 길 중 하나라고 생각함을 드러낸다.[11]

환희 관련 기록은 명말청초 왕조 교체기 같은 특별한 상황이 아니면 거의 모든 연행록에 공통적으로 등장한다. 다만 16세기 연행록에는 간단하게 언급돼 있고, 청이 들어선 이후인 18, 19세기에는 자세하게 묘사돼 있다는 특징을 지닌다.

위에 언급한 이해응 일행이 관람한 환희 공연 외에도, 1656년 북경을 방문했던 인평대군 이요는 곰을 길들인 한인을 관소로 불러 웅희熊戱를 봤고,[12] 1720년 동지사겸정조성절진하정사 이의현이 북경 관소에 머물 때는 호인이 요술쟁이를 데리고 들어왔다고 기록돼 있다.[13] 이갑은 개와 원숭이 재주 부리는 사람을 불러서 재주를 봤다고 한다.[14] 이해응은 위에 언급한 환희 관람 외에 옥하관에서 원숭이와 개의 놀음을 구경하고,[15] 박사호는 관소에서 환술잡희를 구경하고 「환술연설」을 짓기도 했다.[16] 1832년 서장관 김경선은 관소에서 마술사(幻術)를 불러 연희를 보고 「환술기」를 지었으며, 이듬해에는 개를 몰고 원숭이를 짊어진 채 지나가는 자를 관소 안으로 불러서 관람하고 「견원양희기」를 지었다. 또 21일에는 곰을 끌고 가는 자를 불러들여 곰 재주를 보고 「웅희기」를 지었다.[17]

이처럼 숙소에서의 마술, 동물 재주, 잡희 등의 공연을 보는 일은 사신들의 큰 즐거움 중 하나였다. 다만 황후 등의 붕서 등을 위문하기 위해 왔던 진위진향사 같은 경우는 관소로 연희 예인을 부르지 않는 게 관례였다고 한다.

열하의
숙소

박지원 일행은 조선 사신 최초로 열하를 방문했다. 건륭제의 70세 생일을 축하하고자 북경으로 향했던 박지원 일행은 열하로 오라는 건륭제의 명에 따라 계획을 바꿔 열하로 향했다. 열하에서 박지원 일행은 판첸라마 등을 만나면서 다른 사신들은 경험하지 못했던 다양한 상황을 겪었다.

우여곡절 끝에 열하에 도착한 박지원 일행은 열하 태학을 숙소로 삼는다.

지난해에 태학太學을 새로 지었는데, 그 제도는 연경과 다름없었다. 대성전大成殿과 대성문大成門이 모두 겹처마에 누런 유리기와를 이었고, 명륜당明倫堂은 대성전의 오른편 담 밖에 있으며, 당堂 앞 행각에는 일수재日修齋·시습재時習齋 등의 편액이 붙어 있고, 그 오른편에는 진덕재進德齋·

수업재修業齋 등이 있었다. 뒤에는 벽돌로 쌓은 대청이 있고, 그 좌우에 작은 재실이 있어서, 그 오른편엔 정사가 들고 왼편엔 부사가 들었다. 그리고 서장관은 행각 별재別齋에 들고 비장과 역관은 한 재실에 모두 들었으며 두 주방은 진덕재에 나누어 들었다. 대성전 뒤와 좌우에 둘려 있는 별당, 별재 들은 이루 다 기록하기 어려울 만큼 많고도 또 모두 화려하기 그지없는데, 우리 주방으로 인해 많이 그슬리고 더럽혀졌으니 애석한 일이 아닐 수 없었다. 따로 「승덕태학기承德太學記」를 썼다.[1]

태학이란 지금의 국립대학에 해당하는 기관으로 일반적으로 태학 옆에는 공자를 모시는 문묘를 뒀다. 전통시기 태학은 유학을 숭상하고 유학을 배우는 곳이었다. 그런데 박지원 일행은 건륭제의 예상치 못한 명령으로 티베트에서 온 판첸라마를 만나 고두례를 행해야 했다. 또 그가 하사한 불상도 가져올 수밖에 없는 상황이 발생했다. 그러자 조선 사신들은 공자의 학문을 배우는 태학에 오랑캐 종교의 상징인 불상을 갖다 둘 수 없다며 한바탕 소동을 일으키기도 했다.

박지원이 언급한 열하 태학의 구조는 현재 다시 복원된 열하 태학의 모습과 대체적으로 일치한다. 2012년 열하를 방문했던 필자는 열하 문묘와 태학이 복원중인 것을 보았고, 2015년 재차 방문했을 때는 열하 문묘와 태학이 복원된 것을 확인할 수 있었다. 문묘 관계자에 의하면 열하 태학의 기초는 원래부터 있었고, 그 위에 지붕 등을 수리해 복원을 했다고 하니 박지원 일행이 묵었던 바로 그 자리에 같은 구조를 갖춘 셈이다. 박지원은 열하 태학에서 묵은 상황을 다음과 같이 자세하게 묘사한다.

때마침 달빛이 뜰에 가득하고, 담 너머 장군부將軍府에서는 이미 초경

^{初更} 넉 점을 치는 야경 소리가 사방으로 울린다. 상방에 들어가니 하인들이 휘장 밖에 누워 코를 골고 정사도 이미 잠들었다. 짧은 병풍 하나를 격하여 나의 잠자리를 보아놓았다. 일행 상하가 닷새 밤을 꼬박 새운 끝이므로 이제 깊이 잠든 모양이다. 정사 머리맡에 술병 둘이 있기에 흔들어보니, 하나는 비고 하나는 차 있었다. 달이 이처럼 밝은데 어찌 마시지 않으리. 마침내 가만히 잔에 가득 부어 기울이고, 불을 불어 꺼버리고서 방에서 나왔다. 홀로 뜰 가운데 서서 밝은 달빛을 쳐다보고 있노라니, 할할하는 소리가 담 밖에서 들린다. 이는 낙타가 장군부에서 우는 소리였다. 드디어 명륜당^{明倫堂}으로 나왔다. 나와 본즉, 제독과 통관의 무리가 각기 탁자를 끌어다 둘을 한데 붙여놓고 그 위에서 잠들었다. 제 비록 되놈이기로 무식함도 심하다. 그 누워 자는 자리인즉, 곧 선성^{先聖}·선현^{先賢}께 석전^{釋奠}이나 석채를 거행할 때 쓰는 탁자인데, 어찌 감히 이를 침상으로 대용할 수 있으며, 또 어찌 차마 누워 잘 수 있으랴. 그 탁자들은 모두 붉은 칠을 하였는데 백여 개가 있었다.

오른편 행각에 들어가니, 역관 세 사람과 비장 네 사람이 한 구들에 누워 자는데 목덜미와 정강이를 서로 걸치고 아랫도리는 가리지도 않았다. 천둥소리처럼 코를 골지 않는 자가 없는데, 혹은 병을 거꾸러뜨려 물이 쏟아지는 소리요, 혹은 나무를 켜는데 톱니가 긁히는 소리였으며, 혹은 혀를 끌끌 차며 사람을 꾸짖는 시늉이요, 혹은 꿍꿍거려 남을 원망하는 정경이다. 만릿길을 함께 고생하고 와서 자나 먹으나 떠남이 없으매, 그 정분이야말로 친형제와 다름없이 사생을 같이할 것임에도 불구하고, 그 잠든 모습을 볼 때엔 한 자리에 꿈이 다르고, 그의 간담은 초^楚·월^越처럼 먼 것을 깨달았을 뿐이다. 담뱃불을 붙이고 나오니, 개 소리가 표범 소리인 양 장군부에서 들려온다. 그리고, 야경 치는 소리가

달밤의 열하 태학 ©김민호

마치 깊은 산중 접동새 소리같이 울렸다. 뜰 가운데를 거닐며, 혹은 달려도 보고 혹은 발자국을 크게 떼어보기도 해서 그림자와 서로 희롱하였다. 명륜당 뒤의 늙은 나무들은 그늘이 짙고, 서늘한 이슬이 방울방울 맺혀서 잎마다 구슬을 드리운 듯, 구슬마다 달빛이 어리었다. 달 밖에서 또 삼경의 두 점을 쳤다. 아아, 애석하구나. 이 좋은 달밤에 함께 구경할 사람이 없으니, 이런 때에는 어찌 우리 일행만이 모두 잠들었으랴. 도독부都督府의 장군도 그러하리라. 그렇게 생각하면서 나도 곧 방에 들어가, 쓰러지듯이 베개에 머리가 저절로 닿았다.[2]

박지원 일행은 열하로 오라는 건륭제의 따라 명령에 따라 예정에 없던 열하행을 떠나게 된다. 이들 사절단의 목적은 건륭제의 70세 생일을 축하하는 것이었다. 그러나 북경이 아닌 열하로 목적지가 바뀐 상황에서 이들은 건륭제 생일에 맞춰가려고 정신없이 열하로 향한다. 이렇게 해서 도착한 열하의 숙소가 바로 열하 태학이었다. 태학에 도착한 조선 사절단은 모두 곯아떨어지고 만다. 그러나 박지원은 박명원의 숙소로 들어가 술병에 남아 있던 술을 잔에 가득 따라 들고 달빛 좋은 뜰로 나온다. 나와 보니 명륜당 앞에 공자님께 제사 드릴 때 쓰는 상 위에 중국 통역관들이 쓰러져 자고 있었다. 주자학의 나라 조선에서는 상상할 수 없는 그런 광경이었기에, 박지원은 이들의 무식함을 한탄하며 닷새 동안 정신없이 길을 와 쓰러져 자고 있는 사람들의 광경을 재미있게 묘사하는 위의 글을 남겼다.

박지원은 200여년이 지난 지금 열하 태학이 어떤 모습으로 바뀌었는지 상상도 못했을 것이다. 필자는 2012년과 2015년 두 차례에 걸쳐 승덕

호텔 리셉션이 되어버린 열하 태학 명륜당 ©김민호

을 답사했다. 2012년 복원 작업이 한창 진행되던 열하 태학은 2015년 방문했을 때는 깔끔하게 복원돼 있었다. 이에 열하 태학에 직접 들어가 살펴봤는데 분위기가 좀 이상했다. 알고 보니 열하 태학의 복원은 단순한 옛 문물의 복원이 아니라 그 지역의 개발상開發商, 즉 건축업자가 자신의 돈을 들여 특색 있는 호텔로 개발한 것이었다. 어처구니가 없었으나 이렇게라도 복원을 했으니 다행이라고 생각해야 할까? 아무튼 복원된 열하 태학은 박지원이 묵었던 바로 그 위치에 복원됐다고 한다. 이에 박지원 일행이 묵었을 자리에 위치한 방에서 하루 묵으며 당시 박지원이 느꼈던 달밤의 정취를 느껴봤다.

마음 한쪽이 짠해왔다. 엘리트들을 교육하던 최고 교육 기관 열하 태학이 이제는 돈을 벌기 위한 호텔이 되어버렸다. 또 학생들에게 유학을 가르치던 장소, 인간 사회의 윤리를 밝힌다는 의미를 지녔던 '명륜당

明倫堂'이 호텔 고객들의 돈을 받는 리셉션 데스크가 돼버렸다. 이 역시 현 중국의 상황을 적나라하게 보여주는 것이리라.

맺음말

일정한 지역들을 수백 번 겹쳐 지나간 기록인 연행록이 시대와 저자에 따라 어떤 흥미로운 차이를 보여주고 있을까 하는 가벼운 호기심에서 이 작업이 시작됐다. 큰 의무감이나 부담감 없이 내가 관심을 갖는 지역들을 선정하고, 그 지역들을 거쳐갔던 수많은 연행사 중 의미 있는 기록을 보여주는 연행록들을 골라 시대별로 어떤 차이가 있는지 살펴봤다. 그러나 그 과정에서 이 작업이 결코 만만치 않음을 깨닫는 데 그리 오랜 시간이 걸리지 않았다. 상당한 분량의 기록들을 읽어야 했고, 또 그 기록들에서 의미를 뽑아내는 작업은 생각보다 녹록지 않았다. 연행록은 한국은 물론 중국 등 해외에서도 많은 연구가 이뤄진 분야이기에 더 심한 부담감을 갖고 이 작업에 임해야 했다. 더군다나 본래 전공인 중국 고전소설과 연행록은 상당히 거리가 있었고, 과연 내가 맥을 제대로 짚고 있는지 헷갈릴 때도 종종 있었다. 선정한 지역을 오간 연행록들을 살필 때 재미있고, 의미 있는 내용과 연행록 간 흥미로운 차이를 찾아내면 기분이 좋아졌다가도, 생각보다 의미 있는 결과가 보이지 않으면 이를 어떻게 풀어나갈까 또 많은 고민을 해야 했다. 결국 나름의 논리를 통해 객관적으로 연행록들을 분석하려 시도했으나, 객관을 가장한 나의 편향이 어느 정도 작용하지는 않았을지 조심스러운 마음이다.

이 작업은 지역별로 크게 동북 지역, 북경 지역, 강남 지역으로 나누어 진행했다. 동북 지역에서는 국경, 요동, 심양, 산해관, 강녀묘, 이제묘 등 여섯 지역을 선정했다. 또 북경 지역에서는 조양문, 습례정, 태화전, 유리창, 천주당 등 다섯 지역을 선택했고, 강남 지역의 경우 강남을 직접 방문했던 표해록의 기록과 상상 속의 강남을 기록했던 연행록의 기록으로 나눠 살펴봤다. 그리고 연행사들이 묵었던 숙소들을 정리하고, 숙소에서 했던 활동을 소개했다.

이질적 문화가 접촉하는 공간인 국경은 시기와 상황에 따라 비교적 명확한 차이를 드러냄을 볼 수 있었다. 명나라를 방문했던 조선 사신들은 청나라를 방문할 때와 비교하면 국경에서 특별한 감회를 술회하고 있지는 않았다. 그러나 병자호란의 아픔을 겪고, 또 하늘로 여겼던 명이 멸망하자 청나라 초기 인평대군은 시름을 짓는다. 청에 인질로까지 잡혀갔던 인평대군이었기에 시름을 짓지 않을 수 없었던 것이다. 그러나 18세기에 들어서면서 오랑캐 이미지는 희석되기 시작했다. 18세기 중반 이후 청에게서 무엇이라도 배우려 했던 북학파 계열에 속한 연행사 중 홍대용 같은 이는 청나라 방문이 수십 년 평생의 소원이라고까지 말하며 중국 방문을 기대했다. 특히 박지원은 국경에 이르러 두 문화 간 접점의 중요성, 즉 무조건 청을 배척하지도 않고 무조건 찬양하지도 않는 객관적인 시선으로 청을 바라보고자 했다. 이후 19세기에 들어서면서 오랑캐 이미지는 잘 나타나지 않고, 유머를 주고받으며 국경을 넘는 여유까지 보인다.

　의주에서 압록강을 건너, 또 책문을 지나 석문령에 이를 때까지 중국의 산천은 조선과 큰 차이를 보이지 않는다. 그러다 끝없이 펼쳐진 요동벌을 만나는 순간 조선 사신들은 지리상의 이국 체험을 하게 됐다. 여기서 대부분의 연행사는 그 광활함에 감탄했다. 그러나 명말청초 연행록에서는 광활함보다는 오랑캐 이미지가 더 강하게 나타났다. 존숭했던 명의 약화와 멸망, 병자호란의 치욕 등에서 조선 연행사들이 자유로울 수 없었기 때문이다. 그러나 이러한 오랑캐 이미지는 18세기 중엽으로 접어들면서 서서히 퇴색하고 광활함의 이미지로 대체됐다. 박지원의 호곡장론은 광활함을 보고 감탄하는 기록을 남긴 대표 사례로 꼽을 수 있을 것이다. 더불어 18세기 중엽 이후 요동벌을 묘사한 기록은 광활함의 이미지와 함께 청을 인정하는 상황까지 나아갔다. 그러다 19세기 중엽이 되면서 청의 쇠락을 엿볼 수 있는 기록까지 등장했다. 그리고 요동과 관련해 이 지역이 우리의 옛 땅이었다는 기록은 시대를 막론하고 많은 연행록에 등장했다.

　청대에는 꼭 심양을 거쳐서 북경으로 가야 했다. 청이 자신의 본거지였던 심양을 거쳐 북경에 오도록 했기 때문이다. 심양은 조선 사신들에게 병자호란의 아픔을 상기시키는 곳이었다. 자신이 인질로 가 심양에서 생활했던 인평대군은 심양을 떠올리며 시름에 잠긴다. 청 초뿐 아니라 그 이후에도 심양은 소현세자와 봉림대군이 인질로 잡혀가 있던 아픈 기억의 장소로 많은 연행록에서 언급된다. 다만 시간이 흐르면서 아픔보다는 심양의 번화함과 질서를 강조하는 쪽으로 무게중심이 옮겨가는 것을 볼 수 있다.

　산해관은 문명과 야만을 가르는 경계의 이미지가 지속적으로 보인다.

청 초에는 산해관을 중화와 야만의 경계로 보고, 또 명의 멸망을 아쉬워하는 기록도 어렵지 않게 찾아볼 수 있다. 그러다 18세기 중엽에 산해관을 들어서면서 청의 야만적 이미지는 많이 퇴색되고 배울 것이 있는 큰 나라임을 인정하게 된다.

강녀묘와 이제묘의 경우 그 기록에 있어 특별히 의미 있는 차이를 발견하기 힘들었다. 다만 명대 혹은 청 초에는 간단한 언급만 하다 18세기 들어서면서 좀더 자세한 묘사를 하고, 18세기 중반이 넘어서면 이를 고증하려는 시도를 한다는 차이가 있을 뿐이다.

사신들은 북경에 도착하기 바로 전 동악묘에서 공복으로 갈아입고 조양문을 통해 북경으로 들어섰다. 그런데 명 말 북경을 방문했던 사신들은 뇌물을 줘야만, 그것도 많이 줘야만 조양문을 들어설 수 있었다. 한 국가의 공식 외교사절임에도 명 말의 부패한 관리들은 뇌물이 적으면 사신들을 문밖으로 쫓아냈던 것이다. 그러나 청이 들어선 이후 이러한 상황은 발생하지 않는다. 청 초의 경우 예부상서가 직접 성문 밖에서 사신단을 기다리기도 하는 등 외국 사절에 대한 의전 역시 상당히 신경을 썼다. 다만 청 초에는 조양문에서 북경을 들어서며 명의 멸망을 아쉬워하고 청의 존재를 비판하나, 그 이후에는 북경의 번화함에 감탄하는 묘사가 주를 이룬다.

습례정은 삼궤구고두 의식을 연습하는 장소였다. 청을 방문한 사신들은 청 황제에게 삼궤구고두 의식을 올려야 했다. 조선 사람들에게 삼궤구고두는 삼전도의 치욕을 떠올리게 하는 행위였다. 그러나 청이 중원의 주인이 된 상황에서 삼궤구고두는 하지 않으면 안 되는 의식이기도 했다. 이에 직접적으로 삼궤구고두를 부정적으로 언급하는 기록은 거의 나오지 않는다. 다만 한글로 쓴 홍대용의 『을병연행록』에는 삼궤구고두 행위를 치욕적인 것으로 서술하고 있다. 한문이 아닌 한글로 기록된 연행록이었기에 자신의 감정을 솔직하게 드러낼 수 있었던 것으로 보인다.

자금성의 중심 건물인 태화전은 매년 1월 1일 조참 의식을 거행하던 곳이었다. 그런데 부패한 명 말의 경우 조참 의식을 하러 들어가는 사신들에게도 뇌물을 요구하는 어이없는 상황이 발생했다. 그러다 청 초가 되면 황궁의 대단함과 청조의 기강에 대해 인정하면서도 명이 망하고 만주족의 청이 자금성을 차지한 상황은 받아들이지 못했다. 그러다 시간이 흘러 어느 정도 청을 인정하고, 청 궁궐의 대단함을 극찬하는 쪽으로 상황이 바뀌었다.

청대 유리창은 중국 문화의 정수를 보여주는 장소로 화려한 사치품들, 수만 권에 달하는 책들, 그리고 다양한 공연으로 조선 사신들의 발길을 끌었던 문화 중심지였다. 조선 사절단은 청에 대한 반발심, 혹은 개인의 신념에 따라 유리창의 화려함에 부정적인 평가를 내리기도 했지만 발전된 선진문화를 보고 유리창의 진가를 인정하지 않을 수 없었다.

천주당의 경우 처음에는 조선 사신들과 천주교 신부들 간의 관계가 우호적이었다. 특히 조선 포교를 염두에 둔 천주교 신부들은 조선 사신들을 잘 대접했다. 하지만 천주당을 관광지 정도로만 생각했던 조선 사신들은 이들을 특별대우하지 않았다. 그러다 18세기 중반이 되면서 홍대용처럼 천주교 신부에게 과학기술, 천문학 등 서양문물을 배워보고자 하는 이들이 나타났다. 반면 천주교 신부들은 조선 사신들을 만나기를 꺼리기 시작했다. 조선 포교가 불가능하다는 것을 파악한 이유도 있고, 또 당시 과중한 업무로 인해 만날 시간이 없기도 했기 때문이다. 그러다 조선에서 천주교 박해가 일어나면서 결국 천주당 방문은 끊어지게 됐다.

중국 강남은 예로부터 살기 좋고 아름다운 곳으로 유명했다. 이러한 강남 이미지는 큰 변화 없이 계속 이어졌다. 그리고 표류로 직접 강남을 방문했던 사람들은 강남의 화려함과 북쪽 지방의 거친 문화를 비교하며 자신들이 직접 본 강남의 문화를 칭찬했다. 직접 강남을 방문할 수 없었던 연행록의 저자들은 주자학이란 기준으로 강남을 바라보기도 했다. 양명학이 성행하던 때 명 말 사행을 갔던 허봉은 왕양명이 강남 출신이기에, 강남 출신들이 양명학을 더 존숭한다고 판단했다. 또 이갑의 경우 주자학에 의거한 예식이 북방에서 잘 이뤄지지 않는 것을 보고, 자신이 가보지 못한 강남에서는 주자의 예식이 잘 이뤄질 것이라며 자신의 욕망을 투사한 강남 이미지를 그리기도 했다.

연행사들은 북경에 오면 중국 정부가 제공한 숙소에 묵었다. 수백 년에 걸쳐 수백 차례의 사절단이 방문했기에 숙소 또한 다양한 곳에서 묵었다. 사절단은 시기 및 상황에 따라 옥하관, 옥하 별관, 서관, 건어호동관, 지화사 등 다양한 장소에 묵었다. 명대에는 공식적인 상황이 아니면 일반적으로 숙소에만 머물러 있는 경우가 많았다. 청대에 들어와서도 규정상으로는 마음대로 돌아다닐 수 없었지만 다양한 핑계를 대고 북경 시내를 돌아다니는 경우가 비일비재했다. 더불어 숙소에서는 상업 활동도 벌어졌고, 환술이나 연희 공연 등을 구경할 수도 있었다. 조선 최초로 열하를 방문했던 박지원 일행은 열하 태학을 숙소로 삼기도 했다.

이처럼 조선 연행사들은 시기와 상황에 따라 같은 지역이라 하더라도 조금씩 다르게 묘사했다. 거칠게 정리하자면 명 말의 경우 명의 부패가 부각됐고, 청 초에 들어서고 나서는 '오랑캐'인 청이 중원에 들어서고 명이 멸망했음을 안타까워하는 기록이 보편적으로 보인다. 그러다 18세기에 들어서면서 청을 인정하기 시작하고, 18세기 중엽이 되면 청으로부터 배우자는 분위기가 생겨났다. 19세기로 들어서도 여전히 청을 오랑캐로 바라보는 시선이 깔려 있지만 이들을 인정하는 분위기가 더 강하게 존재했다.

앞에서도 이야기했듯 연행록은 현재 600종 정도 출판됐고, 또 계속 발굴되는 중이다. 이 책에서 살펴본 연행록 20여 종만으로 전체 시대 흐름을 살핀다는 것에 무리가 따름을 모르는 바 아니다. 그러나 이 작업으로 커다란 흐름을 파악하는 데 조금이라도 도움이 될 수 있기를 바란다.

주

국경: 새로운 세계를 만나는 설렘과 두려움

1) 홍대용,『을병연행록』1, 1765년 11월 27일자, 정훈식 옮김, 경진, 2012, 51쪽.

2) 인평대군,『연도기행』1656년 8월 21일자.

3) 세자시강원(世子侍講院),『역주소현심양일기譯註昭顯瀋陽日記』1, 1637년 3월 30일자, 이남종 등 옮김, 민속원, 2012, 47쪽.

4) 허봉,『조천기朝天記』1574년 6월 11일자.

5) 허봉, 앞의 책, 1574년 6월 16일자.

6) 조헌,『조천일기』1574년 6월 16일자.

7) 허봉, 앞의 책, 1574년 6월 18일자.

8) 인평대군,『연도기행』상,「일록」1656년 8월 21일자.

9) 인평대군, 앞의 책, 1656년 8월 22일자.

10) 김창업,『연행일기』1712년 11월 22일자.

11) 김민호,「병자호란 전후 만주인이 본 조선인—『소현심양일기昭顯瀋陽日記』및 선약해宣若海의『심양사행일기瀋陽使行日記』를 중심으로」,『중국학논총』41집, 2013.

12) 김창업,『연행일기』1712년 11월 22일자.

13) 김창업, 앞의 책, 1712년 11월 28일자.

14) 김현미,『18세기 연행록의 전개와 특성』, 혜안, 2007, 37~38쪽.

15) 김현미, 앞의 책, 49~50쪽.

16) 홍대용,『을병연행록』1, 1765년 11월 27일자, 정훈식 옮김, 경진, 2012, 51쪽.

17) 박지원,『열하일기』「도강록」1780년 6월 24일자.

18) 박지원, 앞의 책, 1780년 6월 27일자.

19) 김정중, 『연행록』 1791년 11월 17일자.

20) 김정중, 앞의 책, 1792년 3월 4일자.

21) 김정중, 앞의 책, 1792년 3월 5일자.

22) 서유문, 『무오연행록』 1798년 11월 19일자.

23) 서경순, 『몽경당일사』 1855년 10월 27일자.

24) 박지원, 앞의 책, 1780년 6월 24일자.

25) 박사호, 『심전고』 1829년 3월 11일자.

26) 박사호, 앞의 책, 1828년 11월 19일자.

요동: 한바탕 울기 좋은 벌판

1) 박지원, 『열하일기』 「도강록」 1780년 7월 8일자.

2) 최부, 『표해록』 1488년 5월 28일자.

3) 허봉, 『조천기』 1574년 6월 17일자.

4) 인평대군, 『연도기행』 1656년 11월 2일자.

5) 장순범, 『조천항해록朝天航海錄』 해제.

6) 홍익한, 『조천항해록』 1624년 11월 29일자.

7) 최덕중, 『연행록』 1712년 12월 4일자.

8) 최덕중, 앞의 책, 1712년 3월 7일자.

9) 홍대용, 『연기』 「연로기략沿路記略」.

10) 이갑, 『연행기사』 1777년 12월 6일자.

11) 김정중, 『연행록』 1791년 12월 3일자.

12) 인평대군, 앞의 책, 1656년 8월 29일자.

13) 김경선, 『연원직지』 1832년 11월 24일자.

14) 박사호, 『심전고』 1828년 12월 4일자.

15) 홍대용, 『연기』 「연로기략」.

심양: 왕의 아들이 인질로 잡혀가 있던 땅

1) 김태준, 「연행노정, 그 세계로 향한 길」, 소재영 외, 『연행노정, 그 고난과 깨달음의
   길』, 박이정, 2004, 62~65쪽.

2) 이민수, 『연도기행』 해제.

3) 인평대군, 『연도기행』 1656년 8월 29일자.

4) 최덕중, 『연행록』 1712년 12월 7일자.

5) 김창업, 『연행일기』 1712년 12월 7일자.

6) 이갑, 『연행기사』 1777년 12월 7일자.

7) 박지원, 『열하일기』 『성경잡지盛京雜識』 1780년 7월 11일 「속재필담栗齋筆談」.

8) 서호수, 『연행기』 1790년 6월 28일자.

9) 서유문, 『무오연행록』 1798년 11월 26일자.

10) 서유문, 앞의 책, 1798년 11월 30일자.

11) 서경순, 『몽경당일사』 1855년 11월 7일자.

산해관: 천하제일관

1) 허봉, 『조천기』 1574년 6월 7일자.

2) 허봉, 앞의 책, 1574년 7월 18일자.

3) 허봉, 앞의 책, 1574년 10월 5일자.

4) 인평대군, 『연도기행』 1656년 9월 13일자.

5) 인평대군, 앞의 책, 1656년 11월 10일자.

6) 김창업, 『연행일기』 1712년 12월 18일자.

7) 최덕중, 『연행록』 1712년 12월 18일자.

8) 김현미, 『18세기 연행록의 전개와 특성』, 157~158쪽.

9) 김창업, 앞의 책, 1712년 12월 19일자.

10) 서유문, 『무오연행록』 1798년 12월 12일자.

11) 김현미, 『18세기 연행록의 전개와 특성』, 49~50쪽.

12) 홍대용, 『담헌서』 외집 9권 『연기』 「망해정」.

13) 서경순, 『몽경당일사』 제2편 「오화연필五花鉛筆」 1855년 11월 17일자.

강녀묘: 남편을 그리다 돌이 된 여인

1) 최부, 『표해록』 1488년 5월 7일자.

2) 인평대군, 『연도기행』 1656년 11월 20일자.

3) 김현미, 『18세기 연행록의 전개와 특성』, 혜안, 2007, 94쪽.

4) 이의현, 『경자연행잡지』 상.

5) 이갑, 『연행기사』 1777년 12월 19일자.

6) 박지원, 『열하일기』 「일신수필馹汛隨筆」 「강녀묘기」.

7) 김정중, 『연행록』 1791년 12월 14일자.

이제묘: 백이숙제라는 아이콘

1) 박지원, 『연암집燕巖集』 제3권 「공작관문고孔雀館文稿」 「백이론伯夷論」 상.
2) 김민호, 「『두붕한화豆棚閑話』 제7칙 「수양산숙제변절首陽山叔齊變節」, 또 다른 해석의 가능성」, 『중국어문논총』 제22집, 2002.
3) 홍익한, 『화포항해조천록』 1624년 9월 19일자.
4) 인평대군, 『연도기행』 중 「일록」 1656년 9월 16일자.
5) 홍대용, 『담헌서』 「외집」 제9권 『연기』 「이제묘」.
6) 이갑, 『연행기사』 「문견잡기」.
7) 김민호, 앞의 논문.
8) 이덕무, 『청장관전서靑莊館全書』 제56권 「앙엽기盎葉記」 3 「박학홍사과博學鴻詞科」.
9) 이갑, 『연행기사』 「문견잡기」 상.
10) 홍상훈, 「박학홍사과와 문연을 통해 보는 청 전기 문인 집단의 의식」, 『중국문학』 57집, 2008. 11, 212쪽.
11) 박지원, 『열하일기』 「관내정사關內程史」 1780년 7월 27일자.
12) 이해응, 『계산기정』 4권 「돌아오는 길」 1804년 2월 8일 「청성묘淸聖廟」.

중국 사람이 생각한 북경과 조선 기록 속 북경 이미지

1) 신석한문대계(新釋漢文大系) 제12권 『한비자』 하 「오두」, 명치서점, 853~854쪽.
2) 김정중, 『연행록』 「연행일기」 「상송원서」.
3) "華區錦衣, 聚萬國之珍異, 歌棚舞榭, 選九州之穠芬." 호조량(胡兆量), 『중국문화지리개술中國文化地理概述』 제2판, 북경대학출판사(北京大學出版社), 2006, 225쪽에서 재인용.
4) 조관희, 『세계의 수도 베이징』, 창비, 2008, 183~184쪽.
5) 최부, 『표해록』 1488년 4월 23일자.

조양문: 북경에 들어서다

1) 김육, 『조경일록』 1636년 11월 5일자.
2) 인평대군, 『연도기행』 1656년 9월 22일자.
3) 이기경(李基敬), 『음빙행정력飮氷行程曆』, 1755년 12월 28일자. 이기경, 『1756년의 북경 이야기—이기경의 『음빙행정력』 역주』, 이영춘 외 옮김, 교육과학사, 2016, 122~123쪽.

4) 박사호, 『심전고』 1828년 12월 24일자.

습례정: 삼궤구고두 연습

1) 이기경, 『음빙행정력』 1755년 12월 29일자. 이기경, 『1756년의 북경이야기—이기경의 『음방행정력』 역주』, 이영춘 외 옮김, 교육과학사, 2016, 127~129쪽.

2) 이기경, 앞의 책, 12쪽.

3) 홍대용, 『을병연행록』1, 1765년 12월 29일자, 정훈식 옮김, 경진, 2012, 246쪽.

4) 홍대용, 앞의 책, 1766년 1월 1일자, 259쪽.

5) 서유문, 『무오연행록』 1798년 12월 28일자.

6) 이해응, 『계산기정』, 1803년 12월 28일 「홍려시」.

7) 박지원, 『열하일기』2 「태학유관록」, 1780년 8월 10일자, 김혈조 옮김, 돌베개, 2009, 43쪽.

8) 박지원, 앞의 책, 「찰십륜포」, 248~249쪽.

9) 박지원, 앞의 책, 「행재잡록」, 264~265쪽.

10) 『열하일기』의 '봉불지사' 변호 관련 자세한 사항은 구범진의 「조선의 건륭 칠순 진하특사와 열하일기」, 『인문논총』 제70집, 2013, 5장을 참고할 것.

11) 김민호, 「조선 사대부, '오랑캐 중'과 만나다—1780년 朴趾源과 판첸라마 6세의 熱河 만남을 중심으로」, 『중국소설논총』 55집, 2018.

12) Dkon-mchog 'jigs-med-dbang-po. The collected works of Dkon-mchog-'jigs-med-dbang-po: the Second 'Jam-dbyangs-bzhad-pa of Bla-brang Bkra-shis-'khyil, Vol. 4 (New Delhi, 1971), folio 392.(Kim, Hanung. "Another Tibet at the Heart of Qing China: Location of Tibetan Buddhism in the Mentality of the Qing Chinese Mind at Jehol." In *Greater Tibet: An Examination of Borders, Ethnic Boundaries, and Cultural Areas,* edited by Paul Christiaan Klieger, 37~56. Lanham, MD: Lexington Books, 2016.)

태화전: 황제의 정전

1) 김육, 『조경일록』 1636년 11월 7일자.

2) 인평대군, 『연도기행』 하, 「일록」 1656년 10월 3일자.

3) 이원정(李元禎), 『국역 귀암 이원정 연행록』 1670년 9월 5일자, 김영진·조영호 옮김, 세종대왕기념사업회, 2017, 314쪽.

4) 최덕중,『연행록』1713년 1월 9일자.

5) 최덕중, 앞의 책, 1713년 1월 1일자.

6) 홍대용,『을병연행록』1, 1766년 1월 1일자, 정훈식 옮김, 경진, 2012, 248~263쪽.

7) 홍대용,『담헌서』「외집」제10권『연기』「방물입궐方物入闕」1766년 2월 6일자.

8) 홍대용, 앞의 책, 제9권『연기』「태화전」.

유리창: 서점과 상점이 넘쳐나는 문화의 중심지

1) 왕진충,「조선 연행사신과 18세기 북경유리창」, 정민 외,『북경 유리창』, 민속원, 2013, 145쪽.

2) 박성순,「홍대용의 눈에 비친 북경 유리창」, 정민 외,『북경 유리창』, 민속원, 2013, 48~49쪽.

3) 김경선,『연원직지』제3권「유관록」상, 1832년 12월 22일「유리창기」.

4) 김경선, 앞의 책, 제6권「유관별록留館別錄」「성곽과 시사市肆」.

5) 강소서(姜紹書),『운석재필담韻石齋筆談』. 김영진,「조선후기 중국 사행과 서책 문화」, 김 태준 외,『연행의 사회사』, 경기문화재단, 2005, 239쪽에서 재인용.

6) 김영진, 앞의 책, 258쪽.

7) 박지원,『열하일기』「망양록」.

8) 김정중,『연행록』1791년 12월 28일자.

9) 박수밀,「조선의 중국 서적 유입 양상과 그 의미」, 정민 외,『북경 유리창』, 민속원, 2013, 185쪽.

10) 박제가,『북학의』「내편」「골동품과 서화古董書畫」, 안대회 옮김, 돌베개, 2003, 129쪽.

11) 이덕무,『청장관전서』제67권『입연기』하, 1778년 6월 2일자.

12) 서유문,『무오연행록』, 1798년 12월 22일자.

13) 왕진충, 앞의 책, 155쪽.

14) 박지원,『열하일기』「구외이문口外異聞」「동의보감」.

15) 서유소(徐有素),「시사와 서적」,『연행록』, 연행록전집 79. 정민,「연행 기록을 통해본 18~19세기 북경 유리창 서점가」, 정민 외,『북경 유리창』, 민속원, 2013, 105~106쪽 에서 재인용.

16) 정민,「연행 기록을 통해본 18~19세기 북경 유리창 서점가」, 정민 외,『북경유리창』, 민 속원, 2013, 97쪽, 106쪽.

17) 박사호,『심전고』「책사기」.

18) 이해응, 『계산기정』 1804년 1월 2일자.

19) 김정중, 『연행록』 1792년 1월 8일자.

20) 김정중, 앞의 책, 1792년 1월 8일자.

21) 홍대용, 『담헌서』 「외집」 제9권 『연기』 「유리창」.

22) 박성순, 「홍대용의 눈에 비친 북경 유리창」, 정민 외, 『북경 유리창』, 민속원, 2013, 54쪽.

23) 서유문, 『무오연행록』, 1798년 12월 22일자.

천주당: 동쪽 끝과 서쪽 끝 사람들의 만남

1) 안재원, 「아담 샬, 순치제, 소현 세자─아담을 바라보는 두 시선 사이에 있는 차이에 대해서」 『인간, 환경, 미래』 제8호, 2012 봄, 154~155쪽. 소현세자와 아담 샬의 만남 관련 상황은 기본적으로 이 논문을 참고했다.

2) 이익(李瀷), 『성호사설星湖僿說』 제4권 「만물문萬物門」 「육약한陸若漢」.

3) 김남윤, 「소현심양일기해제」, 『역주소현심양일기』 1, 민속원, 2008, 15쪽.

4) 안재원, 앞의 책, 149쪽.

5) 안재원, 앞의 책, 168~169쪽에서 재인용.

6) 안재원, 앞의 책, 166쪽.

7) 안재원, 앞의 책, 170쪽.

8) 안재원, 앞의 책, 170쪽.

9) 김창업, 『연행일기』 1712년 11월 4일자.

10) 연행록 중 천주당 관련 부분을 총정리해놓은 신익철 편저의 『연행사와 북경 천주당』(보고사, 2013)을 보면 위에 보이는 김창업의 『연행기사』 기록 전에 천주당을 방문한 기록은 나와 있지 않다. 그러나 원재연은 그의 논문 「조선후기 연행과 서학수용」(『연행의 사회사』, 경기문화재단, 2005, 140쪽 주)에서 1603년 권희, 이광정 등 조선 사신이, 이마두가 그린 세계지도를 구해 조선에 가져온 것을 볼 때 북경에서 어떤 형태로든 조선 사신과 서양 선교사가 교류했을 가능성이 있다고 이야기한다.

11) 조영복, 『연행일록』, 신익철 편저, 앞의 책, 『연행사와 북경 천주당』, 보고사, 2013, 1719년 2월 14일자, 17~19쪽.

12) 이기지, 『일암연기』, 신익철 편저, 앞의 책, 1720년 9월 22일자, 36~40쪽.

13) 이기지, 앞의 책, 1720년 10월 26일자, 83~87쪽.

14) 이기지, 앞의 책, 1720년 10월 26일자, 94~95쪽.

15) 정광충,『연행일록』, 신익철 편저, 앞의 책, 1756년 1월 21일자, 167~169쪽.

16) 2010년 Mitja Saje가 엮은 *A. Hallerstein-Liu Songling-刘松龄 The Multicultural Legacy of Jesuit Wisdom and Piety at the Qing Dynasty Court* (Slovenia: KIBLA, 2010) 뒷부분에 영어로 번역된 유송령의 편지들이 실려 있는데, 그중 Letter No. Ⅳ 에 조선 관련 내용이 있다.

17) 정광충, 앞의 책, 1756년 1월 24일자, 170~171쪽.

18) 김태준,『홍대용과 그의 시대』, 일지사, 1982, 23~24쪽.

19) 홍대용,『담헌서』「외집」제7권『연기』「유포문답」.

20) 홍대용,『을병연행록』1, 1766년 정월 초9일자, 358쪽.

21) 홍대용,『담헌서』「외집」제7권『연기』「유포문답」.

22) 홍대용,『을병연행록』1, 1766년 정월 19일자, 454쪽.

23) 홍대용,『을병연행록』2, 1766년 2월 2일자, 31쪽.

24) 나락연(羅樂然),「건륭금교기적야소회사재화활동乾隆禁敎期的耶蘇會士在華活動—유송령 위연구중심以劉松齡爲研究中心」, 103쪽.

25) 백진(白晉),『청강건양제여천주교전교사淸康乾兩帝與天主教傳教史』, 풍작민(馮作民) 옮김, 대북(臺北): 광계출판사(光啓出版社), 1966, 144~145쪽.

26) 엄숙,『연행록』, 신익철 편저, 앞의 책, 1774년 2월 25일자, 249쪽.

27) 자세한 사항은 졸고 'One from the East, One from the West: The Uneasy Encounters between Hong Tae-yong and Augustin Hallerstein in Mid-Eighteenth Century Beijing', *Acta Koreana* Vol.20 No.2, 2017을 참고할 것.

28) 서유문,『무오연행록』, 신익철 편저, 앞의 책, 1799년 1월 19일자, 301~302쪽.

29) 이해응,『계산기정』, 신익철 편저, 앞의 책, 1804년 1월 26일자, 304쪽.

30) 한필교,『수사록』, 신익철 편저, 앞의 책, 「천주당」319~320쪽.

중국 사람이 생각한 강남

1) "東南形勝, 三吳都會, 錢塘自古繁華. 烟柳畫橋, 風簾翠幕, 參差十萬人家. 雲樹繞堤沙, 怒濤卷霜雪, 天塹無涯. 市列珠璣, 戶盈羅綺競豪奢." 위에서 언급한 강남 관련 내용은 기본적으로 오은배(吳恩培) 주편의 『오문화개론吳文化槪論』, 동남대학출판사(東南大學出版社), 2006, 31~32쪽과 중국 포털사이트 '바이두(百度)'에서 강남을 검색한 내용(http://baike.baidu.com/view/9229.htm)을 참고해 정리한 것이다.

2) 오자목(吳子牧),『몽량록夢粱錄』권1「정월」, 절강인민출판사, 1980, 1쪽.

표해록에 보이는 강남: 내 어찌 강남을 잊을 수 있으리오?

1) 최부, 『표해록』 권2 무신년(1488) 2월 11일자.

2) 최부, 앞의 책, 권1 무신년(1488) 윤1월 23일자.

3) 최부, 앞의 책, 권1 무신년(1488) 윤1월 12일자.

4) 최부, 앞의 책, 권3 「견문잡록」.

5) 최부, 앞의 책, 권2 무신년(1488) 2월 12일자.

6) 최부, 앞의 책, 권2 무신년(1488) 2월 17일자.

7) 최부, 앞의 책, 권2 무신년(1488) 2월 9일자.

8) 박지원, 『연암집』 권6 「별집」 「서가」 「서이방익사」.

9) 박지원, 상동.

연행록에 보이는 강남: 서호는 '돈 녹이는 도가니'라!

1) 허봉, 『조천기』 상, 갑술년(1574) 6월 26일자.

2) 박수밀, 「조선의 중국 서적유입 양상과 그 의미─서반序班과 유리창의 존재를 중심으로」, 『동아시아 문화연구』 50권, 한양대학교 동아시아문화연구소, 2011.

3) 김창업, 『연행일기』 1713년 1월 3일자.

4) 홍대용, 『담헌서』 「외집」 권2 「항전척독」 「건정동필담」 1766년 2월 3일자.

5) 홍대용, 상동.

6) 홍대용, 앞의 책, 「외집」 권3 「항전척독」 「건정록후어」.

7) 홍대용, 상동.

8) 이갑, 『연행기사』 「문견잡기」 상.

9) 박지원, 『열하일기』 「피서록」.

10) 박지원, 앞의 책, 「심세편」.

11) 유득공, 『연대재유록燕臺再遊錄』.

12) 김경선, 『연원직지』 제3권 「유관록」 상, 1832년 12월 19일자 「성궐의 위치」.

13) 서경순, 『몽경당일사』 제2편 「오화연필五花鉛筆」 1855년 11월 26일자.

숙소 정비

1) 김창업 『연행일기』 1712년 12월 27일자.

2) 최덕중, 『연행록』 1712년 12월 27일자.

3) 김창업, 앞의 책, 1712년 12월 28일자.

4) 김경선, 『연원직지』 「옥하관기」 1832년 12월 19일자.

조선 사신이 묵었던 숙소

1) 여기서 정리한 숙소 상황은 기본적으로 박현규의 「명청시대 북경 조선사관 고찰」 (『중국사연구』 82집, 2013) 등을 참고해 작성했다.

2) 최부, 『표해록』 무신년(1488) 3월 28일자.

3) 홍대용, 『담헌서』 「외집」 제9권 『연기』 「황성에 들다入皇城」 1765년 12월 27일자.

4) 이갑 『연행기사燕行記事』 1777년 12월 27일자.

5) 박지원, 『열하일기』 「황도기략黃圖紀略」 「서관」.

6) 이갑, 『연행기사』 「문견잡기聞見雜記」.

7) 이철보, 『연사록燕槎錄』 「도통주到通州」 제2수, 임기중 편, 『연행록전집』 V.37, 동국대학 교출판부, 2001, 355쪽.

8) 이철보, 『정사연행일기丁巳燕行日記』 정사년(1737) 윤9월 7일자, 임기중 편, 앞의 책, 472쪽.

숙소를 중심으로 한 활동

1) 김창업, 『연행일기』 1712년 12월 28일자.

2) 홍대용, 『담헌서』 「외집」 제7권 『연기』 「아문제관衙門諸官」.

3) 강명관, 『홍대용과 1766』, 한국고전번역원, 2014, 46쪽.

4) 이시원, 『부연기실』 「부연시」, 임기중 편, 『연행록전집』, V.68, 동국대학교출판부, 2001, 419~420쪽.

5) 이갑, 『연행기사』 「문견잡기」 하.

6) 박수밀, 「조선의 중국 서적 유입 양상과 그 의미」, 정민 외, 『북경 유리창』, 민속원, 2013, 170~182쪽.

7) 이갑, 앞의 책.

8) 서유문, 『무오연행록』 1798년 12월 22일자.

9) 임기중, 『연행록연구』, 일지사, 2002, 129~130쪽.

10) 이해응, 『계산기정』 1804년 1월 3일자.

11) 임기중, 앞의 책, 141쪽.

12) 인평대군, 『연도기행』 1656년 10월 18일자.

13) 이의현, 『경자연행잡지』.

14) 이갑, 『연행기사』 1778년 1월 25일자.

15) 이해응, 앞의 책, 1803년 12월 27일자.

16) 박사호, 『심전고』 1829년 1월 9일자.

17) 김경선, 『연원직지』 1832년 12월 28일자, 1833년 1월 7일자, 1월 21일자.

열하의 숙소

1) 박지원, 『열하일기』 「막북행정록」 1780년 8월 9일자.

2) 박지원, 앞의 책, 「태학유관록」 1780년 8월 9일자.

참고문헌

원전

강항(姜沆) 등, 국역해행총재 2 『간양록看羊錄·해사록海槎錄·동사상일록東槎上日錄』, 민족
　　문화추진회, 1974.

권협(權悏), 국역연행록선집 2 『연행록燕行錄』, 민족문화추진회, 1976.

김경선(金景善), 국역연행록선집 10 『연원직지燕轅直指』, 민족문화추진회, 1976.

김육(金堉), 국역연행록선집 2 『조경일록朝京日錄』, 민족문화추진회, 1976.

김정중(金正中), 국역연행록선집 6 『연행록燕行錄』, 민족문화추진회, 1976.

김창업(金昌業), 국역연행록선집 4 『연행일기燕行日記』, 민족문화추진회, 1976.

김현문(金顯門), 『동사록東槎錄』, 혜안, 2007.

맹원로(孟元老), 『동경몽화록東京夢華錄』, 김민호 역주, 소명, 2010.

박사호(朴思浩), 국역연행록선집 9 『심전고心田稿』, 민족문화추진회, 1976.

박제가, 『북학의』, 안대회 옮김, 돌베개, 2003.

박지원(朴趾源), 『열하일기』 1~3, 김혈조 옮김, 돌베개, 2009.

─────, 『열하일기』 상중하, 리상호 옮김, 보리, 2004.

─────, 『연암집燕巖集』 상중하, 신호열·김명호 역, 민족문화추진회, 2007.

사마천(司馬遷), 『사기史記·열전列傳』, 보경문화사, 1986.

서경순(徐慶淳), 국역연행록선집 11 『몽경당일사夢經堂日史』, 민족문화추진회, 1976.

서유문(徐有聞), 국역연행록선집 7 『무오연행록戊午燕行錄』, 민족문화추진회, 1976.

서호수(徐浩修), 국역연행록선집 5 『연행기』, 민족문화추진회, 1976.

선약해(宣若海), 『심양사행일기瀋陽使行日記』, 신해진 편역, 보고사, 2013.

세자시강원, 『「심양장계」 심양에서 온 편지』, 정하영 외 역, 창비, 2008.

─────, 『역주소현심양일기譯註昭顯瀋陽日記』 1, 이남종 등 역, 민속원, 2008.

──, 『역주소현심양일기』 2, 성당제 등 역, 민속원, 2008.

──, 『역주소현심양일기』 3, 나종면 외 역, 민속원, 2008.

──, 『역주소현심양일기』 4, 소현을유동궁일기昭顯乙酉東宮日記』, 김동준 외 역, 민속원, 2008.

신숙주(申叔舟), 『해동제국기海東諸國記』, 신용호 외 주해, 범우사, 2004.

신숙주 외, 국역해행총재 1 『봉사일본작시奉使日本作詩·해동제국기海東諸國記·해사록海槎錄·해유록海游錄』, 민족문화추진회, 1974.

신익철 편저, 『연행사와 북경 천주당』, 보고사, 2013.

오자목(吳自牧), 『몽량록夢粱錄』, 절강인민출판사, 1980.

유득공(柳得恭), 국역연행록선집 7 『연대재유록燕臺再遊錄』, 민족문화추진회, 1976.

이갑(李坤), 국역연행록선집 6 『연행기사燕行記事』, 민족문화추진회, 1976.

이기경, 『1756년의 북경이야기-이기경의 『음빙행정력』 역주』, 이영춘 외 옮김, 교육과학사, 2016.

이방익(李邦翼), 「표해가漂海歌」.

이원정(李元禎), 『국역 귀암 이원정 연행록』, 김영진·조영호 옮김, 세종대왕기념사업회, 2017.

이의현(李宜顯), 국역연행록선집 5 『경자연행잡지庚子燕行雜識』, 민족문화추진회, 1976.

이익, 『성호사설星湖僿說』, 최석기 옮김, 한길사, 1999.

이철보, 『연사록燕槎錄』, 임기중 편, 『연행록전집』, V.37, 동국대학교출판부, 2001.

──, 『정사연행일기丁巳燕行日記』, 한국고전번역원, 2009.

이해응(李海應), 국역연행록선집 8 『계산기정薊山紀程』, 민족문화추진회, 1976.

인평대군(麟坪大君), 국역연행록선집 3 『연도기행燕途紀行』, 민족문화추진회, 1976.

장한철(張漢喆), 『표해록漂海錄』, 정병욱 옮김, 범우사, 2006.

저자 미상, 국역연행록선집 9 『부연일기赴燕日記』, 민족문화추진회, 1976.

정운경(鄭運經), 『탐라문견록耽羅聞見錄, 바다 밖의 넓은 세상』, 정민 옮김, 휴머니스트, 2008.

조헌(趙憲), 국역연행록선집 2 『동환봉사東還封事』, 민족문화추진회, 1976.

──, 『조천일기』, 동아시아 비교문화연구회 옮김, 서해문집, 2014.

최덕중(崔德中), 국역연행록선집 3 『연행일기燕行日記』, 민족문화추진회, 1976.

최부, 『표해록漂海錄』, 서인범·주성지 옮김, 한길사, 2004.

──, 국역연행록선집 1 『표해록漂海錄』, 민족문화추진회, 1976.

풍계현정(楓溪賢正), 『일본표해록日本漂海錄』, 동국대학교출판부, 2010.

홍대용, 『국역담헌서國譯湛軒書』 1~5, 민족문화추진회, 1974.

———, 『을병연행록』 1~2, 정훈식 옮김, 경진, 2012.

———, 『주해 을병연행록』, 소재영 외 주해, 태학사, 1997.

홍익한(洪翼漢), 국역연행록선집 2 『조천항해록朝天航海錄』, 민족문화추진회, 1976.

연구서

강명관, 『홍대용과 1766』, 한국고전번역원, 2014.

계승범, 『조선시대 해외파병과 한중관계』, 푸른역사, 2009.

고구려연구재단 편, 『그 땅, 사람 그리고 역사: 만주』, 고구려연구재단, 2005.

김민호, 『중국 화본소설의 변천양상 연구』, 고려대학교 중문과 박사학위 논문, 1998.

김태준 외, 『연행의 사회사』, 경기문화재단, 2005.

김태준, 『홍대용과 그의 시대』, 일지사, 1982.

김현미, 『18세기 연행록의 전개와 특성』, 혜안, 2007.

민영대, 『조위한과 최척전』, 아세아문화사, 1993.

소재영 외, 『연행노정, 그 고난과 깨달음의 길』, 박이정, 2004.

임기중, 『연행록연구』, 일지사, 2002.

정민 외, 『북경유리창』, 민속원, 2013.

조관희, 『세계의 수도 베이징』, 창비, 2008.

조현범, 『문명과 야만─타자의 시선으로 본 19세기 조선』, 책세상, 2002.

한일관계사학회 편, 『한일표류민연구』, 국학자료원, 2001.

Mitja Saje, *A. Hallerstein-Liu Songling-刘松龄 The Multicultural Legacy of Jesuit Wisdom and Piety at the Qing Dynasty Court,* Slovenia: KIBLA, 2010.

馬說, 『河南人惹誰了』, 海南出版社, 2002.

方東來 主編, 『詩文地理』, 新世界出版社, 2004.

白晉, 『淸康乾兩帝與天主教傳教史』, 馮作民 譯, 光啓出版社, 1966.

徐東日, 『朝鮮使臣眼中的中國形象』, 中華書局, 2010.

楊雨蕾, 『燕行與中朝文化關係』, 上海辭書出版社, 2011.

吳孟雪, 『明淸時期歐洲人眼中的中國』, 中華書局, 2000.

吳栢鴻 編著, 『你是哪里人』, 中國戲劇出版社, 2003.

吳恩培 主編, 『吳文化槪論』, 東南大學出版社, 2006.

劉士林 等著, 『江南文化讀本』, 遼寧人民出版社, 2008.

周寶珠, 『宋代東京研究』, 河南大學出版社, 1992.

錢世明, 『詩文北京』, 旅遊教育出版社, 2005.

陳楓 著, 『水煮商人』, 中央編譯出版社, 2004.

郁志郡, 『歷史北京』, 旅遊教育出版社, 2005.

胡兆量, 『中國文化地理槪述』 第2版, 北京大學出版社, 2006.

연구논문

구범진, 「조선의 건륭 칠순 진하특사와 열하일기」, 『인문논총』 제70집, 2013.

김민호, 「『두붕한화豆棚閑話』 제7칙 「수양산숙제변절首陽山叔齊變節, 또 다른 해석의 가능성」, 『중국어문논총』 제22집, 2002.

──, 「병자호란 전후 만주인이 본 조선인─『소현심양일기昭顯瀋陽日記』 및 선약해宣若海의 『심양사행일기瀋陽使行日記』를 중심으로」, 『중국학논총』 41집, 2013.

──, 「연행록에 보이는 북경 이미지 연구」, 『중국어문학지』 제32집, 중국어문학회 편, 2010.

──, 「조선 사대부, '오랑캐 중'과 만나다─1780년 박지원과 판첸라마 6세의 열하熱河 만남을 중심으로」, 『중국소설논총』, 2018.

──, 「타자의 시선으로 바라본 중국 강남 이미지─연행록과 표해록의 기록을 중심으로」, 『중국어문논총』 제43집, 중국어문연구회 편, 2009.

김선민, 「전근대 동아시아 국제관계의 재인식: "외국"과 "속국"의 사이─정사를 통해 본 청의 조선 인식」 『사림』 41호, 수선사학회, 2012.

김현미, 「18세기 연행록 속에 나타난 중국의 여성」, 『한국고전여성문학연구』 제11집, 2005.

노용필, 「조선인 홍대용과 서양인 천주교 신부의 상호 인식─유포문답」의 분석을 중심으로」, 『한국사상사학』 제27집, 2006. 12.

박수밀, 「조선의 중국 서적 유입 양상과 그 의미─서반(序班)과 유리창(琉璃廠)의 존재를 중심으로」, 『동아시아문화연구』 50권, 한양대학교 동아시아문화연구소, 2011.

박현규, 「명청시대 북경 조선사관 고찰」, 『중국사연구』 82집, 2013.

손승철·박찬기, 「외교적 관점에서 본 조선통신사, 그 기록의 허와 실」, 『한국문학과예술』 제2집, 2008. 9.

신정호, 「한중 해양문학 비교 연구 서설—시론적 접근」, 『도서문화』 제40집, 2012. 12.

안재원, 「아담 샬, 순치제, 소현 세자—아담을 바라보는 두 시선 사이에 있는 차이에 대해서」, 『인간, 환경, 미래』 제8호, 2012 봄.

이경엽, 「고전문학에 나타난 해양 인식 태도—어부가·표해록·어로요를 중심으로」, 『도서문화』 20, 국립목포대학교 도서문화연구원, 2002. 8.

임기중, 「수로연행록과 수로연행도」, 『한국어문학연구』 제43집, 2004. 8.

홍상훈, 「박학홍사과와 문연을 통해 보는 청 전기 문인 집단의 의식」, 『중국문학』 57집, 2008.

홍성구, 「두 외국인의 눈에 비친 15·16세기의 중국—최부 『표해록』과 책언策彦 『입명기入明記』의 비교」, 『명청사연구』 24, 명청사학회, 2005.

Dkon-mchog 'jigs-med-dbang-po. The collected works of Dkon-mchog-'jigs-med-dbang-po: the Second 'Jam-dbyangs-bzhad-pa of Bla-brang Bkra-shis-'khyil, Vol. 4 (New Delhi, 1971), folio 392.

Kim, Hanung, "Another Tibet at the Heart of Qing China: Location of Tibetan Buddhism in the Mentality of the Qing Chinese Mind at Jehol." In *Greater Tibet: An Examination of Borders, Ethnic Boundaries, and Cultural Areas, edited by Paul Christiaan Klieger,* 37-56. Lanham, MD: Lexington Books, 2016.

Kim, Minho, 'One from the East, One from the West: The Uneasy Encounters between Hong Tae-yong and Augustin Hallerstein in Mid-Eighteenth Century Beijing', *Acta Koreana* Vol.20 No.2, 2017.

葛兆光, 「邻居家里的陌生人-清中叶朝鮮使者眼中北京的西洋传教士」, 『中国文化研究』 2006-2.

祁庆富·金成南, 「清代北京的朝鮮使馆」, 『清史研究』, 2004年 第3期, 2004. 8.

金敏鎬, 「韓國古小說裏的中國-以趙緯韓的『崔陟傳』爲中心」, 『明清小說研究』 第3期 總第105期, 中國江蘇省社會科學院 編, 2012.

董健菲·全汉宗·韩东洙, 「清朝时期北京城内的朝鮮使馆建筑研究」, 『華中建築』 2013-1, 2013.1

羅樂然, 「乾隆禁教期的耶蘇會士在華活動-以劉松齡爲研究中心」, 『中國史研究』 第82輯, 2013.

楊雨蕾, 「朝鮮燕行使臣與西方傳教使交往考述」, 『世界歷史』 2006년 제5기.

한국고전번역원 홈페이지 http://www.itkc.or.kr

조선 선비의 중국견문록

© 김민호 2018

초판 인쇄 2018년 12월 21일
초판 발행 2018년 12월 31일

지은이 김민호 | 펴낸이 염현숙
책임편집 구민정 | 편집 유지연 | 디자인 윤종윤 이주영
마케팅 정민호 이숙재 정현민 김도윤 안남영
홍보 김희숙 김상만 이천희
제작 강신은 김동욱 임현식 | 제작처 한영문화사

펴낸곳 (주)문학동네
출판등록 1993년 10월 22일 제406-2003-000045호
주소 10881 경기도 파주시 회동길 210
전자우편 editor@munhak.com | 대표전화 031)955-8888 | 팩스 031)955-8855
문의전화 031)955-3578(마케팅), 031)955-2671(편집)
문학동네카페 http://cafe.naver.com/mhdn | 트위터 @munhakdongne
북클럽문학동네 http://bookclubmunhak.com

ISBN 978-89-546-5445-6 93900

* 이 저서는 2011년도 정부(교육과학기술부)의 재원으로 한국연구재단의 지원을 받아 연구되었음
  (NRF-2011-812-A00171).
* 이 책의 판권은 지은이와 문학동네에 있습니다.
  이 책 내용의 전부 또는 일부를 재사용하려면 반드시 양측의 서면 동의를 받아야 합니다.
* 이 도서의 국립중앙도서관 출판예정도서목록(CIP)은 서지정보유통지원시스템 홈페이지(http://seoji.nl.go.
  kr)와 국가자료공동목록시스템(http://www.nl.go.kr/kolisnet)에서 이용하실 수 있습니다.
  (CIP제어번호: CIP2018040760)

www.munhak.com